Jürgen Dittberner

Mehrheit oder Wahrheit

- Eine Politsatire -

Jürgen Dittberner

MEHRHEIT ODER WAHRHEIT

Eine Politsatire

Stuttgart 2015
Edition Noëma

Bibliografische Information der Deutschen Nationalbibliothek
Die Deutsche Nationalbibliothek verzeichnet diese Publikation in der
Deutschen Nationalbibliografie; detaillierte bibliografische Daten sind im
Internet über http://dnb.d-nb.de abrufbar.

Bibliographic information published by the Deutsche Nationalbibliothek
Die Deutsche Nationalbibliothek lists this publication in the Deutsche Nationalbibliografie;
detailed bibliographic data are available in the Internet at http://dnb.d-nb.de.

Coverabbildung: netalloy; IggyOblomov / openclipart

Gedruckt auf alterungsbeständigem, säurefreien Papier
Printed on acid-free paper

ISBN-13: 978-3-8382-0784-1

© *ibidem*-Verlag
Edition Noëma

Stuttgart 2015
Alle Rechte vorbehalten

Das Werk einschließlich aller seiner Teile ist urheberrechtlich geschützt. Jede Verwertung
außerhalb der engen Grenzen des Urheberrechtsgesetzes ist ohne Zustimmung des Verlages
unzulässig und strafbar. Dies gilt insbesondere für Vervielfältigungen,
Übersetzungen, Mikroverfilmungen und elektronische Speicherformen sowie die
Einspeicherung und Verarbeitung in elektronischen Systemen.

All rights reserved. No part of this publication may be reproduced, stored in or introduced into a retrieval
system, or transmitted, in any form, or by any means (electronic, mechanical, photocopying, recording or
otherwise) without the prior written permission of the publisher. Any person who does any unauthorized act
in relation to this publication may be liable to criminal prosecution and civil claims for damages.

Printed in the EU

Die Namen der hier erwähnten Personen sind frei erfunden.
Auftretende Ähnlichkeiten sind reiner Zufall.

Vorwort

Mit 75 Jahren sei es gestattet, zurückzuschauen. Vieles in diesem Buch Geschilderte sind Szenen aus dem langen Film eines Lebens. Teilweise sind diese etwas verblasst und verwackelt – sie liegen ja so lange zurück. Teilweise stammen sie aus meiner Einbildung – oder habe ich sie geträumt? Immer aber haben sie etwas mit der Realität zu tun, denn diese ist der Nährboden, über dem alles wächst. Manchmal spiegeln die Szenen sogar die Wirklichkeit wider – sie muss da wohl sehr beeindruckend gewesen sein.

Der Nährboden liegt auf vielen Feldern meines Lebens: dem Institut, der Fachhochschule, der Universität, der Gedenkstätten-Stiftung, der Partei, der Kommunalpolitik, dem Stadtstaat und dem Flächenstaat. Zusammengefasst sind das die Bereiche Politik und Wissenschaft.

In der Wissenschaft ist die Wahrheit ein großer Wert. Um sie heraus zu bekommen, werden Projekte ausgetüftelt, Hypothesen gebildet; es wird falsifiziert und verifiziert. Doch je mehr man sich vertieft, desto häufiger erkennt man, dass eine alte Weisheit stimmt: Zu jeder These gibt es eine Antithese.

In der Politik geht es um die Mehrheit. Wer die Mehrheit hat, ist Sieger. The winner takes it all. Doch was ist, wenn die Mehrheit von heute zum Gestern und irrelevant wird? Dann heißt es erneut: "Auf in den Kampf!" Oft lässt sich solches nicht wiederholen. Irgendwann langweilt das.

Mehrheit und Wahrheit wandeln sich mit der Zeit. Dabei sind Politik und Wissenschaft aufeinander eifersüchtig. Beide glauben, die Nase vorn zu haben. Doch nichts steht für immer fest; nichts können wir Schwarz auf Weiß nach Hause tragen. Alles geht immer weiter.

So ist der vorliegende Text ein Zwischenbericht. Einmal war dies ein Anfang und jenes ein Ende. Aber wo ist der ursprüngliche Anfang, und was wird zukünftig sein? Exposés oder Abstimmungen helfen nicht, solche Fragen zu beantworten.

Hülfe die Fantasie, wäre es schön.

Meinem Sohn, Dipl.-Ing. Jan Dittberner, danke ich für die Unterstützung.

Jürgen Dittberner
Berlin 2015

INHALT

Hinze beim Bürgeramt	11
Zwei wollen aufsteigen	15
Eine hört auf	23
In der Uni: Zwei tüfteln	27
Theile und Schnabel in den USA	31
Hinkel pocht an	33
Geld schmiert die Politik	35
Werkstatt der Examensarbeiten	41
Zwei Rathäuser für die Weststadt	45
Im "Fils"	49
Auf zu Professor Schweizer	51
Schnabels Kindheit	55
Kürbissuppe und Kabinettsposten	65
Die "Theile-Bande" berät	75
"Tosca" und das Ehepaar Hinkel	77
Der Zweck heiligt die Mittel	83
Mehrheit ohne Mehrheit	85
Das Gedenken nicht vergessen	89
Dutschke und Vütter	97
Einst am "Karlsbad"	103
Die Roadmap	109
Freiheit!	113
Hinkel fühlt sich sicher	117
Ordinarienherrlichkeit	119
Patt	123
Vorbei	127
Der Deal	129
Schnabels Wonnezeit	133
Freiburger Nachtleben	137
Überall Charaktermasken	143
Warnschuss	147
Frauenpower	149
Frau Theile will keinen Fouché	151
Die Gerüchteküche wird heiß	153
Eine nicht vergessene Begebenheit	157
Zuckermann kopiert Zuckermann	159
Wieder siegt die Umweltpolizei	161
Professor Schweizer doziert	163
Beobachtungen	167
Kiezprobleme	171
Platz 1!	175
Umwelt geht nicht mit Wirtschaft	179

Die neue Wohnung: Frank-Walthers Rettung 181
Weltsichten der Geschwister 185
Keine Pappe 187
Die Entscheidung 191
Wesselmänner und Events 195
In die Schublade mit der Wahrheit! 201
Fernseh-Inszenierung Wahlabend 205
Düstere Aussichten für die Kleinen 207
Es geht wieder los 209

Hinze beim Bürgeramt

Die Straßen waren mit Schlaglöchern übersät. Die Schulen boten schon von außen ein Bild des Zerfalls. Die Kindergärten waren hingewürfelte zweistöckige Betonklötze; die Wände mit hässlichen Graffitis beschmiert. Die Bahn fuhr auf Verschleiß; die Fahrpläne konnte sie nicht einhalten, und Personal auf den Bahnhöfen gab es schon lange nicht mehr. Auf den Fluren der Ämter sah es aus wie in der Dritten Welt.

Die Bankenpaläste strahlten. Unzählbar viele Büros waren zu sehen, alle unbesetzt. Jedes hatte einen Schreib- und Besprechungstisch, ein Telefon, einen Computer mit allem Drum und Dran. An den Decken leuchteten taghelle Lampen. Alles schien ausschließlich aus Glas und Stahl errichtet zu sein. Am Boulevard lockten Edelrestaurants mit Champagner, Hummern, Kaviar, mediterraner Küche und den besten Weinen. Die Geschäfte hießen "Butiken" oder "Shops". Sie vertrieben die Produkte weltbekannter Marken. Auch sie waren strahlend hell erleuchtet, und in ihnen warteten gestylte Verkaufssklaven vergeblich auf Kundschaft. Die Hotels hatten eigene Auffahrten, und livrierte Angestellte rissen die Autotüren eintreffender Gäste auf.

Im Regierungsviertel standen riesige Gebäude, auch sie aus Glas und Stahl und hell erleuchtet. Sie beherbergten das Parlament, Ministerien, Ämter, Botschaften und Verbände. Menschen im Businessoutfit, teilweise mit Akten unterm Arm, wieselten von Tür zu Tür. Schwere Wagen fuhren vor und wieder davon. Touristen standen da und bestaunten die Szenen.

Nicht weit entfernt standen bunt angemalte Plattenbaukolosse. Zwischen ihnen waren fantasielos angelegte Grünanlagen. Die Kolosse hatten nummerierte Eingänge; daran befanden sich jeweils Batterien von Namensschildern. In den Hausfluren roch es nach Kohl und Knoblauch. Aus einigen Wohnungen drang Kindergeschrei, aus anderen Erwachsenenstimmen. In einem Koloss war ein Supermarkt. Ständig betraten Menschen diesen Laden, bewaffnet mit fahrbaren Einkaufswagen, und ständig verließen andere die Stätte mit von Waren gefüllten Wagen, oft verpackt in Plastiktüren. Viele der Einkäufer verstauten ihre Sachen in Autos und fuhren davon.

Noch weiter außerhalb standen Einfamilienhäuser, größere und kleine. Mal waren die Gärten dazu gepflegt, 'mal nicht. Einige Häuser waren schmuck verputzt und gestrichen, bei anderen fiel der Putz von den Wänden. Die Straßen hier hießen "Maikäferweg" oder "Rotkehlchenzeile" – etwas weiter entfernt "Straße 15" oder "Straße 11".

Dann hörte die Stadt auf. Man sah eine sanft hügelige Landschaft mit Feldern und ein paar Waldstücken. Ab und zu ragten Kirchturmspitzen hervor. Immer zeigten gelbe Schilder an den Straßen, wie man dahin gelangt. Um Kirchen herum lagen menschenleere Dörfer, in denen alles Gemeindeleben erstorben war. In den Häusern der Dörfer wohnten jetzt Menschen, die anderswo arbeiteten und einkauften.

Hinrich Hinze fuhr mit seiner Familie – Frau und zwei Kinder – zum Bürgeramt. Das hatte wochentags von 11 bis 15 Uhr geöffnet und erledigte hauptsächlich Pass- und Führerscheinangelegenheiten. Das Amt war in einem heruntergekommenen Gebäude untergebracht. Offenbar handelte es sich um eine ehemalige Poststelle. Neben der Treppe dorthin war eine Betonrampe mit einem Stahlgeländer. Auf der zweiten Rampe konnte man Kinderwagen oder Fahrräder abstellen. Hinter der Eingangstür zogen die Bürger Nummern und setzten sich auf eine der Bänke im langen Flur. Nun mussten sie warten. Als Hinze kam, wurde gerade die Nummer "13" aufgerufen. Hinze zog die "27". Die Kinder wurden quengelig, die Frau schlechtgelaunt, da hörte Hinze nach etwa drei Stunden eine barsche Männerstimme, die "Nummer 27: Zimmer 5!" befahl. Der Aufgerufene eilte zum "Zimmer 5". Dort gab er seine Unterlagen ab – gezahlt hatte er schon. Ihm wurde nun mitgeteilt, dass er seinen Pass – den er haben wollte – in drei Wochen abholen könne. Ein kleiner Zettel wurde ihm in die Hand gedrückt, damit alles seine Ordnung habe. Schon rief der Sachbearbeiter: "Nr. 30: Zimmer 5!" Die Nummern 28 und 29 hatten Kollegen bearbeitet, die in anderen Zimmern saßen.

Am anderen Morgen saß Hinrich Hinze in der "Großen Runde" der Ministerpräsidentin, denn er arbeitete als Pressesprecher seiner Chefin Margarete Theile. Dem Range nach war Hinze "Regierungsrat". Er wurde nach "A 13 plus Ministerialzulage" bezahlt und hatte somit etwa den Standard eines Studienrates. Die Ministerpräsidentin berichtete von der Wirtschaftslage des Landes, die nicht rosig sei. Vor allem gäbe es zu viele Arbeitslose, besonders bei Jugendlichen. "Ich bin zwar Kulturpolitikerin, aber ich glaube, wir sollten eine offensive Wirtschaftspolitik betreiben. Mehr Beschäftigungsprogramme! Aber da will meine Partei ja nicht ran." Für Hinze war das Stichwort gefallen: "Ja, Beschäftigungsprogramme! Sie wollen das Richtige, Frau Ministerpräsidentin. Wenn ich mir den Zustand unserer Straßen, unserer Schulen und Kitas sowie die ständigen Mängel bei der Bahn ansehe, dann, so finde ich, sollten wir da Geld reinstecken. Unsere Wohnblocks sind schrecklich, die Dörfer tot. Gestern war ich im Bürgeramt: Drei Stunden musste ich da warten. Unmöglich! Da überall muss Geld hin, dann geht es wieder bergauf mit unserer Wirtschaft." Frau Theile antwortete resigniert: "Wahrscheinlich haben Sie recht, Hinze. Aber meine Partei sieht das nicht so. Gestern gerade hat der Vorstand wieder eine Sparliste beschlossen. Ich habe gesagt: 'Ich mache da nicht mit!' Also werde ich nicht kandidieren. Soll der Neumann das machen, der ist ebenfalls für Beschäftigungsprogramme. Und wenn sie den nicht wollen, muss eben Stein ran. Der fährt sowieso eine Linie, wie die Partei sie will. Also Stein oder Neumann: Das ist mein politisches Vermächtnis!"

Lange schon war in der Partei Unzufriedenheit mit Frau Theile zu spüren. Es wurde fraglicher und fraglicher, ob sie überhaupt noch die Mehrheit hinter sich hatte. Gerade hatte sie – aus ihrem kulturpolitischen Verständnis heraus – den Vorschlag in die Debatte geworfen, dass an den öffentlichen Schulen parallel zum christlichen islamischer Religionsunterricht von im Lande ausgebildeten Pädagogen erteilt werden sollte. Damit wollte sie zu einer Beruhigung der nervös gewordenen Ausländerdebatte beitragen. Doch in der Politik war sie mit diesem Konzept abgeblitzt. Sie sah darin einen Affront gegen ihr Amt, zumal ihre eigene Partei sie überhaupt nicht unterstützt hatte.

Kurzum: Unter der Decke kursierten seit Monaten Rücktrittsgerüchte. Nun wollte die Ministerpräsidentin tatsächlich abtreten. Vielleicht war es schon zu spät, denn sie hatte offensichtlich nicht mehr den Einfluss, ihre Nachfolge klar zu regeln. Oder drückte sie sich um eine letzte Entscheidung? So schlug sie zwei Kandidaten, die Minister Marc Stein und Sven Neumann vor und überließ die Auswahl anderen. Dennoch waren Hinrich Hinze und die Kollegen in der Großen Runde überrascht von der Eindeutigkeit der Erklärung der Ministerpräsidentin. Es sauste in den Köpfen der Mitarbeiter. Alle Karriereplanungen mussten neu überdacht werden.

Zwei wollen aufsteigen

Marc Stein war etwas dicklich. Als er noch "nur" Abgeordneter war, trug er ausgebeulte Jeans, schlumpige Pullover und ungebügelte Hemden. Nun war er Minister und hatte seine Garderobe – wie er es sah – aufgebessert. Er trug enge, meist beigefarbene Anzüge und braune Krawatten, darunter Hemden in einem grünlichen Ton. Der Form war Genüge getan. Eleganz mochte oder wollte er nicht verbreiten.

Stein war blond und hatte einen watscheligen Gang. Sein Gesicht war unstrukturiert dicklich wie sein ganzer Körper. Die blasse Brille, die er trug, ließ seinen Typ nicht interessanter erscheinen. Seit Stein Minister war, hatte er stets kleine Stapel von Akten bei sich, meist rote, manchmal auch grüne. Zu seiner Ausstattung gehörte ebenfalls ein Kugelschreiber. So angetan, pendelte er bei Sitzungen auch des "hohen Hauses" vor und in der Regierungsbank, beugte sich über die Schulter der Regierungschefin, kniete – umständlich mit einem Aktendeckel jonglierend – vor einer Kollegin nieder, wechselte gelegentlich in die Niederungen des Plenums, um mit Partei-"freunden" etwas zu besprechen und Vertreter anderer Parteien freundlich zu grüßen.

Stein war mit seinen 37 Jahren aufstrebend. Er wollte noch weiter hinauf auf der Leiter des Prestiges. Regierungschef, das war sein Ziel. Dass er das werden könnte, war möglich, denn die "Amtierende" würde aufhören– "aus Altersgründen", wie allgemein gesagt wurde – "weil sie keine Mehrheit für ihre Politik mehr hat", wie es aus den Kulissen raunte. So wieselte Stein von Funktionsträger zu Funktionsträger, auf sich aufmerksam machend, denn "Das Eisen muss jetzt geschmiedet werden!" Das ließ der Minister seine Vertrauten immer wieder wissen.

Die Presse – von Insidern "Journaille" genannt – schätzte Stein als sachlich, kompetent und durchsetzungsstark ein. Sein Privatleben schien einigermaßen bunt zu sein – kurz: Er war ministrabel. Dieses Urteil war einhellig, ob es sich um Klatschjournalisten, seriöse Schreiber, Konservative oder Liberale handelte. Stein war das wichtig. Er fand, dass diese Zustimmung daher käme, dass er die Journalisten regelmäßig mit ihnen gemäßen Informationen "bediente" und dass er die Journaille alle halbe Jahre zu "Schweinebacke" – einem Lokal, das eigentlich "Fils" hieß – einlud. Die Rechnung für das Essen und die vielen von den Journalisten geschluckten Getränke bezahlte Stein aus dem, was er seine "Privatschatulle" nannte: Darin war er sehr korrekt.

Kasimir Ehlert war ein großer schlanker Mann, der seine dunklen Haare halblang trug. Am liebsten kleidete er sich lässig mit gut sitzenden dunkeln Hosen, Stoffschuhen, einem weißen Hemd und einem salopp darüber geworfenen dunkelblauen Pullover. Sein Teint war stets braun. Er hatte ein indianerhaftes Aussehen. An der Universität, wo er als Professor für Soziologie und Politologie arbeitete, wirkte er anziehend auf die Frauen unter den Kommilitonen. Aber von

Ehlert kam nichts zurück, denn erstens war er sehr korrekt, achtete die Konventionen, und zweitens war er schwul. Seit einem Jahr war er mit Marc Stein verheiratet. Dieser hatte sich entschlossen, sein Leben "in Ordnung" zu bringen, nachdem er Minister geworden war. So hielt Stein bei seinem langjährigen Freund Ehlert eines Abends im "Fils" um dessen Hand an. Ehlert hatte "Ja" gesagt. So saßen sie bald – der dickliche und körperlich ungelenke Stein mit dem schlanken und eleganten Ehlert – vor einer Standesbeamtin und ließen die Zeremonie über sich ergehen, an deren Ende sie vor dem Gesetz ein Paar waren.

Ihre gemeinsame Fünfzimmerwohnung im viergeschossigen Wohnhaus am Boulevard behielten sie. Am Türschild stand korrekt "Stein-Ehlert". Aber in der Politik und an der Uni behielten die Partner ihre bisherigen Namen ohne Bindestriche bei, damit es keine Irritationen gäbe, wie beide betonten. In der Wohnung hatten Marc und Kasimir je ein Arbeitszimmer. Das von Marc war eingerichtet wie eine preußische Amtsstube; in Kasimirs Raum schien alles zu schweben; die weiße Couch, der weiße Tisch, die weißen Stühle. Im Esszimmer war eine große Tafel aufgebaut, an der 20 Personen bequem Platz finden konnten. Alles war in hellbraun gehalten – der Tisch, die Stühle, die rundum an den Wänden platzierten Anrichten, gefüllt mit edlem Porzellan und silbernem Besteck. Das Schlafzimmer wurde dominiert von einem aus schwarzem Edelholz gefertigten Himmelbett. Gegenüber stand ein gewaltiger Kleiderschrank. Das Gästezimmer war schlicht eingerichtet wie in einem Sanatorium oder in einer Jugendherberge. In der Küche wurden Rohkostsalate hergestellt, Käseplatten drapiert, Rindfleisch von Demeter zubereitet. Eigentlich war die Küche das Kommunikationszentrum des Paares Stein-Ehlert. An einer Wand aufgereiht standen die Herde, der Kühlschrank, die Tiefkühltruhe, die Spüle, der Müllschlucker und Ablagen. Alle diese Gerätschaften nahmen die untere Hälfte der Wand ein. Darüber waren diverse Küchengeräte wie Kellen und Schöpflöffel angebracht, ein Regal mit unendlich vielen Gewürzen, und eine Reihe bestand aus Kochbüchern, teilweise schon sehr verwrast und zerflettert. Die Küche hatte ein großes Fenster und einen Tisch mit vier Stühlen daran. Neben dem Tisch war eine Vitrine montiert, in der sich Geschirr und Besteck befanden. Neben der Eingangstür thronte auf einer Anrichte ein Radio, das immer auf "Kulturstation" eingestellt war. In der Anrichte lagerten diverse Flaschen italienischen Rotweins, von denen täglich eine "geköpft" wurde.

Stein war gegen 18 Uhr aus dem Ministerium gekommen. Ehlert war schon zu Hause und hockte in der Küche – ein mobiles Telefon auf dem Tisch – vor einem Stapel Seminararbeiten, die er zu bewerten hatte, denn das Semester neigte sich dem Ende zu.

"N'abend! Schöner Mist, diese vielen Arbeiten. Muss ich alle durchsehen und bewerten. Und wenn einer 'ne drei kriegt, macht er gleich 'n Aufstand. Haben alle viel zu hohe Erwartungen." – "Na, mit 'ner drei kriegste ja auch nichts: Keinen Job sowieso und nicht 'mal 'n Praktikumsplatz. Sind eigentlich nicht die Studies, die spinnen, sondern die Arbeitgeber, Behörden und so." – "Trotzdem: Ich muss das Geschreibsel bewerten. Und hinterher gibt's noch Ärger.", brummte Ehlert.

Stein hatte ganz andere Sorgen: "Du, ich muss heute Abend zu 'ner Parteiversammlung. Da kommt der Neumann und hält ein Referat über 'Perspektiven für morgen' oder so. Ich muss da hin. Der Kerl will die Theile beerben, und das will ich verhindern. Der kann das doch gar nicht." – "Ich komm' aber nicht mit. Dieser Berg hier soll weg." Ehlert verwies auf die noch ungelesenen Seminararbeiten. – "Ich kann aber den Neumann nicht allein lassen", entschuldigte sich Stein.

Sven Neumann war ein Kabinettskollege von Stein. Er war für Umweltschutz zuständig, während Stein das traditionelle Gebiet Wirtschaft beackerte. Immer wieder gerieten sie im Kabinett aneinander. Sprach sich Stein für eine wirtschaftliche Fördermaßnahe aus, kamen aus dem "Hause Neumann" Bedenken "aus umweltpolitischer Sicht". Da munitionierten die Mitarbeiter den "Kollegen" Neumann gerne so gut, dass Steinsche Fördermaßnahmen gar nicht über das Stadium der Mitzeichnung hinauskamen. Wollte dagegen Neumann strengere Kriterien bei der Produktion von Küchengeräten zum Wohle der Umwelt einführen, schossen Stein und seine Mitarbeiter dieses Projekt ab, weil die Wirtschaft es nicht finanzieren könne.

Manchmal kam es zum "Chefgespräch" bei der Ministerpräsidentin Margarete Theile. Die war über sechzig und von sehr gepflegtem Äußerem. In ihrem stets mit frischen Blumen geschmückten und durch Rundumverglasung offenen Arbeitszimmer geziemte es sich, verhalten zu reden, denn Frau Theile zelebrierte den Anspruch, dass hier das Zentrum der Macht sei. Darin waren sich Stein und Neumann aber einig: Frau Theile war keine starke Politikerin mehr. Sie war verbraucht und musste nach Meinung einer Mehrheit in ihrer Partei "weg". Auch die Minister sahen es so. Die Opposition und die Ministerpräsidentin selber wussten ebenfalls: Nach der nächsten Wahl würde Schluss sein.

Nun saßen sie wie Schuljungen bei der "alten Theile" auf der Couch. Ein Machtwort von ihr, die sich doch eigentlich weder für die Wirtschaft noch für die Umwelt interessierte, sondern für die Kultur, hätte weder der eine noch der andere ertragen können. Also schlugen sie ihrer Chefin artig vor, die Sache "bilateral" zu klären. Frau Theile war froh, das lästige Problem vom Hals zu haben. Sie orderte bei ihrer ebenfalls eleganten Vorzimmerdame zwei Tassen Tee für die "netten Kollegen" und entließ sie bald.

Neumann und Stein einigten sich über den eigentlichen Streitpunkt nie. Die Ministerpräsidentin wollte davon sowieso nichts wissen.

"Wenn der Neumann heute nicht Paroli kriegt, sammelt er wieder ein paar Punkte. Ich muss nachher da hin, um mitzudiskutieren.", wiederholte sich Stein. "Dann geh doch." "Ich nehm' mir das neueste Paper von der Bauer mit. Die ist so 'ne richtige Antipodin zu Neumann und seiner ganzen Bande."

Dr. rer. pol. Felicitas Bauer war Referatsleiterin im Wirtschaftsministerium. Mit sehr gutem Erfolg hatte sie Volkswirtschaftslehre zuerst in Berlin und dann in Köln studiert, danach zwei Jahre in London gelebt. Sie war 38 Jahre alt, hatte kurzgeschnittene schwarze Haare, braune Augen und breite Backenknochen. Ihr

Markenzeichen war, dass sie stets rot mit schwarz abgesetzte Kostüme trug, dazu rote Schuhe. Sie war attraktiv, nicht verheiratet, lebte aber mit einem Partner zusammen, der Naturwissenschaftler war und irgendeine höhere Position in der chemischen Industrie bekleidete. Als sie vor zwei Jahren ihr zweites Kind, einen Sohn, zur Welt gebracht hatte, erschien sie bereits vier Tage nach der Geburt im Büro. Felicitas Bauer hatte etwas Fundamentalistisches. Für sie hieß es: Der Wirtschaft müsse soviel Freiheit wie möglich gewährt werden. Dann könne sie sich am besten entfalten. Inbrünstig schrieb sie gegen die Pläne des Umweltministeriums an und munitionierte ihren Minister Stein ständig gegen seinen Kollegen Neumann.

"Ja, mach das, nimm die Bauer-Papiere mit und sieh zu, dass Sven kein Terrain gewinnt. Wenn es demnächst zu Abstimmungen 'Stein gegen Neumann' kommt, werde auch ich dabei sein, dann zählt ja jede Stimme. Aber heute kommt es nur auf die Stimmung an.", schlaumeierte Ehlert und vertiefte sich wieder in die Seminararbeiten.

So machte sich Stein auf den Weg zu seiner Partei.

Derweil saß Sven Neumann noch in seinem Büro und durchforstete eine Suchmaschine, ob sich etwas Originelles für seinen Vortrag bei der Partei finden ließe. Er gab die Stichworte "Umwelt", "Partei", auch "ökologische Zukunft" ein, aber richtig Verwertbares fand er nicht. Da betrat sein Persönlicher Referent Dirk Noth das Ministerzimmer: "In zehn Minuten musst Du los. Kallenberg" – das war der Fahrer von Neumann – "wartet im Hof. Wahrscheinlich wird es sich der Sven nicht nehmen lassen, zu kommen. Er will Dir die Butter vom Brot nehmen. Aber Du machst das schon. Erstens siehst Du besser aus, zweites kannst Du besser reden und drittens hast Du fachlich mehr drauf. Dass Stein immer noch den Stallgeruch der Partei verbreitet, weil er die Ochsentour hinter sich hat, zählt doch heute nicht mehr." "Ja, ja."

Bei dem Hinweis auf sein Aussehen musste Neumann daran denken, wie es ihm einmal hintertragen wurde, wie ein vermeintlich treuer "Parteifreund" bei Frau Theile gegen ihn gehetzt hatte. Die Ministerpräsidentin habe diese Unterredung mit den Worten: "Aber er hat doch so schöne blaue Augen!", beendet.

Neumann fühlte sich wohl. "Ich werde einfach Dein Paper für den Vortrag nehmen.", sagte Neumann zu Noth, verließ sein Büro – die "Beletage" des Hauses – und fläzte sich in den Dienstwagen. Der zurückgebliebene "Persönliche" hatte diese Worte seines Chefs mit Freude vernommen, wähnte er sich doch seinem Ziel, von Neumann bald zum Abteilungsleiter ernannt zu werden, ein Stück näher.

"Die Partei", das war heute der Parteitag. Delegierte aus Orts- und Bezirksverbänden trafen sich im Sitzungssaal 1138 der Staatskanzlei. Insgesamt waren es rund zweihundert Personen, die sich versammelten. Eine halbe Stunde vor Beginn der Veranstaltung trafen die ersten Teilnehmer ein. Sie rotteten sich zu verschiedenen Gruppen zusammen. Manche gingen zu den Kollegen, die sie aus ihrem Verband kannten, andere scharten sich beim "linken" Flügel, einige versammelten sich in "rechten" Grüppchen – die nannten sich selber "Realisten".

Auch die Frauenbewegten – vereinzelt waren Männer darunter – begrüßten sich herzlich. Die "Senioren" schwärmten von früher, und die "Entschiedenen Christen" verbargen ihre Abneigung gegen die Anwesenheit so vieler Ungläubiger. Die Säufer aller Richtungen zischten an einer Theke erst 'mal einige Bierchen.

Dann begann der Parteitag. Fünf Minuten vor dem offiziellem Beginn erschienen förmlich gekleidete Parteimitglieder, die viele der bereits Anwesenden mit Handschlag begrüßten: Das waren die Mitglieder des Vorstandes. Danach nahmen die Delegierten wie eine Schulklasse Platz. Auf dem "Präsidium" in Front zu ihnen, thronten die Vorständler und holten allerlei Papiere aus ihren Aktentaschen oder Collegemappen. Neben dem Rednerpult saß die Vorsitzende, Frau Dr. Irene Nuhr-Meyer, die auch Abgeordnete war. Die erste Reihe der Schulklasse blieb leer. Auf drei Stühlen lagen große weiße Zettel, auf denen mit Kugelschreiber geschrieben stand "Frau MP Margarete Theile", "Herr M Marc Stein" und schließlich "Herr M Sven Neumann".

Neumann, der Referent des Abends, erschien pünktlich um sieben Uhr im Saal. Er warf einen Blick auf die reservierten Plätze und murmelte: "Natürlich auch Stein – zum Stänkern". Da erschien der "werte Kollege". Zwei Gesichter strahlten: "Hallo Sven!" – "Hallo Marc!" Küsschen links, Küsschen rechts. "Schön, dass Du da bist. Das wird die Diskussion nach meinem Vortrag befeuern." – "Na, nu übertreib 'mal nicht!" Da brandete Beifall auf, ohne dass die Versammlung eröffnet war. Die Ministerpräsidentin betrat den Saal. Sie begrüßte freundlich Frau Nuhr-Meyer, schritt auf ihre Minister zu und sagte zu Neumann:

"Ich bin gekommen, weil ich etwas lernen will." – "Ich auch.", heuchelte der daneben stehende Stein, und die drei nahmen Platz, nachdem sie die Zettel unter ihre Stühle gelegt hatten.

Nuhr-Meyer begab sich zum Rednerpult, es wurde ruhig im Saal: "Ich eröffne den 15. Parteitag und begrüße unsere Ministerpräsidentin. – Die Tagesordnung ist ihnen zugegangen. Gibt es dazu Wortmeldungen? Keine. Gut, dann verfahren wir so.

Den 'Bericht des Vorstandes' mache ich kurz: Es sind noch acht Monate bis zu Wahl. Uns stehen für Werbemaßnahmen 965.240 € zur Verfügung, davon etwa ein Drittel aus Mitgliedsbeiträgen, liebe Parteimitglieder. Wir haben beschlossen, uns eine Werbekonzeption von einer Agentur erarbeiten zu lassen. Das kostet natürlich 'was: 500.000 €. Dazu kommen 10.000 für jeden Verband. Davon können wir Stände machen, Schnickschnack kaufen usw..

Gibt es dazu Wortmeldungen? – Das ist nicht der Fall. – Dann kommen wir zum Hauptpunkt unserer heutigen Tagesordnung: Referat und Diskussion von und mit Umweltminister Sven Neumann: 'Perspektiven für morgen'. Bitte, Herr Neumann!"

Drei Stunden später kam Neumann zu Hause an. Er hatte diesmal darauf verzichtet, "anschließend mit den Parteifreunden noch ein Bierchen zu trinken." Erstens hatte sein Lebenspartner Geburtstag – es war der 36. – und zweitens hatten

Stein und andere Diskutanten ihm die Lust ausgetrieben. Nach seinem Vortrag, in dem er ökologische Standards auch in der Warenproduktion gefordert hatte, hielt "Kollege" Stein quasi das Gegenreferat, in dem er unter anderen polemisierte – so sah es Neumann jedenfalls – es würde "keine Umweltpolizei" gebraucht. Im Gegenteil: Die Wirtschaftsdynamik würde dadurch nur ausgebremst.

Das Wort von der "Umweltpolizei" griffen in der folgenden Debatte fast alle Diskutanten auf, und auch Frau Theile spielte in ihrem Schlusswort darauf an, indem sie ausführte: "Unsere Unternehmer sind von sich aus daran interessiert, die Umwelt zu schützen. Da mit repressiven Maßnahmen reinzugehen, ist vielleicht etwas blauäugig..." Neumann fragte sich einen Augenblick lang, ob die Chefin auf ihr seinerzeitiges Urteil über sein Äußeres anspielte, da wurde er von Frau Nuhr-Meyer zum "Endstatement" aufgefordert. Dem Minister ging die "Umweltpolizei" nicht aus dem Kopf, und so hörte er sich sagen, natürlich wolle er Umweltschutz nicht mit dem Gummiknüppel durchsetzen. Im Innern aber dachte er "Scheiße, jetzt hat mir der Marc mit seiner blöden Polizei einen reingewürgt."

So war es. Stein schien eine Schlacht gewonnen zu haben im Krieg der beiden um die Theile-Nachfolge.

In seiner von den Eltern geerbten Villa am Stadtrand empfing Neumann eine andere Welt als in der Partei. Sein Mann, der Galerist Fei Freidank, hatte im Salon den Tisch gedeckt, Blumen arrangiert, Kerzen angezündet, die Sibelius-Kassette aufgelegt und servierte nun aus Anlass seines Geburtstages ein erlesenes Drei-Gänge-Menü mit dazu ausgewählten Weinen. Neumann erhob sein Glas, stieß feierlich mit Freidank an: "Auf Dein Wohl, mein Lieber. Und auf unsere Ehe."

Neumann und Freidank hatten vor einiger Zeit geheiratet – in hellen Anzügen mit großen roten Blumen im Revers, angetan mit Panamahüten und unter lautem Gejohle einer bunten Gästeschar. In der standesamtlichen Zeremonie zuvor, hatte die Oberamtsrätin Kunze nicht die rechten Worte gefunden, um diese beiden auf den Ehestand vorzubereiten. Homosexuelle Ehen, wie sie jetzt nach dem Gesetz möglich waren, hatte sie bis dahin noch nicht beurkundet. Ihre Standardrede vor bisexuellen Paaren mit den kleinen Witzchen über die erwarteten lieben Kinderlein wollte sie diesmal nicht halten. So wich sie aus und philosophierte über die Pflichten des verbleibenden Partners nach dem Tod des anderen. Das hob die Stimmung nicht gerade. Doch das war schnell vergessen und draußen vor dem Standesamt sowie nachher beim Fest war die Fröhlichkeit allgegenwärtig. Natürlich waren auch Marc und Kasimir dabei.

Marc und Sven, die Minister, hatten sich früher sehr gemocht. Marc war da Abgeordneter, stellvertretender Vorsitzender seiner Fraktion und Sven einer der "wissenschaftlichen" Mitarbeiter. Sven betreute unter anderem die Ausschüsse für Wirtschaft und für Finanzen, und Marc war Haushalts- und Wirtschaftssprecher seiner Fraktion. So hatten Marc und Sven viel miteinander zu tun. Sven begleitete Marc oft zu Abendveranstaltungen, und sie kamen sich näher. Einmal saßen sie nach einer Podiumsdiskussion im etwas tutigen Restaurant "Küchenbord" beisammen, hatten Wein, Schnecken und Salat bestellt. Da ergriff Marc die Hand von Sven, und hinterher wurde es eine zärtliche Nacht.

Sven und Marc blieben zusammen, bis Kasimir auftauchte und Sven verdrängte. Kasimir war der Professor – "Prof" wie sie sagte – von Marcs jüngerer Schwester Lina, die an seinem Lehrstuhl eine Assistentenstelle innehatte. Bei der Doktorfete von Lina hatten sie sich getroffen. Zwischen beiden funkte es sofort. Lina merkte gar nicht, was sie da gestiftet hatte. Sie war glücklich über ihren Doktortitel und konnte nicht genug davon bekommen, mit ihren Assistentenkollegen auch der anderen Lehrstühle bei Jazzmusik, Frascati, Wasser und Salzgebäck zu fachsimpeln. Marc und Kasimir aber mieteten die Wohnung am Boulevard, wurden schließlich ein Paar und gingen lange vor Sven und Fei zum Standesamt. Da war Marc gerade Minister geworden.

Den Laufpass hatte Marc Stein dem Sven Neumann vorher gegeben – schon, als er Kasimir Ehlert kennen gelernt hatte. Der Abgeordnete und der Fraktionsassistent blieben jedoch Freunde, nicht nur weil sie der gleichen Partei angehörten. So lud Marc "den lieben Sven" zu seiner Hochzeit ein. Wie das Leben spielt, lernte Sven – nun allerdings schon Staatssekretär im Umweltministerium – auf dieser Hochzeit Fei Freidank, seinen künftigen Mann, kennen.

An Feis Geburtstagsabend kam Neumann von der verunglückten Parteiversammlung nicht los. "Ich hätte wissen müssen, dass er mich mit seiner blöden Umweltpolizei lächerlich macht. Die Parteimitglieder durchschauen das doch nicht. Sie freuen sich über den Gag und denken nicht daran, dass Stein bloß die Theile beerben will." – "Das willst Du doch auch.", sprach Freidank und sah gedankenverloren vor sich hin. Er nahm versonnen ein Schlückchen aus dem Weinglas. "Eine Schlacht ist verloren, jedoch der Krieg nicht!" – Neumann lächelte Freidank zu. Der erhob sein Glas zum "Salute".

Eine hört auf

Margarete Theile betrat 7.30 Uhr wie an jeden Arbeitstag ihr Büro. Der Pressesprecher Hinrich Hinze, die "Persönliche" Christiane Krause, der Staatssekretär Dr. Siegfried Bernstein-Mösberger sowie die beiden Sekretärinnen Ulrike Harder und Lia Schulze-Festerberger saßen bereits am großen weißen Konferenztisch. Kaffeetassen, eine Kaffeekanne und Tellerchen mit Gebäck – alles Edelporzellan aus der Produktion der staatlichen Manufaktur – standen bereit. Margarete Theile hatte ihr Büro in Pastellfarben einrichten lassen: mit blass-lila Leder bezogenen Stühlen, einem rosa-rosenfarbenen Schreibtisch, mattgrünen Stoffvorhängen, einem den gesamten Raum ausfüllenden Kelim-Teppich und dem ebenfalls rosa-rosenfarbenen Konferenztisch. Der Papierkorb war beige. Kräftige Farben in dieses Ambiente brachten zwei abstrakte Bilder an den Wänden – Gemälde des bekannten und viel geehrten Malers Volker Zuckermann, Mitglied der Akademie der Schönen Künste. Dann war da noch jeden Tag ein neuer Blumenstrauß auf dem Schreibtisch, den die Verwaltung der Ministerpräsidentin frisch auf den Tisch stellte – das stand ihr zu. Auf dem Schreibtisch waren zudem mindestens 20 Fotos drapiert: Sie zeigten Frau Theile mit anderen Personen – meist händeschüttelnden Politikern.

Der Stab der Ministerpräsidentin war zur "Frühlage" versammelt, die würde 30 Minuten währen. Zu den persönlichen Mitarbeitern von Frau Theile zählten auch ihr Fahrer Karl Prosch und ihr Sicherheitsbeamter, Polizeihauptmeister Peter Souchon. Der Redenschreiber Leo Weiß gehörte ebenfalls dazu, befand sich aber mit seiner Freundin auf einer griechischen Ägäis-Insel im Urlaub. Die "Lage" begann wie immer damit, dass Pressesprecher Hinze einen Überblick gab über die aktuellen Erwähnungen von Frau Theile in den Medien. Nach seinem Bericht fügte Hinze an: "Darf ich noch etwas sagen, Frau Ministerpräsidentin? Wenn ich wie heute jeden Tag in der U-Bahn sitze und sehe, wie all die Leute ein und dieselbe Boulevardzeitung lesen, dann bin ich gegen das allgemeine Wahlrecht!" – Frau Theile schmunzelte.

Doch das wurde schnell abgehakt. Christiane Krause kam auf den gestrigen Abend zu sprechen, an dem "Sven", also Umweltminister Neumann ein Referat vor der Partei gehalten hatte: "Marc hat Sven durch den Kakao gezogen und die Delegierten haben sich darüber gefreut. Dabei wollen beide nur Deinen Posten!", entrüstete sich Christiane Krause: "Ich finde, Du solltest diesen Machos einen Strich durch die Rechnung machen und zumindest Irene zur Kronprinzessin erklären. Das Zeug hat sie." Gemeint war Frau Dr. Irene Nuhr-Meyer, die Vorsitzende der Partei. "Wieso sollen wir für einen Mann räumen? Wir können doch mit gender mainstreaming argumentieren. Da kommen wir bei der Partei glatt durch." – "Hm...", meldete sich der Staatssekretär. "Mit gender mainstreaming ist das so eine Sache. Anstelle der Geschlechtergerechtigkeit ist es neuerdings in, 'queer' zu sein, also weder betont männlich noch betont weiblich: Schwul ist queer, auch lesbisch, sado-macho oder was weiß ich?" Bernstein-Mösberger schaute etwas verlegen in die Runde und sah die Ministerpräsidentin fragend an. Doch die beschied: "Gender, queer, schwul und was weiß ich. Ich will und kann auch nicht mehr. Marc und Sven sind die besten weit und breit, und einer von beiden muss es nach mir machen. Was die beiden privat tun, interessiert doch niemanden." Die "Persönliche" und der Staatssekretär schwiegen. Spekulierte doch die "Persönliche" auf Frau Nuhr-Meyer. Dann – so hoffte die Referentin – würde sie auf den Staatssekretärsposten kommen, und davon hielt Bernstein-Mösberger, der das wusste, nicht viel.

"Also, was steht heute an?", ging die Chefin zur Tagesordnung über. Christiane Krause leierte herunter: "8.30 Uhr Koalitionsrunde, 9 Uhr Kabinettssitzung, 12 Uhr Empfang für den polnischen Wojowoden, 14 Uhr Besuch im Altersheim 'Golde Zeit', 15 Uhr Büroarbeit, 16 Uhr Begrüßungsrede bei den Automatenherstellern, 17 Uhr vertrauliches Gespräch mit den Vorsitzenden der Fraktionen, 19 Uhr Eröffnung der Festakademie der Wissenschaften und 20 Uhr Parteivorstand. Ende offen." Frau Theile erhob sich und stöhnte: "Kann mir jemand sagen, warum ich mich danach für vier weitere Jahre reißen soll?"

Die "Lage" war beendet. Die Ministerpräsidentin eilte in den "Festsaal", um die Koalitions-"freunde" vom kleineren Partner zu treffen. Diesen erklärte sie, dass ihre eigene Partei nach der Wahl die stärkste bleiben werde. Umfragen bestätigten dies. Aber zur absoluten Mehrheit würde es nicht reichen, und so würde es wieder zu einer Koalition kommen müssen. Der Regierungsauftrag werde sicher erneut an ihre Partei gehen, und da sie nicht mehr kandidiere, werde entweder Stein oder Neumann die neue Koalition führen. Wer von den beiden, das lege ihre Partei rechtzeitig fest.

Die kleinere Regierungspartei wurde geleitet von Harry-Peter Loch, stellvertretender Ministerpräsident. Der antwortete, ob es überhaupt zu einer erneuten Koalition komme, hänge schließlich vom Wahlergebnis ab. Ein Parteitag seiner Partei werde über Personalien mitentscheiden.

"Das werden wir ja dann sehen.", entgegnete die Ministerpräsidentin kühl und fuhr fort: "Der Messeaufstockung gleich im Kabinett werdet Ihr doch zustimmen? Zumindest haben das Eure Leute signalisiert." – "Ja, ja", kam die Replik. Mit der "Messeaufstockung" war die Erhöhung der jährlichen Zuwendung an die Messegesellschaft um 2 Millionen € gemeint. Dem Wirtschaftsminister winkte ein Erfolg.

Im Kabinett saß die Regierung um einen ovalen Tisch. Das Kabinett bestand aus zwölf Ministern. Neben der Chefin Theile sowie Stein und Neumann als Minister waren das noch weitere fünf Minister der großen Partei und vier der kleinen. Die kleine Partei besetzte das Finanzressort. Minister war hier der stets eine Fliege tragende Otto Bamberger. Ihm wurde nachgesagt, dass seine Frau schwer reich und er ein gefürchteter Schürzenjäger sei. In der Stadt bewohnte er eine Villa mit sieben Zimmern. In seiner Heimatprovinz aber residierte er in einem Herrenhaus mit Butler, Köchin, Putzfrau, Gärtner und privatem Chauffeur.

Dann war da noch Rosa Herbel-Liemann, die das Ministerium für Familie, Frauen und Jugend führte und ebenfalls der kleinen Partei angehörte. Sie war 35 Jahre alt und hatte drei Kinder: ein sechs-jähriges Mädchen und zwei Buben, die drei und zwei Jahre alt waren. Ihr Mann, Dr. med. Karl-Heinz Liemann, war Orthopäde am Universitätsklinikum. Beide hatten vor fünf Jahren für 450.000 € ein Einfamilienhaus am Stadtrand gekauft, in dem sie nun zu fünft wohnten. Die Bank hatte damals ein Darlehen über 300.000 € gewährt. Dafür zahlten die beiden Zinsen und Tilgung. Sie sahen es so, dass beide arbeiten mussten, um einen gewissen Lebensstandard zu haben.

Harry-Peter Loch selbst war Justizminister. Als Rechtsanwalt hielt sich der 62-jährige Jurist für sein Amt gut qualifiziert. Seine Frau war vor sieben Jahren bei einem Verkehrsunfall umgekommen. Seitdem lebte der ältere Herr mit seiner dreißigjährigen Tochter in einer bescheidenen Altbauwohnung.

Die Ministerin für Soziales und Integration hieß Aische Hüklen. Sie hatte einen "Migrationsintergrund". Ihre Berufung war seinerzeit als beachtenswert durch die Medien gegangen. Frau Hüklen war Kind anatolischer Einwanderer, die in Deutschland einen Obst- und Gemüseladen betrieben. Bevor sie in das Kabinett für die kleine Partei berufen wurde, arbeitete sie in einer Millionenstadt als Anwältin. Mit ihrem klaren und perfekten Deutsch, in ihrem Businessanzug, der weißen Bluse und den schwarzen Haaren hatte die zierliche Frau Eindruck gemacht. Ihre Eltern waren mächtig stolz auf sie, und bei jedem ihrer Besuche im anatolischen Heimatdorf versammelte sich die ganze Großfamilie. Alle Vettern und Nichten, Tanten und Onkel wollten wissen, wie Aische in Deutschland Karriere machte.

Zu den starken Persönlichkeiten im Kabinett gehörte Friedrich Hansen, der Innen- und Polizeiminister. Er gehörte der großen Partei an, war einst Vertragsfußballer gewesen und war mit seinen 46 Jahren immer noch eine stattliche sportliche Erscheinung. Über sein Familienleben wusste man wenig, nur dass seine Frau Studienrätin für Deutsch und Geschichte war und dass seine beiden Kinder – ein Mädchen und ein Junge – im Ausland Wirtschaftslehre studierten. Die große Partei stellte auch die Minister für Wissenschaft und Kultur (Prof. Dr. Paul Sawatzki), Städtebau und Landschaftsplanung (Erika Venle), Verbraucherschutz (Emil Rettig) und Bauen (Kurt Weidenknecht).

Alle Minister waren versammelt. Sie saßen um den ovalen Tisch herum auf hellbraunen Lederstühlen. Der Stuhl der Frau Theile war etwas höher als die der anderen; es war der "Chefsessel". In der Mitte des großen Tisches stand eine kunstvoll gearbeitete Uhr, die von einem Vorgänger Frau Theiles stammte. Neben der Ministerpräsidentin hatte Dr. Siegfried Bernstein-Mösberger Platz genommen. Er war Chef der Staatskanzlei ("CdS") und legte seiner Chefin die jeweils aktuellen Aktenmappen vor.

Heute gab es 23 Tagesordnungspunkte. Frau Theile sagte: "Morgen! 1 bis 7 im Block, 9 bis 12 dito und 16 bis 23 ebenfalls. Als 24 kommt noch ein ATO." Die Tagesordnungspunkte "im Block" hatten tags zuvor die Staatssekretäre der Minister abgesegnet. Sie waren unstrittig und daher schon verabschiedet. "8 ist die

Messeaufstockung. Gibt's da was?", fragte Frau Theile und erforschte über die Oberränder ihrer Brille die Runde. "Die kleine Partei zieht mit, nicht wahr Kollege Loch?" Der Stellvertreter nickte. "Also, was is' noch?" Die Ministerpräsidentin wollte die Sache schnell vom Tisch haben. Doch Sven Neumann, der Umweltminister, meldete sich. "Mein Haus kann da nicht mitziehen. Hier handelt es sich um eine verkappte Industrieförderung zu Lasten des Umweltschutzes." – "Also, das ist doch Unsinn, Herr Kollege." In diesem förmlichen Rahmen siezten sich Stein und Neumann. "Der Finanzminister hat schließlich mitgezeichnet, und in der Vorlage steht ausdrücklich: 'Finanzierung aus dem eigenen Ressort'." Stein sah zu Bamberger hinüber, doch der Finanzminister hatte sich in seinen Aktenberg vergraben. Auch die übrigen Kabinettsmitglieder schienen den Vorgang zu ignorieren. Da vernahm Stein die Stimme der Chefin: "Abgesetzt."

Bei sich dachte Stein: "Dieser Mistkerl. Das zahle ich dem Sven heim." Er war sich sicher, dass es nur um ihre Rivalität und überhaupt nicht um die Sache ging. Dr. Siegfried Bernstein-Mösberger protokollierte alles und fand in seinem Innern, dass es nicht gut sei, wie die beiden Rivalen sich um die Nachfolge der Ministerpräsidentin aufführten.

Die anderen Vorlagen wurden beschlossen, und schließlich verkündete Margarete Theile: "ATO: Ich setze Sie offiziell davon in Kenntnis, dass ich nach der bevorstehenden Wahl mein Amt als Ministerpräsidentin aufgeben werde. Ich gehe davon aus, dass die große Partei wieder die Regierung führen wird. Sie wird entscheiden, wer mein Nachfolger wird: Kollege Stein oder Kollege Neumann. Harry-Peter Loch weiß das und ist einverstanden." Ganz so sah das der stellvertretende Ministerpräsident nicht. Hansen lächelte kurz auf. Aber als Loch etwas Relativierendes sagen wollte, hatte Frau Theile schon die Sitzung geschlossen.

Jeder der Anwesenden wusste: "ATO" heißt "Außerhalb der Tagesordnung". Hierüber sollte die Presse nicht informiert werden. Aber jeder wusste auch: Nur hierüber würde die "Journaille" erfahren. Die Ministerpräsidentin hatte es so beabsichtigt. Sie wollte, dass in der Öffentlichkeit "festgezurrt" würde, dass sie aufhöre und Stein oder Neumann an ihre Stelle treten würden. Dass es mit dem zweiten Teil dieser Zukunftsplanung Schwierigkeiten geben würde, konnte sie zu diesem Zeitpunkt noch nicht wissen. In dem Moment, als sie die Kabinettssitzung schloss, hatte der Finanzminister Otto Bamberger vor sich hin gemurmelt: "Kronprinzenfragen sind immer unangenehm."

Seine unmittelbaren Nachbarn konnten es hören.

In der Uni: Zwei tüfteln

Lina Stein las es anderntags in der Zeitung: "Theile tritt ab: Stein oder Neumann soll folgen". Zusätzlich zur Meldung gab es im Blatt einen kurzen Kommentar. "Das ist geschmacklos! Sind die Wähler völlig unwichtig? Sie müssen doch wohl zuerst entscheiden, und nicht die Politiker. Frau Theile hat da wohl etwas übersehen." Der Vorsitzende der anderen großen Partei, Heinz-Peter Corbeau wurde mit dem Ausspruch zitiert "Frau Theile will Politik nach Gutsherrenart. Wenn sie da nicht die Rechnung ohne den Wirt macht!"

"Wieder 'mal typisch: Die da oben schieben sich die Posten zu. Dabei ist es doch egal, ob Stein oder der Neumann es wird. Es ist immer das gleiche. Unten wird abkassiert und oben ausgeschüttet. Und wenn die andere große Partei rankommt, ändert sich auch nichts. Jetzt versprechen sie alles Mögliche, aber nachher wollen sie das nicht wahrhaben, ignorieren es einfach." Linas Kollege Frank, bürgerlich Dr. Frank-Walther Hellersberg, sagte das alles irgendwie nebenher, denn eigentlich interessierte es ihn nicht sehr. Doch plötzlich schien er wach zu werden: "Sag mal: Ist dieser Wirtschaftstyp, der Stein, nicht Dein Bruder? Ist Dir das nicht peinlich?" – "Nö, eigentlich nicht. Und unser Ehlert ist sein Mann – also mit dem ist er verheiratet!" Frank hatte das alles natürlich gewusst, aber er wollte Lina aufziehen. So fragte er nur zurück: "Wie hältst Du das eigentlich aus? Ich meine, so nach der Arbeit." – "Ich finde, was die beiden machen, ist deren Ding. Ich bin nicht die Gouvernante vom Marc." – "Aber die Schwägerin vom Ehlert bist Du schon. Hilft Dir das eigentlich?"

Jetzt ärgerte sich Lina doch. Sie fand, dass sie eine gute Wissenschaftlerin war und glaubte, dass Frank das wisse. So hatte sie neulich für Ehlert eine Doktorarbeit gegengecheckt, von der dieser ganz begeistert war. Dabei musste sie feststellen, dass die Arbeit in weiten Teilen abgekupfert war. Sie empfahl Ehlert, die Arbeit nicht anzunehmen. An diesen Rat hielt sich der Professor, denn er wollte nicht riskieren, vor der Prüfungskommission als Trottel dazustehen. Lina hatte den geklauten Text zuvor zufällig im Original gelesen, ihr Chef hingegen überhaupt nicht. Frank wusste von der Geschichte. In Assistentenkreisen spottete er daraufhin über den "blöden Ehlert" und lobte Lina, die dahinter gekommen war.

Nun aber bemühte sich Frank, einzulenken: "Wie der Ehlert nicht einmal die Literatur seines Fachs kennt, so kennt sich Dein werter Bruder auch nicht mit der Wirtschaft aus. Er will das Geld knapp halten und macht damit immer mehr Menschen arbeitslos. Anstatt nach Keynes Beschäftigungsprogramme aufzulegen, spart er die Wirtschaft kaputt. Er sollte seinen Hut nehmen."

Die politische Ausrichtung ihres Bruders war auch Lina suspekt, und ihr Ärger über Frank verflog etwas. "Da hast Du leider recht. Ich habe Marc schon oft bearbeitet, dass er 'was gegen die hohe Arbeitslosigkeit tun soll. Aber dann lacht er nur: 'Das ist Politik, davon verstehst Du nichts, Schwesterchen! Bleib Du lieber bei Deiner Wissenschaft. Da ist zwei mal zwei eben einfach vier.' So geht das mit ihm." – Doch dann begehrte Lina auf: "Aber der Neumann mit seinen Beschäftigungsprogrammen ist auch nicht viel besser. Der redet von Umweltschutz und will doch nur seine Leute unterbringen. Alles andere ist dem egal." – "Weswegen es der Theile auch egal ist, wer von beiden ihr nachfolgt. Beide sind ihr gleich recht und doch wieder nicht. Einen richtigen Keynesianer hat sie eben nicht. Der Hansen ist vielleicht einer, aber den mag die Theile nun 'mal persönlich nicht leiden.", plauderte Frank. – "Na ja, ich werde diesmal wohl die andere große Partei wählen.", gab Lina kleinlaut zu. – Doch selbst darauf wollte Frank sich nicht einlassen: "Ich weiß überhaupt noch nicht, ob ich wählen gehe."

Der politische Diskurs der beiden Assistenten war zuende. Sie wandten sich, wie sie fanden, einer wichtigeren Aufgabe zu: der Vorbereitung einer gemeinsamen Lehrveranstaltung. Es sollte eine Übung werden, mit der sie die "Studies" auf Prüfungen bei Ehlert präparieren wollten. Prof. Ehlert plante, eine Vorlesung über "Die frühe französische Soziologie des 19. Jahrhunderts" zu halten und hatte sich dazu von Lina Stein und Frank-Walther Hellersberg einige Exzerpte ausarbeiten lassen. Das brachte die beiden "Assis" auf die Idee, eine Übung über Auguste Comte, den Namensgeber ihres Fachs, anzubieten. Die Übung sollte über das ganze Semester laufen und montags von 12 bis 14 Uhr zwei Stunden im Anschluss an die Ehlert-Vorlesung stattfinden. Es standen ihnen also 12 Doppelstunden zur Verfügung. Während die Vorlesung Ehlerts "offen für Hörer aller Fakultäten" sein sollte und daher im großen Hörsaal 101 geplant war, wollten die Assistenten Stein und Hellersberg ihre Übung nur für "Soziologie- und Politologie-Studenten im Hauptstudium" zulassen: "Anmeldung in den Sprechstunden von Frau Dr. Stein oder Herrn Dr. Hellersberg". Die beiden meldeten bei der Universitätsverwaltung dafür den Seminarraum 10 A an.

Lina Stein und Frank-Walther Hellersberg gedachten, die Publikationen Comtes in kleine Häppchen einzuteilen und die Studenten zu bitten, darüber kurze Referate zu halten. Sie erwarteten nicht nur Inhaltsangaben, sondern auch Stellungnahmen der Kommilitonen zu den jeweiligen Texten. Das alles sollte von ihnen bewertet und in "Leistungsscheinen" benotet werden.

Der Raum 10 A bot 50 Sitzplätze, aber nach Lage der Dinge konnten nur 20 Referate gehalten werden. Bis zu 30 Studenten müssten dann eben ohne Referat teilnehmen. Ihnen könnte ein "Teilnehmerschein", der allerdings beim Prüfungsamt nicht viel Wert war, ausgestellt werden.

Aber nun hatten sich vier Wochen vor Semesterbeginn bereits über 100 Studenten angemeldet, und alle wollten Leistungsscheine!

Um zu beraten, was geschehen solle, saßen die beiden zusammen. Er fand sie übrigens ziemlich attraktiv, wie sie da saß in ihrem engen roten Kleid, den kurz geschnittenen schwarzen Haaren, den schwarzen Pumps und der dunklen "Intellektuellenbrille". Er betrachtete sie ein kurzes Weilchen. Sie tat, als ob sie das nicht merkte und kam zur akademischen Sache: "Wir könnten die Übung ja teilen. Das gäbe mehr Kapazität. Aber unser gemeinsames Publikationsprojekt müssten wir dann vergessen." Nach Beendigung der Übung planten sie nämlich eine gemeinsame Publikation über Auguste Comte. So etwas brauchte man für die Publikationsliste, die bei künftigen Berufungsverfahren wichtig sein würde. Hier an der Universität hatten die beiden Zeitverträge, und sie mussten sehen, dass sie rechtzeitig Verlängerungen oder gar Professorenstellen ergatterten, um nicht arbeitslos zu werden.

"Ich schlage vor, wir halten die Übung zweimal. Und lassen pro Sitzung drei Referate zu. So kommen wir auf 72 Leistungsscheine.", schlug Lina vor. – "Müssen wir da nicht den Ehlert fragen?", warf Frank ein. Lina bemerkte: "Weiß nicht. Der stimmt sowieso zu, ist ihm doch egal. Aber ich kann ihn ja informieren." – Etwas gebremst war Frank einverstanden. Einerseits scheute er die Mehrarbeit, die auf ihn zukommen würde. Andererseits lockte ihn die Aussicht, vier statt zwei Stunden pro Woche mit Lina beruflich zusammen sein zu "müssen". Dass sie den Ehlert fragen wollte, gefiel ihm besonders. So würde bei Ehlert der Eindruck entstehen, dass die Stein Frank nicht gerade verabscheute. Sonst würde sie kein Projekt mit ihm durchziehen wollen. "Kann der Ehlert sich alles ruhig zusammenreimen.", dachte Frank-Walther.

"Aber wenn wir so über siebzig Studies berücksichtigen, bleiben immer noch mindestens dreißig draußen vor, Lina." – "Dann machen wir halt NC: Kurze Leistungstests, bis wir 72 haben, und alle anderen fliegen raus.", entschied sie knapp. – "Na gut." Frank fand, das würde viel Arbeit werden, um Lina vier Stunden zu binden. Aber er würde sie überzeugen, dass sie auch die Leistungstests zusammen abnahmen: So würden sogar mehr als vier Stunden herauskommen. "Die Tests müssen wir dann wohl zusammen machen. Ich meine, einer allein, das geht doch gar nicht." – "Scheinst recht zu haben.", entgegnete Lina lakonisch.

Jemand klopfte anstandshalber: Roxana Vutil betrat das Büro. Sie war die dritte Assistentin von Ehlert, auf 20-Stunden-Basis. – "Habt Ihr schon gehört, die Theile will den Marc Stein zum Ministerpräsidenten machen? Das ist doch der Macker vom Ehlert und Dein Bruder, Lina. Mensch, wenn der das wird, dann müssen die für unseren Lehrstuhl mehr Kohle rausrücken. Das wäre doch fantastisch!" Doch Lina wiegelte ab: "Wenn, falls, vielleicht. Es gibt noch andere, die im Rennen sind. In der Politik, weiß man sowieso nicht, was kommt." Da kam auch Frank wieder in Fahrt. "Ob Stein, Neumann oder wer auch immer. Die tun doch sowieso nichts für den kleinen Mann. Und deren Scheißgeld will ich auch nicht!" Roxana starrte Lina an: "Tickt der nicht richtig?" Die aber sagte: "Er vertritt halt andere politische Ansichten als Marc. Ich finde auch, die sollten nicht so viel Geld in die Genderforschung stecken. Das ist doch eigentlich Sache der Soziologie, herauszufinden, inwieweit Geschlechterrollen sozial oder biologisch bedingt sind. Aber Nein: Die Politik biedert sich beim vermeintlich Mainstream an, um Punkte zu machen. Da ist kein Unterschied zwischen Sven, Marc, Theile oder auch dem Corbeau. Wenn sie die Posten haben, haben sie auch Geld. Aber uns geben sie sowieso nur, was ihnen selber nützen soll und niemand anders. Da heult auch Marc mit den Wölfen." Roxana mochte das nicht so sehen: "Wenn man die Typen nur ordentlich belatschert, rücken sie auch für andere 'was raus." Daran glaubte nun Frank überhaupt nicht: "So'n Minister ist doch auch bloß 'ne Charaktermaske.

Selbst wenn er vernünftige Ideen hat, muss er die erst 'mal in seinen Ausschüssen vortragen, und da wird er rundgeschliffen. Weil der das weiß, lässt er's lieber gleich. Nee, da ist nichts zu erwarten. Wir sollten nichts erhoffen. Bekämen wir 'was Zusätzliches, würden wir wieder ein wenig mehr zu denen gehören, und diejenigen, die es wirklich brauchen, haben ohnehin nichts davon." – "Gut gebrüllt, Löwe!", scherzte Lina: "Wollen wir jetzt zur Übung zurückkehren?"

"Ach!", entfuhr es Roxana und verließ den Raum.

"Irgendwie hat Roxana Recht. Wir müssten doch etwas davon haben, dass Marc Minister ist und vielleicht sogar 'MP' wird. Vielleicht sollt' ich ihm mehr um den Bart gehen.", sinnierte Lina. Jetzt aber spielte Frank die Rolle des rationalen Gestalters: – "Vergiss es! Widmen wir uns lieber Auguste Comte. Wir müssen ein Paper machen, das einen Überblick bietet und zu den einzelnen Referatsthemen hinführt." – "Wenn die Studies die drei Bände 'Soziologie' in die Hände kriegen, geraten sie in lauter Krisen. Hier: 'I.. Band: Der dogmatische Teil der Sozialphilosophie': 534 Seiten." Lina hatte die drei Bände des Klassikers aus einem Regal genommen. "II. Band: 570 Seiten und III. Band: 776 Seiten! Das lesen die nicht. Niemals!!" – Der Kollege beharrte: "Sie müssen aber. Die wollen doch Leistungsscheine. Und dafür lesen sie sogar Comte. Wir müssen biografisch an die Sache rangehen. Ich schlage vor, in unserem Paper sagen wir zuerst einiges über das Leben des Monsieur Auguste Comte. Das mache ich: Kapitel 1. Dann kommen die wichtigsten Theorien des Herrn. Das ist dann das Kapitel 2, und Du schreibst es, Lina. Kapitel 3 führt zu den Referatsthemen. Das machen wir zusammen, wenn die ersten beiden Kapitel stehen."

Frank hatte sich das gut ausgedacht. Er hatte die leichtere Passage, und das Erstellen des gemeinsamen Kapitels 3 würde ihm wieder Gelegenheit geben, mit Lina Zeit zu verbringen. Lina jedoch dachte weniger an die Zeit mit Frank-Walther. Ihr bereitete der Gedanke Unbehagen, mit der Theorie die schwierigere Passage des Papers übernehmen zu müssen. Dann kam ihr die Idee, dass Frank das vielleicht gar nicht könne – sie aber schon! So sagte sie schließlich: "Gut, so machen wir es."

Beide, Frank-Walther und Lina, hatten jeweils das Gefühl der Überlegenheit. Er, weil er die Arbeit so "geschickt" eingeteilt hatte und sie, weil sie den Eindruck hatte, das mit der Theorie wäre ihm zu hoch.

Das Projekt konnte starten.

Theile und Schnabel in den USA

Ministerpräsidentin Theile saß mit Christiane Krause, ihrer Persönlichen Referentin, in einer verschwiegenen Ecke des Restaurants ihres Lieblingsitalieners. "Jetzt schießen alle gegen mich, weil ich Nachfolgernamen genannt habe. Ob das klug war? Obwohl: Mich hatte noch der alte Schnabel vorgeschlagen, und die Sache ist damals gut gegangen." Die Referentin maulte: "Och, der Schnabel! Das war ein Kriegskind, und der war noch für den ganz großen Konsens." – "Trotzdem," beharrte die Ministerpräsidenten: "Ich lass mir immer wieder 'mal gerne seine Stories erzählen." – Christiane Krause war davon überhaupt nicht begeistert: "Der hat doch alles Mögliche gemacht, war oder ist sogar Kommunalpolitiker. Am liebsten sitzt er an der Bar und schäkert mit jungen Dingern. Was soll'n der erzählen?" – Die Chefin jedoch beharrte: "Du musst es ja wissen. Aber lass 'mal, mich interessieren seine alten Stories – immer wieder."

Frau Theile blätterte in ihrem Notizbuch. Endlich fand sie die Telefonnummer von Schnabel. "Hoffentlich stimmt die noch. Ist schon so lange her." Sie tippte auf ihr Handy. Die Nummer stimmte. Bei Schnabel hatte sich nichts verändert: "Schnabel hier." – "Hier ist Margarete Theile, wie geht es Ihnen denn so?" – "Oh, welche Ehre! – Ja: Mir geht es gut. Na – meine Augen, mein Fuß, und bei meiner Frau ist es das Herz... Aber was kann ich denn für Sie tun? Ich hab' gelesen, Sie haben die Schnauze voll? Das geht allen so, früher oder später." – "Ich würde mich gerne 'mal mit Ihnen treffen, damit Sie mir einiges aus Ihrem Leben erzählen." – "Aber gerne!" Schnabel war ganz begeistert. "Kommen Sie doch zu uns. Ich mache eine Flasche Rotwein auf!" "Das hört sich gut an." Frau Theile freute sich, dass sie ihren alten Mentor wiedersehen würde.

Näher kennen gelernt hatten sie sich, fiel ihr jetzt ein, bei einer Reise des parlamentarischen Wissenschaftsausschusses. Dieser Ausschuss hatte sich auf den Weg in die USA gemacht. Es ging nach Massachusetts. Dort wollte man lernen, wie man Hochschulen auf Niveau brachte. Frau Theile war damals die Vorsitzende des Ausschusses. Der etwa zehn Jahre ältere Schnabel war Mitglied und gehörte der kleineren Partei an.

Mit etwas Wehmut erinnerte Frau Theile sich: Die Abgeordneten landeten in Boston. Im dortigen Hotel "Colonade" fand ein erstes "Briefing" durch den deutschen Generalkonsul statt. Nach der Besichtigung vom "Freedom trail", von "Quinci Market" und vom "Common" hatten die Volksvertreter schnell gelernt, dass die USA in dieser Gegend ihre ersten Schritte getan hatten. Die Besucher folgten einer Einladung eines Politikwissenschaftlers, der einst Mitglied des "American Council on Germany" war. Diese Einladung zur Party im Garten hatte sie, Frau Theile, organisiert. Es gab Bowle, Erdbeeren und Krabben. Die Abgeordneten merkten: Sie waren in einer anderen Welt. Dass hier die Uhren anders gingen, erkannten die Volksvertreter ebenfalls, als sie in einem Restaurant in Boston sonntags vormittags ein Bier trinken wollten. Es war elf Uhr. "Männer!", hatte Frau Theile gedacht, da klärte die Kellnerin die Besucher auf: "In

Massachusetts sagt das Gesetz, dass erst ab 12 Uhr Bier verkauft werden darf." Also mussten die durstigen Besucher warten. Frau Theile hatte das insgeheim gefreut.

Sehr ausführlich waren die Besuche und Gespräche beim "Massachusetts Institute of Technology" ("MIT"), der ersten Adresse in der Wissenschaftswelt jener Tage. Frau Theile staunte, wie spärlich die Arbeitszimmer auch hochberühmter Wissenschaftler eingerichtet waren und dass diese immer wieder durch Veröffentlichungen oder beruflichen Erfolg ihrer Absolventen ihre wissenschaftliche Klasse beweisen mussten. Sie tauschte sich darüber mit Schnabel aus.

Die amerikanischen Wissenschaftler stellten ihren Besuchern jeweils ihre Arbeiten vor. Dabei konnten die Gäste jenen Amerikanern, die aus dem Norden der USA kamen, durchaus folgen, den Südstaatlern jedoch nicht. Ihr Dialekt war für europäische Ohren unverständlich. Theile und Schnabel sahen sich an, schmunzelten darüber und fanden, dass sie irgendwie auf einer Wellenlänge lägen.

Der Ausschuss wurde auch vom Senat und Repräsentantenhaus von Massachusetts empfangen, schließlich kam er aus dem freien Deutschland. Die Amerikaner wollten vor allem etwas von der "Insel der Freiheit im roten Meer" – Berlin – hören. Dem Gouverneur überreichte die Ausschussvorsitzende ein passendes Gastgeschenk. Es war die Nachbildung der "Freiheitsglocke", hergestellt von der alten Berliner Porzellanmanufaktur "KPM". Dem Gouverneur kamen Tränen der Rührung, und er rief: "Oh, Hutschenreuther!" Dann fasste er sich und tat seinen Ärger über den "Boston Globe" kund. Ständig werde er in diesem Blatt falsch dargestellt. Wenn das so weiter ginge, würde er die Zeitung "verbieten". Der Herr hatte einen Witz gemacht, denn er wusste natürlich, dass kein Gouverneur in den USA eine Zeitung verbieten konnte. Schnabel und Theile schmunzelten sich wieder zu.

Der Ausschuss besuchte auch den Campus der berühmten Harvard-Universität. In einem gewaltigen Lesesaal imponierte es Schnabel, dass auch seine eigenen wissenschaftlichen "Werke" vorhanden waren. Er zeigte es voller Stolz seiner Ausschussvorsitzenden, und die nahm es wohlwollend zur Kenntnis.

In New York schließlich besichtigten die Parlamentarier die "State University New York" und die "New School of Social Science". "Schließlich wollen wir auch sehen, dass es in den USA nicht nur Eliteuniversitäten gibt. Für den wieder bevorstehenden deutschen Hausgebrauch wird das sehr beruhigend sein!", ätzte Schnabel damals, und Frau Theile fand, dass er damit Recht hatte.

Hinkel pocht an

Prof. Dr. Kasimir Ehlert hatte Sprechstunde. Er saß in seinem Büro in der Universität. Es klopfte. – "Herein!" Den Raum des Professors betrat ein junger Mann, der einen etwas altväterlichen Anzug trug. "Sogar mit Krawatte.", dachte der Professor. Der junge Mann hatte ein fleischiges Gesicht und trug eine Brille. Fast schien es, als würde er einen Diener machen.

"Was führt Sie her?", fragte der Professor und hoffte, dass es schnell gehen würde, denn es war halb eins, und um viertel nach eins begann sein Seminar. – "Mein Name ist Hinkel, Herr Professor.", sagte der junge Mann etwas unterwürfig. Dem Professor fiel seine etwas seichte Stimme auf. "Ich wollte Sie fragen, ob Sie bereit wären, meine Doktorarbeit zu betreuen. Ich bin Landtagsabgeordneter und würde gerne über meine Partei arbeiten." – "Ja, aber haben Sie überhaupt die Qualifikation zur Promotion? Ich kenne Sie doch gar nicht!"

Dass ein möglicher "Insider" über seine eigene Partei forschen könnte, interessierte den Professor schon, schließlich hatte auch er über seine Partei gearbeitet und publiziert. Allzu sehr standen ja die Bundestagsfraktionen im Mittelpunkt der Aufmerksamkeit – sowohl in den Medien als auch in der Wissenschaft. Aber dieser Herr Hinkel: Wer war er? – "Ich habe an der Öffentlichen Fachhochschule abgeschlossen. Die hat kein Promotionsrecht. Deswegen komme ich zu Ihnen." – "Aber es gibt doch viele Universitäten. Warum kommen Sie gerade zu uns?" – "Das ist mir alles viel zu groß und unüberschaubar mit den anderen Universitäten.", antwortete der Aspirant, und der Professor dachte, dass er diese Klage oft gehört hatte.

"Meine Zulassungsberechtigung zur Promotion besorge ich, das ist doch klar." "Ja, da müssen Sie zum Dekanat gehen. Ich kann diese Formalien nicht beurteilen. Worüber wollen Sie denn genau schreiben?" – "Über die Entwicklung einer Partei im Falle des plötzlichen Machtverlustes." – Der Professor lächelte. "Das passt, in der Tat!" Er dachte, wie ein ihm bekannter Kommunalpolitiker einer Konkurrenzpartei gerade den letzten Straßenwahlkampf hinter sich gebracht und am Ende auf Kosten von Hinkels Partei einen Sieg eingefahren hatte.

Nun erklärte der Professor dem Studenten das gesamte Promotionsverfahren. Die Arbeit müsse ein gewisses Niveau erreichen, werde von einem Erst- und einem Zweitgutachter bewertet, ein dritter Professor werde alles noch einmal nachsehen, dann würde die Arbeit mit Gutachten bei der Fakultät ausgelegt, und am Ende, wenn alles gut gehen sollte, erfolgten der Vortrag und die Verteidigung der Dissertation vor einem fünfköpfigen Fachgremium.

Der Professor ertappte sich dabei, dass er fast schon zugesagt hatte und versuchte, die Sache für diesen Tag zu beenden: "Aber zuerst müssen Sie ihre Zulassungsberechtigung klären!" Der junge Mann schien glücklich zu sein. "Selbstverständlich!", sagte er und: "Vielen Dank Herr Professor. Ich melde mich dann wieder." Fast schien es, als machte er auch im Gehen einen Diener. Dann schloss er die Tür.

"Ob ich den wohl wieder sehe?", fragte sich Ehlert und suchte seine Sachen für das Seminar zusammen.

Geld schmiert die Politik

Peter Schnabel war ein Kollege von Ehlert, wenn auch etliche Jahre älter. Selbst unter den Professoren gehörte er schon zum "alten Eisen" der Universität. Schnabel war ein halbwegs bekannter Parteienforscher und engagierte sich zugleich politisch. Diese Kombination bezeichnete er als "teilnehmende Beobachtung": Durch seine Parteiaktivitäten verschaffte er sich Einblicke in das Innenleben seines Studienobjektes.

Schnabel verließ das gelb geklinkerte Haus, in dem er sein Büro hatte. Das Haus befand sich ganz in der Nähe eines Sees. Hier war einmal eine Gegend für Prominente gewesen. Vor dem Krieg hatten in den stattlichen Villen Ufa-Stars gelebt. Während der Nazi-Zeit machte Goebbels manchem weiblichen Filmstar seine Aufwartungen. Als der 2.Weltkrieg vorbei war, zogen Truman, Stalin und Churchill in ausgesuchte Villen ein, um im nahegelegenen Cecilienhof die "Potsdamer Konferenz" abzuhalten, bei der sie Deutschland und Europa für etwa 50 Jahre neu ordneten. Später zog Hilde Benjamin in ein nahes Gebäude ein und lehrte Rechtswissenschaft.

Das gelb geklinkerte Haus war nun eine Außenstelle der "Wirtschafts- und Sozialwissenschaftlichen Fakultät" ("Wiso-Fak.") der Universität. Die Zentrale der Fakultät befand sich in jenem Gebäude, in dem einst Hilde Benjamin gewirkt hatte. Die Außenstelle war früher ein Wohnheim für Schwestern des Roten Kreuzes, während das nunmehrige Haus der Zentrale der "Wiso-Fak." zu jener Zeit das Zentrum des Roten Kreuzes im "Deutschen Reich" war. Das alles sah zwar aus wie Architektur der Nazis. Es waren aber keine Nazi-Bauten, denn die Gebäude waren schon in der Weimarer Zeit errichtet worden. Dennoch galt das Ambiente als echt nazistisch, und so wurden hier nach der deutschen Vereinigung Filmaufnahmen für den Streifen "Mephisto" gemacht. In diesem Streifen sollten Nazi-Verstrickungen des einstigen Großschauspielers Gustav Gründgens durch Klaus Maria Brandauer als Darsteller gezeigt werden.

Vom ehemaligen Schwesternhaus ging ein Uferweg den See entlang zur einstigen Zentrale des Roten Kreuzes. Der Weg kreuzte die aus der Hauptstadt kommende S-Bahn, die auf dem Wege zum Hauptbahnhof Potsdam war. Die Station heißt nach dem See, an dem sie liegt. Das war der Ort, an dem einst von und nach Westberlin fahrende "Interzonenzüge" von Grenzpolizisten der DDR kontrolliert wurden. Dazu mussten die Züge anhalten.

Jetzt ging der Uferweg vorbei an der "Truman-Villa", in der sich seit einiger Zeit der Sitz der Stiftung einer politischen Partei befand. Es gab auch eine "Stalin-Villa". Die lag etwas weiter abseits und war nicht Sitz der Stiftung einer anderen, linkeren politischen Partei, wie man vielleicht erwarten könnte.

Noch hatten die Anwohner den Uferweg, der ein ehemaliger Grenzkontrollweg der DDR war, nicht abgesperrt und ihren vielbeachteten "Krieg" gegen die eigene Stadt über vermeintliche "Eigentumsrechte" nicht eröffnet. So blühten am Rande der großen Grundstücke rote Kletterrosen. Für den Professor war es eine Lust, diesen Weg zum Seminar zu nutzen. Er ging durch einen neuen Tunnel unter dem S-Bahnhof hindurch. Als er wieder zu ebener Erde war, sah er die Mensa der Fakultät, betrat das Gebäude und erblickte Plakate und Handzettel, die zu allerlei studentischen Events aufriefen. Schließlich ging er in den Raum, an dessen Türschild "Wirtschafts- und Sozialwissenschaftliche Fakultät, Seminarraum 2.13." stand.

Der Seminarraum war voll. Junge Leute saßen da, meist in kurzärmligen Hemden oder Blusen. Einige hatten Laptops auf ihren Klapptischen, andere hatten Kladden dorthin gelegt und wieder welche nahmen ihr Mittagsmahl in Form von beschmierten Broten – "Stullen" – oder Menüs auf von der Mensa entliehenen Tabletts ein. Vor den Sitzreihen der Studenten stand ein Podium, davor ein Mikrofon und daneben ein Overhead-Projektor. Die meisten der "Studies" nahmen vom eintretenden "Prof" kaum Notiz. Einige blickten auf. Darunter waren dem Hochschullehrer bekannte Gesichter. Er sah auch die dunklen Augen der Kommilitonin Zimmermann.

Als Politikwissenschaftler gehörte Professor Schnabel zur Gilde der "Parteienforscher". Unter denen war er einer, der die Grundidee des Parteienstaates verteidigte. Die Diskreditierung der Parteien in der Weimarer Zeit habe zum Untergang geführt, und der Erfolg der Bundesrepublik hänge mit den politischen Parteien zusammen, meinte er. Im Einzelnen bemängelte Schnabel viel an den konkreten Parteien. Aber das tatsächliche Parteiensystem als Ganzes mit seinem parlamentarischen Rahmen hielt er für segensreich. Daher betrachtete er Kritiker, denen beim Stichwort "Parteien" Titel wie "Der Staat als Beute" – so Hans Herbert von Arnim – oder "Cliquen, Klüngel und Karrieren" – Erwin K. und Ute Scheuch – einfielen, skeptisch. 1993 hatte er seine Lehrtätigkeit an dieser Universität in der Absicht aufgenommen, im Osten Deutschlands Lehrer, Politiker und eine neue Generation von Wissenschaftlern ausbilden zu helfen, die zum Prinzip des pluralistischen Parteienstaates stehen, weil es ein besseres nicht gäbe als die Organisation des politischen Willens durch Parteien.

Schnabel hielt es für unpolitisches Geschwätz, wenn an Stammtischen gesagt wurde, die Politiker seien geschmiert, hinter der offiziellen Fassade flösse schwarzes Geld, und die Reichen würden sich ihre Politik kaufen. Der Professor verwies bei solchen Diskussionen auf viele ihm bekannte Idealisten in den politischen Parteien. Da wurde er meist hohnlachend belehrt, genau diese Parteimitglieder hätten doch nichts zu sagen. In solchen Situationen tröstete der Professor sich damit, dass diese Stammtischbrüder es nicht besser wüssten und dass eine neue Generation von Sozialkundelehrern in Zukunft gebildetere Staatsbürger als diese hier heranziehen würde.

Doch nun hatte nicht irgendein Schatzmeister oder Funktionär, nein, ein Kanzler dieses Staates und 25 Jahre amtierende Vorsitzende der wichtigsten politischen Partei im Fernsehen mitgeteilt, ja, er habe Millionenbeträge an seiner Partei vorbei entgegen genommen und sie nach Gutdünken in die "politische

Landschaft" fließen lassen. Dies sei sicher ein Verstoß gegen das Parteiengesetz, gab der ehemalige Kanzler und Vorsitzende unumwunden zu. Dabei war es nach Meinung von Professor Schnabel noch viel mehr: Ein Verstoß gegen die Verfassung war das, fand er, denn dort steht im Artikel 21: "Sie <die Parteien> müssen über die Herkunft und Verwendung ihrer Mittel sowie über ihr Vermögen öffentlich Rechenschaft ablegen." Gegen dieses Verfassungsgebot hatte die einstige Inkarnation des deutschen Parteienstaates verstoßen. Unglaublich! Dieser so erfolgreiche Politiker hielt sich für so frei, das zu tun und gab damit allen akademischen und anderen Stammtischbrüdern recht, die immer schon gesagt hatten, alles in der Politik wäre geschmiert.

Solche Gedanken waren Schnabel am See gekommen. Dann eröffnete er die Sitzung seines Seminars über "Neuere Entwicklungen des deutschen Parteiensystems". Die Studenten horchten auf, schalteten ihre Laptops ein, öffneten die Kladden oder legten ihr Essen weg. Diese Veranstaltung hat etwa 100 Teilnehmer. Das waren entschieden zu viele für diesen Typ Lehrveranstaltung. Noch immer war der Professor unsicher, wie er die Sitzung eröffnen sollte. Er stand vor den Teilnehmern und höre sich sagen: "Ich habe gerade überlegt, ob das Seminar wie geplant fortgeführt werden kann. Denn dass einer, der lange Regierungschef war, unstrittig gegen das Gesetz verstoßen hat, stellt doch einiges infrage. Ich bin aber dennoch für Fortführen."

Die "spannendste" Partei sei zwar die Partei des ehemaligen Kanzlers, aber heute sei eine andere, mehr linke Partei, an der Reihe, und ein Wesensmerkmal des politischen Systems sei nun einmal die Parteienkonkurrenz. Auch gebe es keinen Schutz für konkrete Parteien – die könnten untergehen und neue könnten sich entwickeln. Darüber hinaus habe im Rechtsstaat selbst ein ehemaliger Regierungschef sich der politischen und juristischen Kontrolle zu stellen, wenn es einen Verdacht gegen ihn gebe. Ein generelles Amnestiedekret werde wohl wieder ins Gespräch kommen. "Aber das wird sicher nichts werden!", prognostizierte Schnabel mutig.

Die Studenten hörten sich die Worte ihres Lehrers mit stillem Ernst an – keine Radikalität oder Häme kam auf. Diese Generation hatte zehnjährig den Niedergang der DDR erlebt, danach den Verfall von Hoffnungsträgern wie Ibrahim Böhme, später die parteipolitische Desertion von Oskar Lafontaine und das Kriegsengagement der rot-grünen Regierung im Kosovo. Was in der Politik geschah, verwunderte sie nicht mehr – käme was da wolle.

Die Studenten des Seminars machten sich an die Arbeit und nahmen sich des Themas des Tages – der linken Partei – an. Sie lernten, dass diese Partei immer noch überwiegend als Ostpartei gesehen wurde und dass die Parteiführung sich gesamtdeutsch etablieren wollte. Dem Seminarleiter drängte sich der Gedanke auf, dass einiges geändert werden müsse am Parteiensystem. Er erinnerte sich, wie seinerzeit die Mitglieder einer etablierten Partei beschimpft worden sind, weil diese einen in der Folge der Flickaffäre Verurteilten als Vorsitzenden hatte. Damals scheiterte der Versuch der Führung dieser Partei, sich zu amnestieren unter anderem am Widerstand der oft belächelten Parteibasis.

Auch diesmal würden an der Basis die Maßstäbe geordnet werden, hoffte Schnabel.

Der Parteienforscher fragte sich: "Wozu brauchen die Parteien eigentlich das viele Geld, dessen Beschaffung ihnen immer wieder Schwierigkeiten einbringt? Sie unterhalten Geschäftsstellen mit politischen Abteilungen, um von dort aus die Willensbildung in Gang zu bringen. Doch das ist eigentlich die Aufgabe der Parteiorganisationen? Die Parteiführer brauchen die Apparate. Die Parteimitglieder jedoch benötigen sie kaum. In Wahlkämpfen werden kostspielige Kampagnen gestartet. Umfrageinstitute und Werbeagenturen verlangen teures Geld, um die jeweilige Partei ins Licht zu rücken. Wie wäre es mit einer Abrüstung, bei der alle Parteien und ihre Mitglieder zur alten Methode des "Schlitzens", also des Wahlkampfes vor der Haustür, zurückkehrten? Das würde einen Bruchteil der modernen Kampagnen kosten und brächte zugleich die Mitglieder mit den Bürgern ins Gespräch."

Auch ließen sich die Parteien zur Bescheidenheit erziehen, erwog der Professor. In den Parlamenten könnte ihnen der gleiche Prozentsatz Abgeordnete zugebilligt werden, wie sie Stimmenanteile erzielt haben. Wenn 40 Prozent der Wähler einem Urnengang fernbleiben, würden eben nur 60 Prozent der Parlamentssitze vergeben. Die Parteien würden bei dieser Regelung gezwungen, auf die "Nichtwähler" zuzugehen und sich ihre Argumente anzuhören. Der Parteienforscher konnte sich vorstellen, dass man "Nichtwähler" mit Argumenten zu Wählern bekehrt. Überhaupt – so meinte Schnabel – müssten die Parteien Macht abgeben, sollte das Parteiensystem Zukunft haben. "Die Deutschen übernehmen viel Unfug aus den USA.", fand er. "Bei wirklich Vorbildhaftem dagegen sind sie zögerlich. So werde nach dem Muster der amerikanischen Präsidentenwahlen so getan, als hätte Deutschland etwas Vergleichbares. Die Parlamentswahlen werden zu Regierungswahlen verfälscht. Das Prinzip der Vorwahlen aber wird gescheut. Dabei ist es an der Zeit, dass die nicht in Parteien organisierte 96-prozentige Mehrheit der Bürger die Chance erhält, am Prozess der Auswahl der Kandidaten für Parlamentssitze beteiligt zu werden. Wie sich das organisieren lässt, kann man in den USA studieren. Offenheit und Transparenz schon bei der Kandidatensuche sind ein gutes Mittel, die Neigung zum 'Schmieren' einzudämmen." Schnabel träumte weiter: "Wir brauchen auch eine Debatte über die Bewertung der Arbeit der Politiker im Verhältnis zu anderen Lebensbereichen. Ob der Trainer eines zweitklassigen Fußballklubs bei seinem Ziel des Aufstiegs in die erste Liga erfolglos bleibt, kann der Öffentlichkeit egal sein. Wohl aber sollte es die Öffentlichkeit interessieren, ob der Regierungschef gute oder schlechte Arbeit macht. In jedem Fall bekommt der zweitklassige Trainer jedoch mehr als der Regierungschef. Und der Ministerpräsident von Niedersachsen etwa, der die Aufsicht über 'Volkswagen' führt, muss ins Träumen geraten, wenn er das materielle und gesellschaftliche Niveau sieht, von dem aus der Vorstandsvorsitzende von "VW" ihn grüßt. Wenn der Chef einer Landesbank für führende Mitglieder seiner Landesregierung den Mäzen spielen kann, stimmen die

Relationen nicht. Die Parteien selber sollten eine Debatte starten mit dem Ziel, dass Zweitligatrainer weniger bekommen, Kanzler und Spitzenpolitiker jedoch den Spitzenleuten der Wirtschaft auf gleicher Augenhöhe begegnen können..." Diese Debatte, so träumte Schnabel weiter, könne der Anfang eines Prozesses sein, der den Abbau des Mittelstandes und das Heranwachsen einer Geldaristokratie stoppt. Auch könnte das die Neigung einiger weniger Gönner, der Partei ihrer Wahl heimlich etwas zuzustecken, eindämmen.

Während der Seminarleiter sich das alles und noch mehr in seinem Innern ausmalte, hörte er einen Kommilitonen entrüstet berichten, in der ganz linken Partei gäbe es zu wenig junge Mitglieder und die wenigen, die kämen, würden "gemobbt". – "O je", merkte Schnabel, "wir müssen uns nicht nur Sorgen machen über die alte Regierungspartei, über die ehemals liberale Funktionspartei, über die vom Pazifismus zur Kriegspartei mutierten Alternativen, über das organisierte Chaos der alten Arbeiterpartei, über die Amigos in Bayern. Auch das linke Kind der Parteienfamilie macht Sorgen und ist von Ausdörrung bedroht. Jetzt kommen noch welche dazu, die den Namen von Verbrechern zur See auf ihr Schild gehoben haben. Die nächsten 'Retter' stehen schon da und preisen sich als 'Alternative für Deutschland' an."

Vielleicht – so sann der Hochschullehrer auf dem Weg zurück in sein Institut, vielleicht hilft nur noch die ganze Wahrheit. Nachdem man in Oskars "Das Herz schlägt links" lesen konnte, dass die Politik sich genauso abspiele, wie klein Fritzchen sich das vorstelle, sollte diese Erkenntnis didaktisch verifiziert werden durch ein Werk von Helmut: "Der Bimbes regiert". Mit derartigen Büchern von Oskar und Helmut hätten die Parteienforscher und Hochschullehrer endlich das richtige didaktische Material in der Hand, an einer Emanzipation von der Welt der klein Fritzchens zu arbeiten: Die Studenten von heute müssten durch diese beiden Werke anzuregen sein, eine Zukunft zu gestalten, in der zwischen den linken Seelen und dem lieben Geld die Macht des politischen Diskurses ansteigt.

Jedenfalls, das war Schnabel auch klar, würde es nichts nützen, wenn aktive Politiker selber Reformen vorschlügen. Der jeweilige politische Gegner würde das als Propaganda diffamieren, und alles würde verpuffen.

So kehrte er etwas schwermütig zurück in sein vertrautes Büro.

Werkstatt der Examensarbeiten

Lina Stein und Frank-Walther Hellersberg hielten nicht nur die Einführungsveranstaltung über Auguste Comte ab. Ehlert hatte ihnen obendrein ein Doktoranden- und Diplomanden-Colloquium aufgedrückt. Hellersberg war davon angetan, versprach das doch noch mehr gemeinsame Zeit mit Lina Stein. Die jedoch war nicht begeistert, denn sie hielt so ein Colloquium für nicht sehr ergiebig für ihre eigene wissenschaftliche Karriere. Ein kleiner Trost war es für sie nun aber doch, dass "der Frank-Walther" dabei sein würde. Der Gedanke daran war ihr mittlerweile angenehm.

In das gelb verklinkerte Haus, dem ehemaligen Schwesternwohnheim des Deutschen Roten Kreuzes, tröpfelten nach und nach vereinzelte Gestalten, Frauen und Männer um die 25. Sie waren leger gekleidet und kamen aus allen Himmelsrichtungen. Man hatte nicht den Eindruck, dass sie sich untereinander kannten. Sie gingen in einen kleinen Raum in der ersten Etage und nahmen Platz, wo noch frei war. Dann warteten sie – jeder für sich – und überbrückten die Zeit mit Lektüre oder Spielchen mit dem Handy. Das war in einem Sommersemester. Da fand unter der Ober-Leitung von Professor Ehlert das Colloquium statt, welches Lina Stein und Frank-Walther Hellersberg abhielten. Der Professor ließ sich nur in der ersten Stunde sehen. Die Veranstaltung hatte rund 20 aktive Teilnehmer. Diese referierten über ihre Arbeiten zu unterschiedlichen Themen wie:

- "Folgen von Politikberatung am Beispiel der Altenberichte der Bundesregierung",
- "Soziale Gerechtigkeit und deutsche Politik. Das Beispiel SPD",
- "Direkte Demokratie und Politikverdrossenheit: Möglichkeiten und Grenzen der plebiszitären Demokratie",
- "Innerer Aufbau und Funktionsweise von Bundestagsfraktionen sowie die Rechtsstellung und soziale Sicherung der Abgeordneten",
- "Föderalismusdebatte und Zuwanderung",
- "Das Internet und die politische Kommunikation",
- "Die SPD in den Bundestagswahlkämpfen 1998 und 2002 – ein Vergleich",
- "Zur Formierungs- und Konzentrationsphase des westdeutschen Parteiensystems bis 1961: Der Aufstieg der CSU zur Volkspartei im Vergleich zur CDU",
- "Reform des Föderalismus in Deutschland. Schwierigkeiten, Hemmnisse, Perspektiven: Das Beispiel Berlin und Brandenburg",
- "Kleine Koalitionspartner: Die FDP in der 'Ära Kohl' und Bündnis 90/Die Grünen in der rot-grünen Koalition seit 1998 – ein Vergleich",

- "Perspektiven der deutschen Sozialdemokratie. Politische, programmatische und organisatorische Bedingungen für die Entwicklung der SPD",
- "Stellt der Rechtsextremismus eine ernsthafte Gefahr für die liberale parlamentarische Demokratie in Deutschland dar?",
- "Typologie des Gedenkens in Deutschland nach der Wiedervereinigung",
- "Nach Hartz I und II: Ansätze zur Evaluierung der Implementierung",
- "Politik und Medien in Deutschland: Die Arbeitsmarktpolitik seit 1998",
- "Protestparteien in Regierungsverantwortung. Die Grünen, die Alternative Liste, die STATT-Partei und die Schillpartei in ihrer ersten Legislaturperiode als kleine Koalitionspartner"

sowie

- "Die innerparteiliche Szene in der großen bürgerlichen Partei nach einer unerwarteten Wahlniederlage"

Das waren Themen von Doktor- und Diplomarbeiten Ehlerts, die später zum Teil realisiert wurden, zum anderen Teil nicht. Alle "seine" Examensarbeiten waren dies jedoch nicht: Das Colloquium war freiwillig.

Die Kandidaten stellten ihre Projekte vor, und die Kommilitonen gingen bei den anschließenden Diskussionen nicht gerade zimperlich mit ihnen um. An Schärfe übertrafen diese Debatten das, was Doktoranden in Rigorosen abverlangt wurde. "Was Du ausgearbeitet hast, ist nicht wirklich originell. Deine Ergebnisse sind olle Kamellen. Und außerdem hast Du einen völlig falschen methodischen Ansatz gewählt."

Die Kritisierten übten sich meist darin, die Form zu wahren und allen Argumenten sachlich zu parieren. Manche der Vortragenden taten das souverän und schienen ihren Kritikern überlegen zu sein. Andere redeten um die Sache herum.

Auf jeden Fall war das eine Lehrveranstaltung, bei der eine Vielfalt von Themen behandelt wurde. Der Wechsel zwischen in der Planung befindlichen Projekten und abgeschlossenen Arbeiten ermöglichte darüber hinaus Blicke auf die "Werkbänke" der Kandidaten. Die Assistenten Stein und Hellersberg ließen allen Teilnehmern lange Leinen. Schließlich war schon aufschlussreich zu sehen, wer hier beflügelt wurde und wer – das gab es reichlich – das Colloquium zum Anlass nahm, die Bemühungen um ein Examen einzustellen.

Zu den "Abbrechern" zählte der Kommilitone Hinkel nicht. Er erschien zwar nicht zu jeder Sitzung des Colloquiums. Aber zu seinem Termin war er da. Etwas fremd wirkte er, der Herr Abgeordnete unter den "Studies". Er schien älter zu sein als der Durchschnitt der Teilnehmer bei dieser Veranstaltung. Immerhin hatte er sich äußerlich etwas locker gemacht, indem er zwar noch seinen grauen Anzug (die "Kampfuniform" der Politiker) trug, die Krawatte aber abgelegt hatte. Dr. Stein und Dr. Hellersberg vermuteten, er habe seinen Dienstwagen um die Ecke parken lassen und dort seine Politiker-Utensilien, neben Krawatte die Aktentasche und den Minidruck des Grundgesetzes, für eineinhalb Stunden abgelegt. Komisch fanden die beiden Wissenschaftler diesen Auftritt dennoch, denn Hinkel schien ihrer Altersklasse anzugehören.

Irgendwie traf Hinkel in dem Colloquium nicht den richtigen Ton. Die Kommilitonen spürten, dass da einer war, der aus einer anderen Welt kam. Die Assistenten merkten das auch, gestanden sich aber ein, dass das nicht anders sein könne, wenn einer überwiegend im Politikermilieu lebt und nun in die Rolle des Schülers schlüpfen sollte. Die Studenten bemängelten eine gewisse Dürftigkeit methodischen Ansatzes von Hinkel – schonten ihn aber im übrigen bei der fälligen Aussprache. Erschien er ihnen nicht satisfaktionsfähig, oder war das eine Sprachlosigkeit zwischen politischer und akademischer Welt? Jedenfalls kam es Lina Stein und Frank-Walther Hellersberg vor, als hätte Hinkel bei dieser Veranstaltung Angst ausgestanden und sei froh gewesen, als es vorbei war. – Der Rest war ohnehin Ehlerts Sache.

Zwei Rathäuser für die Weststadt

Peter Schnabel fuhr von der Universität die Autobahn entlang zu einem zentralen Platz in der großen Stadt. Hier befand sich das Rathaus "seines" Bezirkes in einem ehemaligen Bürogebäude, das in der Weimarer Zeit nach dem Vorbild des Polizeipräsidiums von Kopenhagen errichtet worden war. Wer im Fernsehen dänische Krimis schaute und zugleich die verschlungenen Örtlichkeiten des Berliner Bezirks-Rathauses kannte, bewegte sich in einem vertrauten Haus, wenn das Innenleben der Polizei von Kopenhagen über den Bildschirm flimmerte. Am zentralen Platz in der großen deutschen Stadt war nach 1945 die Britische Besatzungs-Verwaltung hier eingezogen und danach eben das Bezirksrathaus.

Nun aber, zur Wende zum Jahr 2000, wurden Bezirke miteinander vereint, und die neuen Bezirke hatten oft gleich zwei Rathäuser. So auch hier, denn der andere ehemalige Bezirk der großen Stadt, mit dem Schnabels Bezirk zusammengeschlossen wurde, hatte in einem Jugendstil-verzierten Prachtbau an einer großen Allee residiert. Das war ein richtiges Rathaus mit einem imposanten Turm. Dieser war höher als der eines nahe gelegenen Schlosses des früheren Königs von Preußen. Als diese Gemeinde noch selbständig war, war sie sehr reich, und ihre Bürger wollten ihre Macht zeigen, als sie den Turm ihres Rathauses höher bauten, als es die Fürsten nebenan mit ihrem Schloss getan hatten. Dennoch war der König einst der erste Bürgermeister dieser Gemeinde.

Nach dem Jahre 2000, hatte dieser neue Bezirk der großen Stadt somit zwei Rathäuser. Schnabel war Vorsitzender der siebenköpfigen Fraktion der kleineren Partei im Bezirksparlament mit 55 Abgeordneten, und er gab mit seinen Kollegen die Parole aus: "Ein Bezirk, ein Rathaus". Das ehemalige Polizeigebäude sollte abgegeben werden, zum Beispiel an den Nachrichtendienst, der in die große Stadt ziehen sollte.

Doch die anderen Parteien im Bezirk wollten das nicht. Das zum Rathaus umfunktionierte Polizeigebäude wurde nach ihrem Willen das Domizil des Bezirksparlamentes und einiger Dezernenten. Im pompösen Jugendstilrathaus residierte die Bürgermeisterin nebst dem Rest der Dezernenten. Das Gebäude am zentralen Platz sollte dem Bezirk erhalten bleiben.

Angefangen hatte alles mit dem Namen des neuen Bezirks. Die meisten Parteien fanden einen aus den alten Bezirksnamen zusammengesetzten Doppelnamen gut – zur Identifizierung der Bürger mit ihrer Gemeinde, wie sie sagten. Jeder fände so seinen alten Bezirk wenigstens im Namen wieder. Schnabel und seine Fraktion fanden das gar nicht. Man wollte einen einzigen Namen: neuer Bezirk, neuer Name. Anglizismen sollten vermieden werden, das politische Erbe der Gesamtstadt nicht vergessen sein. So kam man auf den Namen "Weststadt".

Über den Namen kam es zu einer Debatte im Bezirksparlament. "Weststadt" fiel durch. Aber um die anderen Parteien zu ärgern, redeten die Leute von Schnabels Fraktion weiter von "Weststadt". Das erzürnte die politischen Gegner tatsächlich. Witziger weise stellte sich eines Tages heraus, dass der Bezirk Pekings, mit dem dieser Bezirk hier eine Partnerschaft pflegte, ebenfalls den Namen "Weststadt" trug. Aber Peking war weit weg.

Das war Vorgeschichte. Nun ging es um einen Antrag, der die Überschrift trug "Ein Bezirk – ein Rathaus!" Die Idee war, das "Rathaus" am zentralen Platz zu verkaufen, denn es war als Bürogebäude geeignet – kein Turm, keine Zinnen zierten es. Das Jugendstil-Rathaus dagegen war repräsentativ – mit Turm und allem ausgestattet, was den Amtssitz einer Kommune ausmacht. Auf dem Immobilienmarkt wäre es ohnehin nicht zu veräußern gewesen. Diesem Ansatz wirtschaftlichen Denkens, meinten Schnabel und seine Anhänger, müsste sich doch wenigstens ein Teil der Konkurrenz anschließen. Doch niemand außerhalb des Schnabel-Lagers dachte daran. Alle übten sich in Nibelungentreue in der vereinbarten Gegnerschaft zu dieser Initiative. Auch die Idee mit dem Nachrichtendienst wurde verworfen: "Was interessiert es unseren Stadtbezirk, wenn die Stadt insgesamt ein einfaches und preiswertes Projekt realisieren kann? Da stöhnen wir lieber weiter über die mangelhafte finanzielle Ausstattung des Bezirkes!", höhnte Schnabel in der Debatte. Er blieb erfolglos.

Doch das Blatt wendete sich später: Wieder einmal fuhr der Professor auf der Autobahn zum zentralen Platz der großen Stadt. Es war ein Montag, einen Tag nach einer allgemeinen Wahl. Im Bezirk hatten sich die Mehrheitsverhältnisse geändert, und Schnabels Partei war umworben. Da sagten die anderen, die Sache mit dem einen Rathaus sei gar nicht so dumm und bürgerfreundlich sowieso. Alle wollten schließlich sparen.

Am Ende blieb der Erfolg erneut aus. Zwar hatte sogar der Landesvorsitzende der großen Partei ins zentrale Parlament eingeladen. Zu dieser Zeit war er dort noch Abgeordneter. Seine Partei hatte ihn noch nicht vom Hofe gejagt. Aber wild auf eine Zusammenarbeit mit diesem Mann und seinen Freunden waren die Anhänger Schnabels nicht.

Vertreter einer kleineren Konkurrenzpartei besuchten Schnabel und seine Leute in ihrer Geschäftsstelle. Die erste Bemerkung von deren Frontfrau war: "Hier stinkt's!" Ganz Unrecht hatte sie nicht, denn die Geschäftsführerin von Schnabels Fraktion hatte eine unerklärliche Abneigung gegen offene Fenster. Politisch jedoch war der Ausruf der Frontfrau von der anderen Partei wie ein "Nein!" zur Zusammenarbeit angekommen.

Es war deutlich geworden: Die größere Partei wollte mit den Konkurrenten der Schnabel-Truppe einen Pakt vereinbaren, deren stiller Teilhaber die Schnabel-Truppe sein sollte. Das war eine Rechnung ohne den Wirt – Schnabels Partei also. Allmählich begriff die Mehrheit im Bezirk, dass der Wechsel nicht kommen würde. Die Aktivisten verloren den Mut. Sie schwenkten zurück auf alte Konstellationen. Nun brauchte der Bezirk wieder zwei Rathäuser, und nun wirkte der Doppelname wieder identitätsstiftend!

Jahre später bekam dieser Bezirk einen neuen Bürgermeister – einen jungdynamischen von der anderen großen Partei. Der zog neue Seiten auf und propagierte gleich nach seiner Wahl eine "völlig originelle Idee": Der Bezirk wolle sich von einem seiner beiden Rathäuser trennen – infrage käme wohl nur das am zentralen Platz, sprach der neue Bürgermeister. Schnabel war da schon nicht mehr im Amt. "Na bitte, geht doch!", sagte er zu seinen Freunden, als er das gelesen hatte.

Im "Fils"

Ehlert saß zu Hause in der Küche und bereitete das Abendmahl vor. Er hantierte mit Gemüse vom Bio-Laden, Demeter-Rindfleisch, Brot von der Hofpfisterei, diversen Gewürzen und einer Flasche "Cotes de Roussillion" des Jahrganges 2010 – dem Alltagswein des Paares Stein/Ehlert. Da schloss es an der Wohnungstür, und Minister Stein, der Ehemann, betrat die Wohnung.

Stein seufzte: "N'abend! Das war wieder ein Hin und Her heute im Ministerium. Erst waren die Fuzzis vom Elektroverband da, später die Heinis vom Forschungsinstitut und schließlich noch der Tourismusverband. Dann funkte auch noch die Bauer mit ihren klugen Vorschlägen dauernd dazwischen. – Du, ich hab' jetzt einen Kohldampf!" Stein betrachtete die Lebensmittel, nahm sich ein Glas und schenkte sich einen "Roten" ein. "Prost! Weg mit den Roten! – Das sieht ja echt gut aus, was Du da machst." – "Aber 'ne halbe Stunde musste noch warten. Rom ist auch nicht an einem Tag erbaut worden." Ehlert setzte sich und sah Stein an: "Weiß'te was? Ich glaube, der Hellersberg ist in die Lina verknallt. Er kann gar nicht genug 'Seminar' mit ihr machen." – " Was, der Hellersberg und unsere kleine Lina? Das ist ja verrückt. Und ich dachte immer, die kriegt keinen ab mit ihrer Brille und so." – "Tja, wo die Liebe hinfällt." – Stein wechselte das Thema: "Ich hab mich für morgen mit Sven zum Mittagessen verabredet. Wir müssen 'mal unter vier Augen reden. Die Theile lässt uns als Konkurrenten zappeln, und alle haben ihre Freude daran. Dabei steht doch gar nicht fest, wie die Wahl ausgeht – und außerdem: 'Wenn zwei sich streiten...' Nein, ich muss mich mit dem Sven irgendwie einigen. Zusammen sind wir stark. Da kann uns keiner!" – "Wie soll denn das gehen? Willst Du verzichten, oder denkst Du vielleicht, der Neumann macht einen Diener vor Dir und sagt: 'Bitte sehr, lieber Marc. Mach' Du doch den Ministerpräsidenten. Ich halte Dir den Rücken frei!'? Das glaubst Du doch wohl selbst nicht! Und wollt Ihr dann an einem Tag sparen und auf Monetarismus machen und am nächsten den ollen Keynes 'raushohlen?" – Stein grübelte: "Vielleicht will er Superminister werden. Wirtschaft wird sowieso frei, und dann verspreche ich ihm eben noch Umwelt dazu..." – "Du armer Tor! Der Neumann geht doch darauf niemals ein. – Komm, lass uns erst 'mal zu Abend essen."

Aber es war nun einmal vereinbart. Stein und Neumann trafen sich anderntags um 13 Uhr im "Fils". Sie hatten einen Tisch in einer ruhigen Ecke bestellen lassen. Neumann war zuerst da, eine Minute später erschien Stein. Sie begrüßten sich herzlich, umarmten sich und klopften sich gegenseitig auf die Schultern. "Hallo Sven!" – "Hallo Marc! Schön, dass wir uns mal aussprechen können." – "Brauchen die andern ja nicht zu wissen, dass wir hier sind." – "Hauptsache, wir werden nicht entdeckt." – Stein bemühte sich, die Situation aufzulockern: "Die Theile ist ein Aas auf der Geige. Neulich bei der Messeaufstockung hat sie uns beide doch aufgepiekt." "Das ist wohl wahr.", behauptete Neumann. "Ich wollte nur ein wenig pokern, da bricht sie die Sache schon ab." – "Dabei ist es ihr egal, ob die Wirtschaft oder der Umweltschutz mehr profitiert.", sekundierte Stein: "Wenn es nach ihr ginge, würde Kultur alles kassieren. Diese Künstler kennen wir schon: Hand aufhalten und dann uns alle beschimpfen. So sind sie. Ist doch wahr!"

"Wir dürfen uns nicht auseinanderdividieren lassen, Marc!", kam Neumann zur Sache. "Wenn wir an einem Strick ziehen, können die andern gar nichts machen." – "Schon richtig, Sven.", gab Stein zu bedenken. "Aber einer kann nur Ministerpräsident werden. Wir können uns den Job ja nicht teilen." – "Och," – überlegte Neumann "in England haben sie aber so etwas gemacht. Erst der Blair und dann der Brown: War's nicht so?" – Stein gefiel dieses Beispiel überhaupt nicht, nicht einmal als Scherz: "Dann kamen Wahlen, und – schwupp – war die Mehrheit weg. Nee, nee. Das brauchen wir nicht." – "Und was schlägst Du vor?", forschte Neumann. Stein zögerte etwas, dann sagte er scheinbar beiläufig: "Man sollte den Kuchen aufteilen." – "Richtig. Aber wie?" – "Na ja.", gab Stein den Nachdenklichen: "Einer müsste den Ministerpräsidenten machen, und der andere den Superminister. Wirtschaft plus Umwelt: Das ist doch 'was! Ein Programm!" – Neumann stellte sich ahnungslos: "Und wer sollte was machen?" – Stein wurde vorsichtig: "Tja, da müssen wir ein Verfahren finden. Losen ist blöd. Wie wär's mit einem Rededuell vor der Parteibasis? Die Mitglieder könnten abstimmen. Klingt doch sehr demokratisch, oder?" – Auch Neumann wurde jetzt vorsichtig: "Darüber müsste ich direkt mal nachdenken." Er sagte weder "Ja" noch "Nein".

Stein aber wurde es mulmig. Wenn der Neumann jetzt dem Duell zustimmte, säße er ganz schön in der Falle. Denn er war sich nicht sicher, ob er – Stein – so ein Duell überhaupt gewinnen würde. Verlöre er, wäre das doof. Auch Neumann war nicht richtig begeistert. Dass er rhetorisch besser war als Stein, das glaubte er fest. Aber auf die eigenen Parteifreunde war kein Verlass. Denen war zuzutrauen, dass sie Stein auf's Schild heben würden, auch wenn dieser im Duell zweiter Sieger bliebe. Und "Superminister" unter Stein: Diese Vorstellung gefiel ihm überhaupt nicht. Aber, so tröstete sich Neumann, es ist ja noch nichts vereinbart. Und an diesem Trost hielt sich auch Stein fest.

Man würde sehen.

Die beiden Herren Minister labten sich an den servierten Speisen. Sie lästerten über Kabinettskollegen und belauerten sich gegenseitig. Gemeinsam waren sie froh darüber, dass niemand ihr kleines Treffen bemerkt hatte, weder jemand von der Journaille noch von der Politik.

Nach 90 Minuten fuhren zwei Dienstwagen beim "Fils" vor. Die Konkurrenz zwischen den beiden Passagieren bestand fort.

Auf zu Professor Schweizer

Hinkel gab nicht auf. In der nächsten Sprechstunde erschien er wieder bei "seinem" Professor Kasimir Ehlert. Er reihte sich ein in die Schlange der vor der Tür Wartenden. Diese hatten verschiedene Wünsche. Einige hatten sich Themen für Diplom- oder Magisterarbeiten aufgeschrieben, manche stellten den Ablauf des kommenden Referates im Seminar vor, wieder andere wollten eine bevorstehende Prüfung durchsprechen, und es gab auch welche, die sich über erzielte Noten beschwerten. Einer war dabei, der trug einen Rucksack, aus dem grünes Kraut ragte. Auf die Frage Ehlerts, was das solle, erklärte er: "Das ist Futter für meine Kaninchen. Das kriegen die nachher."

Dann war Hinkel an der Reihe. Er habe im Colloquium hoffentlich gemerkt, dass seiner Arbeit noch die für eine Dissertation notwendige Substanz fehle, bedeutete ihm der Hochschullehrer. Dr. Stein und Dr. Hellersberg hätten ihm das berichtet. – Ja, das sähe er auch so wie die Assistenten. Er wolle nun richtig loslegen und hoffe, dass er es schaffe. Die Politik nähme ihn sehr in Anspruch. Und seine Frau erwarte ein Baby. Aber er werde sich "freischaufeln". –Ehlert wusste nicht, ob Hinkel ihn mit seinen Geschichten abschrecken oder ihn für das Dissertationsprojekt endgültig gewinnen wollte. Der Professor jedoch fühlte sich schon breit geschlagen, wies aber Hinkel darauf hin, dass er– wenn er sein Projekt "durchziehen" wolle – einen Zweitgutachter benötige. "Dessen Gutachten wird ebenso zählen wie das des Erstgutachters!" Hinkel antwortete, dass er das wisse, und er ging zum Gegenangriff über: "Können Sie mir jemand empfehlen?" – Der Gefragte wollte zunächst ausweichen: "Die Kollegen sind alle sehr beschäftigt. Das wird schwer." Aber ein wenig packte ihn die Neugier: Es wäre schon interessant zu wissen, wie die von Hinkel favorisierte Partei mit der Oppositionsrolle fertig werde. Schließlich konnte man ja in den Zeitungen nachlesen, wie sich bei ihr eine Partei-"führung" nach der anderen verschliss. Die Funktionäre gaben sich die Türklinke in die Hand. Also empfahl Professor Ehlert dem potenziellen Doktoranden: "Versuchen Sie's doch 'mal mit dem Kollegen Schweizer." – "Ja, das werde ich tun."

Ehlert wusste: Das wird ein schwerer Gang für Hinkel. Der "Kollege" Prof. Dr. Alfred Schweizer war überaus eingedeckt mit Prüfungen und Terminen. Er hieß übrigens nicht nur "Schweizer", er war auch einer – genauer gesagt: ein Berner Oberländer, was geübte Menschen an seiner Aussprache erkennen konnten. Doch war er kaum zu erreichen. Während andere Professoren sich am liebsten von Lehrveranstaltungen und Prüfungen zurückhielten und ihre Energie dafür einsetzten, Drittmittel, Personal und Räume zu erhalten, während viele dieser beamteten Wissenschaftler also vor allem an ihren akademischen Karrieren bastelten oder in den Gremien der Universität vorwärts kommen wollten, vertrat Schweizer den etwas aus der Mode gekommenen Standpunkt, die Professoren seien zuerst für die Studenten da. Im Zeitalter der Magister- und Bachelore-

Studiengänge, der Wissenschaftsgesellschaften und Förderprogramme, war das eine selten gewordene Einstellung.

Schweizer stammte aus dem Wintersportort Zweisimmen und war ein in Fachkreisen ausgewiesener Methodiker. Über seine Kollegen höhnte er gerne: "Warum sind sie nicht Manager geworden?" Doch niemand fühlte sich dadurch getroffen. Die "Kollegen" registrierten die vollen Seminare und zeitaufwändigen Prüfungen von Alfred Schweizer. Einige von ihnen vertraten offen den Standpunkt, dass man sich mit "so etwas" nicht das Leben verderben dürfe. Ehlert warnte den akademisch ambitionierten Jungpolitiker Hinkel: "Schweizer ist schwer zu erreichen. Er ist immer auf Achse." – "Ich werde es versuchen." – "Viel Spaß dabei!" – Hinkel zog ab, seinem neuen Ziel entgegen.

Noch am selben Tage hatte Ehlert zusammen mit Schweizer eine Prüfung. Sie fand im Büro des Kollegen statt. Das machte einen chaotischen Eindruck. Überall lagen Manuskripte von Diplom- und Doktorarbeiten herum. Die Regale waren mit Büchern vollgestopft, die Tische mit Papierstapeln übersät. Selbst die Stühle wurden als Ablagen genutzt. Auf den Fensterbänken standen armselige Pflanzen, die nach Wasser lechzten. Irgendwo auf dem Schreibtisch war Platz gelassen worden, und da stand ein Foto, das zeigte Schweizer vor dem heimischen Rinderberg. Im blauen Skianzug stand er da mit Sonnenbrille, und im rechten Arm hielt er Skier und Skistöcke.

Mit einem Wisch des Unterarmes machte Schweizer zwei Plätze am Konferenztisch frei – einen für den Prüfling und einen für Ehlert. Er selbst rückte seinen Schreibtischstuhl heran und bot Wasser an. Ehlert dankte, doch der Kandidat nahm an. Er sei sehr aufgeregt, jammerte der. "Das ist doch klar!", beruhigte Schweizer. "Aber wir reißen Ihnen schon nicht den Kopf ab. Also, Sie wollen hier etwas ausführen über 'Teilnehmende Beobachtung'." – "Ja, das ist eine Methode in den Sozialwissenschaften, weil man da oft das eigene Umfeld untersucht, also das, worin man lebt. Man könnte auch sagen, 'die Gesellschaft oder ein Ausschnitt davon'. Die Teilnehmende Beobachtung kann offen erfolgen: Alle Beteiligten wissen Bescheid. Sie kann aber auch verdeckt durchgeführt werden. Das wirft ethische Probleme auf. Die Untersuchung muss nach einem vorab festgelegten Schema gemacht werden. Ein Institut oder ein Wissenschaftler müssen das absichern. Nachher beim Bericht muss die ganze Methode offen dargelegt werden..."

Der Student redete, Schweizer unterbrach ihn zu seinen Fragen, doch Ehlerts Gedanken wichen ab. Er fand, dass der Hinkel auch eine "Teilnehmende Beobachtung" plane und dass eigentlich nicht bekannt sei, ob die offen oder verdeckt stattfinden solle. Im letzteren Fall könnte es unter den politischen Kollegen von Hinkel Mimosen geben, die den Sinn des Projektes nicht erkennen und sich persönlich nur schön dargestellt sehen wollen. Da hörte Ehlert Schweizer sagen: "Also, ich gebe Ihnen eine drei plus. Sie haben die Grundzüge verstanden und auch fleißig gelernt, aber Sie müssen auch reflektieren und problematisieren können. Das sollten Sie zukünftig üben!", fügte er fast väterlich hinzu und gab den

Rat: "Wenn es irgend möglich ist: Gehen Sie nicht gleich in den Beruf. Studieren Sie noch ein oder zwei Semester, das wird Ihnen im späteren Leben helfen."

Professor Ehlert nickte, und der Student nahm das Urteil an. Er handelte und feilschte nicht. So etwas hätte er sich bei Schweizer auch gar nicht getraut. – Der nächste Kandidat kam nicht. Da klingelte das Telefon. Der Prüfling meldete sich und sagte: "Ich sitze hier in der Kaserne. Ich habe nur einen ganz kleinen Dienstgrad. Mein Vorgesetzter ist völlig unentspannt und verbietet mir die Diplomprüfung. Sie wollen doch nicht, dass die Feldjäger zu Ihnen ins Büro kommen. Also muss ich hier bleiben. Es tut mir leid." Schweizer schmunzelte am Telefon: "Dann kommen Sie ein andermal, wenn man es Ihnen erlaubt." Der Kandidat war erleichtert: "Danke, Herr Professor!"

Bald pochte jedoch der nächste Kandidat an der Tür. An diesem Tage gingen die Prüfungen von zwei bis sechs Uhr nachmittags. Zwischendurch zeigte Professor Schweizer seinem Kollegen einen Stapel – man könnte auch sagen: einen Turm – gebundener Manuskripte. – "Die muss ich alle durchsehen, eine Menge Arbeit." – "Wie schaffen Sie das alles? Sie haben ja nicht einmal Zeit, einen Roman zu lesen." – "Doch, doch. Das geht schon. Die Nacht ist ja auch nicht nur zum Schlafen da."

Ehlert konnte sich dennoch nicht vorstellen, wie der Mann sein Pensum schaffte. Gerade erst hatte er sich obendrein zum Vorsitzenden einer Berufungskommission bestimmen lassen. Das war sehr zeitaufwändig. Es mussten die Unterlagen der Bewerber gesichtet, Termine für ihre Vorstellungen – "Vorsingen" – gemacht, Gutachten eingeholt und am Ende eine Dreierliste mit Berufungsvorschlägen aufgestellt werden. Die ging nacheinander an die Fakultät, die Universität und schließlich an das Ministerium. Manchmal holten sich Bewerber einen "Ruf" der Universität, um damit daheim "Bleibeverhandlungen" führen zu können. Oft verlangten Berufene spezielle Zusagen, um überhaupt zu kommen. Das alles machte der Kommission und ihrem Vorsitzenden viel Mühe, denn zu allen Variationen musste er Schriftstücke fertigen, die "nach oben" gingen.

Schweizer war auch Bürger der Universitätsstadt. Als solcher saß er einer Bürgerinitiative vor, die sich für den Wiederaufbau alter Gebäude einsetzte. Auch dort gab es Sitzungen, Diskussionen und Quertreibereien. Eingaben mussten gefertigt werden.

Schweizer war ohnehin eine gefragte Persönlichkeit in der Region. Wenn er in "seinem" Bundesland das Planungskonzept der "dezentralen Konzentration" verteidigte, nach dem an der Peripherie investiert werden und der "Speckbauch" in der Mitte vermieden werden sollte, war er dabei weit und breit der beste Experte, den man präsentieren konnte. Bei solchen Gelegenheiten schlug Schweizer vor, die Landkreise strahlenförmig an die Peripherie des Landes zu führen, damit alle Bürger vom vermuteten Wohlstand des "Speckbauchs" profitieren könnten. Die Politik übernahm solche Ideen gerne. Die Kreisstädte, das legte Schweizer der Politik noch ans Herz, sollten in einiger Entfernung von der Mitte liegen, damit der Zentralismus nicht überhand nähme.

Aber in erster Linie war Professor Schweizer Hochschullehrer. Er erfüllte getreulich seine Lehrverpflichtungen, hielt Vorlesungen, Seminare, Übungen und Colloquien ab. Er fand, dass er dies den Studenten schuldig sei. Obendrein gab der Professor eine wissenschaftliche Reihe über "Methodische Ansätze in den Sozialwissenschaften" heraus. Da konnte er einige der unter seiner Federführung gefertigten Magister-, Diplom- oder Doktorarbeiten publizieren, so dass die wissenschaftliche Welt sah, was er trieb. Auf diese Reihe war er sehr stolz. Die Bände standen – im Unterschied zum sonstigen Chaos in seinem Büro – wie Soldaten aufgereiht im Regal und waren korrekt durchnummeriert. Jedes Mal, wenn er kam, erhielt Ehlert von Schweizer einen Prospekt über diese Reihe.

Politisch war der Schweizer eher ein Alternativer. Er gehörte keiner Partei an, obwohl – oder vielleicht: weil? – er über diese sehr gut informiert war. Auch sein Lebensstil war alternativ. Zwar war der Professor ziemlich bürgerlich verheiratet und hatte zwei kleine Jungen, aber er besaß kein Auto und auch keine Krawatte. "Zur Uni" ging er von seiner Wohnung aus zu Fuß, am Wochenende sah man ihn und seine Frau per Fahrrad auf dem Markt einkaufen, und zur "Schlips-Frage" äußerte er sich wie folgt: "Ich hätte auch gerne eine Krawatte. Aber zu mir passt das nicht. Dabei finde ich Krawatten schön, besonders gepflegte. Und ich beneide jeden, der perfekt gekleidet mit Anzug und Krawatte herumläuft."

Schweizer war etwas dicklich. Er trug stets ausgebeulte Jeans, ein ungebügeltes Hemd und darüber eine Weste. Er hatte gelockte blonde Haare und wirkte jünger als er war.

Ehlert war so sehr mit dem "Studium" der Facetten dieses Mannes beschäftigt, dass er das Anliegen des Herrn Hinkel vergaß. Oder traute er sich nicht, diesen vielbeschäftigten Mann um ein weiteres Gutachten zu bitten? Eigentlich, fand Ehlert, war es ja auch die Sache von Hinkel selber, diesen Kollegen um ein Zweitgutachten zu bitten. Und so erwähnte er an diesem Tage gegenüber Schweizer nicht den Wunsch von Hinkel, für ihn als "Zweitgutachter" zur Verfügung zu stehen.

Eines Tages danach jedoch erschien Hinkel erneut in der Sprechstunde von Ehlert und teilte mit, er habe mit Professor Schweizer gesprochen. Dieser sei bereit, ein Gutachten für Hinkel zu fertigen. – "Alle Achtung!" Hinkel nickte selbstgefällig. Er dachte wohl, das Lob galt ihm. Ehlert jedoch hatte seinen Kollegen gemeint.

Schnabels Kindheit

Da Frau Theile ihn aufgestöbert hatte und offensichtlich von seinen Lebenserfahrungen hören wollte, sann Peter Schnabel daheim über seinen Werdegang nach.

Zur Welt gekommen war er in Berlin im Dezember 1939. Die Geburt fiel auf einen Freitag. Der "Reichslandwirtschaftsminister" ordnete an, dass Juden keine Lebensmittel-Sonderrationen für die Zeit vom 18. Dezember 1939 bis 14. Januar 1940 erhalten. Sie bekamen weniger Fleisch und Butter, keinen Kakao und keinen Reis. Seit deutsche Soldaten am 1. September 1939 Polen angegriffen hatten, herrschte Krieg. Die Mächte positionierten sich; die meisten auf der Seite der Gegner Deutschlands.

Im "Reich" selber herrschte noch kein Krieg. In der Puls-Klinik zu Charlottenburg wurde der Junge Schnabel geboren. Die Mutter, Helen Schnabel, ließ ihn auf den Namen "Peter" taufen. Dieser Name war damals in Mode. Der Vater, Edmund Schnabel, war von der Polizei zur Reichswehr gewechselt und "stand" schon im "Feld". Er war bei der Geburt seines Sohnes bereits im Krieg. An einem nicht genannten Standort erreichte ihn ein Telegramm der "Deutschen Reichspost": – "Peter angekommen alles gesund" Die Mutter hatte dieses Telegramm in "Berlin-Spandau 4" aufgegeben. Den Briefumschlag zierte auf der Rückseite der Spruch: "Rundfunk gehört in jedes Heim!"

Dass der Krieg schrecklich würde und dass der Staat weiter gegen die Juden vorgehen werde, hätte voraus gesehen werden können. Doch Peter wuchs in einer zunächst unbeschwerten kleinbürgerlichen Familie auf: Vater – oft auf "Heimaturlaub", Mutter und Kind. Der Junge war fröhlich, und bald gingen alle drei zum Fotografen, um ihr Glück im Bild für die Nachwelt festhalten zu lassen. Die Mutter zog sich ein feines helles Kleid mit großen dunklen Mustern an, der Kleine wurde ausstaffiert, und der junge Vater trug stolz die Ausgehuniform der Reichswehr, in der er wie ein Offizier aussah. Die kleine Familie wohnte in einem Mietshaus. Mit dem Bus konnte man in die eine Richtung zum Zoologischen Garten in Berlin fahren, in die andere nach Potsdam. Dahin zog es die Familie zum Schloss Sanssouci, und voller Respekt gedachten die jungen Eltern des großen Königs, des "Alten Fritz". Dann wieder zog es sie in den Park. Die Mutter nahm auf einer Bank Platz, rückte den großen Hut zurecht und brachte den weißen Kinderwagen in Position. "Klick!" entstand noch ein schwarz-weißes Foto, das später entwickelt wurde. Peter Schnabel wuchs in eine kleinbürgerliche Idylle hinein. Von Krieg, Judenverfolgung und Bomben wusste er noch nichts.

Nach und nach jedoch rückte die Wirklichkeit näher. Der Vater blieb immer länger fort. War er in Russland, war er in Italien? Dem Jungen sagte beides nichts. Wenn er dann doch einmal wieder "Heimaturlaub" hatte, war der Vater in der Kaserne, und Peter kam zu Besuch dahin. In der Kaserne waren viele Männer, die alle die gleichen feldgrauen Uniformen trugen. Die "Kameraden" (wie der Vater sagte) fanden den Jungen niedlich und nahmen ihn gerne auf den Arm. Der mochte das nicht, denn die Uniformen waren aus dickem, kratzigem Stoff und hatten strenge Gerüche. So mochte Peter bald die ganze Kaserne nicht riechen.

Eine Tante vom Bayerischen Platz kam zu Besuch. Sie war die Schwester des Vaters, wie er aus Pommern und hatte sich im Haushalt einer Familie als "Dienstmädchen" verdingt. Der "gnädige Herr" verfügte über eine Generalvertretung und wohnte luxuriös in einer Gegend, in der viele wohlhabende Juden waren. Die Ehefrau des "gnädigen Herrn" war für die Tante die "Gnädige". Sie duzte die Tante – "Fräulein Elly" – während sie von Elly mit "gnädige Frau" und natürlich mit "Sie" angesprochen wurde. Das blieb auch so nach 1945, als Elly ihr eigenes Geld außerhalb der "gnädigen" Familie verdiente, während die "Gnädige" selbst ihrem verschiedenen Gatten nachtrauerte.

Lange vor 1945 flüsterte die Tante der Mutter Peter Schnabels zu: "Stell Dir vor: Gestern haben sie die Meyers von nebenan abgeholt, und die Frau von dem Herrn Fischer über uns hat den Gashahn aufgedreht!" Peter hörte das und ahnte, dass es sich um etwas sehr Böses handeln musste.

Doch bald ging es ins Dorf. Die Mutter fuhr mit ihrem Sohn nach Pommern. Dorthin brachte sie eine schwarze, rauchige und verrußte Eisenbahn. So kamen die beiden bis zur Station "Lubow". Zum Zieldorf "Rackow" mussten sie den Rest laufen. Weil es Winter war, war auf der "Chaussee" von Lubow nach Rackow der Schnee geräumt, und dem kleinen Peter aus Berlin kam es vor, als liefe er durch eine tiefe Schneeschlucht mit gewaltigen Wänden rechts und links.

Im Dorf wohnte viel Verwandtschaft. Alle hatten den gleichen Familiennahmen: "Schnabel". Der Junge aus Berlin traf auf mehrere Cousinen und Cousins. Die waren älter und hatten etwas Bestimmendes. Peter mochte sie nicht. Am schönsten war es, wenn Backtag in Rackow war. Mitten im Dorf befand sich ein aus Feldsteinen gemauerter Backofen. Der wurde einmal in der Woche angeworfen. Die Dorfbewohner legten ihre Brote in den Ofen. Schon bald duftete das ganze Dorf herrlich nach frisch Gebackenem.

In Rackow wohnten die Großeltern väterlicherseits. Der Großvater war ein "Altsitzer". An einem Septembertag des Jahres 1903 erschien der beim Standesamt in Neustettin und meldete die Geburt seiner dritten Tochter und damit seines zehnten Kindes an. Der Großvater und der Standesbeamte verständigten sich auf den Namen "Valesca". Danach war der Altsitzer, der nicht so oft in die Kreisstadt kam, einen trinken gegangen. Als er später zu Hause angekommen war, hatte er etwas verwechselt und berichtete seiner Familie, er habe in Neustettin das gerade geborene Mädchen unter dem Namen "Elly" registrieren lassen. So ging diese Tochter fortan als "Elly" durchs Leben und diente bei den Großbürgern am Bayerischen Platz in Berlin.

Zu den "anderen" Großeltern des kleinen Peter war es nicht so weit. Diese wohnten in Bernau bei Berlin und waren mit der S-Bahn zu erreichen. Der Bahnhof "Bernau b. Berlin" war die Endstation der Strecke. Wieder mussten Mutter und Sohn laufen, um zu dem Haus der Großeltern zu kommen. Es ging den "Schwarzen

Weg" entlang. Der war sehr einsam. Der Vater war irgendwo im Krieg, und die Mutter glaubte sich gegen Überfälle schützen zu können, indem sie ab und zu rief: "Ja, Edmund. Ich komme gleich!" So schützte sie ihr Edmund noch aus der Ferne.

In Bernau lebte Großvater Hans. Er stammte aus dem 19. Jahrhundert. Aufgewachsen war er in Westpreußen, gelebt hatte er in Düsseldorf und in Berlin. Er war ein harter Arbeiter. In Berlin hatte er bei den Verkehrsbetrieben "BVG" gearbeitet, war also "BVGer". Seine Arbeitsstätte war die U-Bahnstation Ruhleben. Aber er mauserte sich zum Unternehmer. Dazu gab er die U-Bahn auf und eröffnete in der Schönhauser Allee einen Laden: "Obst und Gemüse, Holz und Kohlen." Hans und seine Familie waren katholisch. Als Peters Mutter Helen ihre Heilige Kommunion in Weiß feierte, riefen ihr die Berliner Gören auf der Schönhauser Allee hinterher: "Pollacken! Pollacken!"

Der Laden war eine rechte Plackerei. Die Briketts mussten den Leuten gebracht und von auf den Rücken festgeschnallten Stiegen in die Kellerschächte geschüttet werden. Nun – nach der Geburt von Enkel Peter – verbrachte dieser Mann seinen Lebensabend in Bernau. Ihm zur Seite stand Marlene, die Großmutter von Peter. Sie stammte ebenfalls aus Westpreußen und war über Düsseldorf nach Berlin gekommen. Am Rhein hatte sie wie ihr Mann für den öffentlichen Personennahverkehr gearbeitet – als Schaffnerin in der Straßenbahn. Das war lange her. Nun lebten die Alten in Bernau außerhalb Berlins, und damit war die Großmutter weniger glücklich als ihr Ehemann. Sie trauerte der "Schönhauser" nach und verfluchte Bernau. Doch der Enkelsohn liebte diesen Ort. Die Großeltern hatten Tiere: einen Hund, eine Ziege, Kaninchen und Hühner. Oft befand die Großmutter, der Junge sei zu dünn. Er müsse besser essen. In den Kriegstagen war das eine willkommene Einschätzung. So trank der Junge Ziegenmilch und glaubte, davon kräftiger zu werden. Denn wie ein Mädchen aussehen – was ihm gelegentlich nachgerufen wurde – das wollte er partout nicht. In Bernau lag aber auch ein Onkel Peters krank fest im Bett. Er befand sich im einzigen immer beheizten Raum des Hauses – der Küche. Der Onkel hatte Tuberkulose – "TBC". An dieser damals unheilbaren Krankheit ist er schließlich gestorben. Die Alten hatten mitten im Krieg einen ihrer zwei Söhne verloren.

Auch zu Hause wurde es immer ungemütlicher. Der Krieg rückte näher. Unentwegt saß die Mutter am Radio und hörte im "Groß-deutschen Rundfunk" Nachrichten von der Front. Dem Jungen stieß dabei unangenehm auf, dass der Sender von der Schlacht um "Budapest" berichtete. Nicht das militärische Geschehen interessierte ihn – das begriff er nicht. Ihn irritierte vielmehr, dass ein Rundfunksprecher das Wort "Pest" immer wieder gebrauchen konnte, denn "Pest" war damals ein böses Wort.

Die Erwachsenen sprachen davon, dass immer mehr Männer "fallen" würden. Schon das Kind begriff, dass das Wort "fallen" eine Verharmlosung war und bekam die Wut der Hinterbliebenen über diesen Begriff ebenso wie den über die Bezeichnung "Heldentod" mit. Am schrecklichsten für die Kinderohren war das nun häufigere Aufjaulen der Sirenen, die vor Bombenangriffen warnten. Sie lösten etwas aus, was der einst wohlbehütete Zögling der Kleinbürgerfamilie nicht gekannt hatte: Angst.

Wieder heulten die Sirenen "Fliegeralarm"! In ihrem Wohnhaus flüchteten Mutter und Sohn in den Luftschutzbunker. Dort saßen die anwesenden Bewohner beisammen, kauerten sich und hofften, dass alles gut gehen würde. Über dem Bunker waren ihre Wohnungen. Plötzlich gab es eine gewaltige Erschütterung, Kalk rieselte von den Wänden und von der Decke, das Licht ging aus. Getroffen! "Es sind englische Fliegerbomben!", war eine Stimme zu hören. Dann rief jemand: "Der junge Mann in der Ecke ist tot!"

Peter zitterte am ganzen Leib. Seitdem mied er sein Leben lang geschlossene dunkle Räume. Eine Phobie war geblieben – für's ganze Leben.

Dann kam 1945. Soviel war dem sechsjährigen Peter Schnabel klar: Der Krieg war zuende. Er war für die Deutschen verloren. Auf der Heerstraße in Berlin hatten die Deutschen Panzersperren errichtet, damit "die Russen" nicht nach Spandau hinein kämen Das waren quer zur Straße aufgeschüttete Sandwälle. Die kosteten die Eroberer ein Lächeln. Die Sieger überfuhren die Barrieren mit ihren Panzern glatt.

Nun war auch Spandau, der westlichste Bezirk von Berlin, erobert. Die Oberleitungen der Straßenbahn fielen auf die Schienen herab. Die Häuser waren durch das Bombardement durchsichtig geworden und kokelten nach schweren Bränden lange vor sich hin. Dazwischen lagen tote Soldaten in ihren grauen Uniformen. Neben ihnen waren verendete Pferde mit offenen Augen. "Hat man nicht die Augen geschlossen, wenn man tot ist?", fragte der Sechsjährige.

Nachdem nun auch sie "ausgebombt" waren, wohnten Mutter und Sohn bei einer Freundin der Mutter.

Ein S-Bahn-Tunnel in der Innenstadt war überflutet. Der Weg zu den Großeltern in Bernau bei Berlin war blockiert. Es war nicht lange her, da hatte der Junge eine Gruppe Hitlerjungen marschieren sehen. Sie trugen Uniformen mit kurzen Hosen und hatten mindestens eine Trommel, vielleicht auch weitere Instrumente, dabei. "Da will ich auch hin!", bettelte das Kind. Die Mutter zog es wortlos weiter.

Schließlich war alles vorbei. In der S-Bahn las jemand das "Neue Deutschland". – "Neues" Deutschland? – "Aber Deutschland ist doch gar nicht neu! Das ist doch alt!" Die Mutter schwieg, wohl aus Angst hier in der Öffentlichkeit. Aber ein Fahrgast wies den Jungen auf einen im Zug mitfahrenden Sowjetsoldaten hin. Alles klar, das war das "neue" Deutschland!

Diese S-Bahn-Linie endete auch 1945 in "Bernau b. Berlin". Am Ende des Bahnhofs mussten die Fahrgäste eine breite Treppe hinuntergehen. Die Treppe war voll, denn unten fand zwischen zwei umfunktionierten Fahrkartenhäuschen eine Kontrolle statt. Stau auf der S-Bahn-Treppe! Da sang jemand: "Das gibt's nur einmal, das kommt nicht wieder..." Eine scharfe militärische Stimme unterbrach den Gesang: "Wer war das? Wer hat gesungen?!" Niemand meldete sich. Der Junge wunderte sich: "Warum meldet sich denn niemand? Das war doch ein Befehl!"

Mutter und Sohn waren wieder auf dem "Schwarzen Weg" zur Siedlung, in der die Großeltern wohnten. Da kam ihnen eine Gruppe polnischer Soldaten entgegen. Zum Ausweichen war es zu spät. – "Oje!" – Einer der Soldaten ging auf den Jungen zu und ... überreicht ihm eine kleine Tüte mit Zuckerbonbons. 1:0 für Polen!

Dann brachen Russen – das war doch klar, dass sie das waren! – im Hause der Großeltern ein. Sie stahlen einiges aus dem Keller. Der Großvater war wie gelähmt. Die Großmutter aber schimpfte: "Da sitzt Du nun, Du Herrenmensch und tust nichts!" Sie zog ihren Mantel an, ergriff die Handtasche und marschierte schnurstracks zur nächsten "russischen" Kaserne, um den Raub anzuzeigen. Daraufhin mussten alle "Muschiks" auf einem Feld bei der Siedlung antreten und ihr ärmliches Hab und Gut in weißen Laken mitbringen. Ein Offizier schritt die Reihe der Angetretenen ab und befahl: "Öffnen! Öffnen!" So kam das Diebesgut zum Vorschein. Dazu gehörten golden gefärbte Damenschuhe aus früheren Zeiten. Voll Bewunderung nahm der Offizier die Schuhe hoch und rief aus: "Mutter: Goldene Schuhe!" Das gefiel der Großmutter. Sie erklärte, die "russischen" Offiziere seien gebildeter als die einfachen Soldaten und sprächen sogar Deutsch.

Nahrung war knapp. Also packten die Großmutter und die Mutter den alten Fotoapparat der Familie ein, setzten sich in die überfüllte Bahn und fuhren nach Eberswalde. Von dort marschierten sie eine Landstraße entlang und klapperten Bauernhöfe ab. Sie tauschten den Apparat gegen Kohlrüben und Speck ein, und diese Beute schleppten sie nach Hause. Ein anderes Mal tauschten die beiden kleine Wertgegenstände der Familie auf dem Alexanderplatz gegen Zigaretten ein. Zigaretten waren das Zahlungsmittel, für das man auf dem schwarzen Markt auch Lebensmittel eintauschen konnte. Als der aus Pommern vertriebene Großvater die vielen Zigarettenschachteln sah, wunderte er sich: "Wo haben die Deibels bloß die vielen Zigaretten her?"

Dann zogen "die Russen" aus Spandau ab, und "die Engländer" kamen. Sie warfen Apfelsinenschalen auf die Straße. Die deutschen Kinder hoben diese auf, knickten und pressten sie. Ätherische Öle stiegen ihnen in die Nasen, und sie genossen den fremden Geruch. Auch leere Zigarettenschachteln warfen "die Tommys" fort. Die Kinder hoben sie auf, strichen sie glatt und bestaunten die bunten Bilder auf den Packungen. Sammlungen wurden angelegt, und bald kam es zu regem Tausch zwischen den Kindern.

Manchmal lagen auch kleinere Verpackungen und Stanniolpapier auf den Straßen. Die stammten von den Kaugummiplättchen der Engländer. Kaugummi war auch so eine Neuerung, die von den Engländern kam. An Kaugummi zu kommen, wurde sehnlicher Wunsch vieler Nachkriegskinder. Schließlich sprach sich herum, dass Schrotthändler Edelmetall aufkauften. Schon wussten die Kinder, was Kupfer und was Messing war und wie es sich von simplem Eisen unterschied. Die herabgestürzten Oberleitungen der Straßenbahnen bestanden aus Kupfer, und das war das begehrteste Edelmetall. Die Schrotthändler waren manchmal fies. Dann nahmen sie den Kindern die Ware ab und zahlten nicht.

Leere Zigarettenschachteln, Apfelsinenschalen, Kaugummiverpackungen und Zigaretten als schwarzes Geld: Die deutsche Nachkriegsjugend wuchs bescheiden in die Konsumgesellschaft hinein.

Autos waren selten. Peter konnte ungefährdet auf der Straße sitzen und mit Kreide Hopsefelder aufzeichnen. Da traf ein Schatten den Zeichner, und im vertrauten Ton, das "R" scharf, sprach ein Mann in Feldgrau und mit einem Kochgeschirr am Koppel den Vornamen des Kindes. Der Vater war wieder da! Er war aus amerikanischer Kriegsgefangenenschaft in Neapel über Thüringen und Brandenburg an der Havel gekommen. Bei der Wehrmacht war er Stabsfeldwebel gewesen, und eine ähnliche Funktion muss er wohl im Kriegsgefangenenlager gehabt haben. Jedenfalls schrieb die Mutter regelmäßig Briefe, die adressiert waren mit "Stabsfeldw. Edmund Schnabel , ...Bn. (Service), Naples/Italy!". Die Briefe waren freigemacht mit 12-Pfennig-Marken, die von der Deutschen Post mit "Berlin-Spandau" und dem jeweiligen Datum abgestempelt waren. Einmal erhielt der kleine Peter Schnabel auch eine Postkarte aus Neapel: "Written in German. Germany. Postage Free. Portofrei. R.Zone. Prisoner of war post card/Postkarte für Kriegsgefangene." Der Vater schrieb an einem Tag im Jahre 1946:

> *Mein lieber Peter!*
>
> *Dir und Mutti sende ich viele Grüße in der Hoffnung, dass Ihr gesund seid und wir uns bald wiedersehen. Meine Gedanken sind immer bei Euch, und ich freue mich jetzt schon auf meine Heimreise. Ich denke, Du bist ein artiger Peter geblieben? Viele Grüße und süße Küsse Dir und Mutti. Dein Papi.*

Wieder zu Hause berichtete der Vater, dass er gelegentlich Liederabende mit Dietrich Fischer-Dieskau organisiert habe, den die Amerikaner auch gefangen hätten. Der Sohn machte sich keine Gedanken, als nach der Heimkehr des Vaters ein Schwesterchen zur Welt kam. Eine Familie war wieder zusammengefügt und gewachsen.

Als die Währungsreform kam, erklärte ein Freund, morgen würde das Geld umgetauscht. Er hätte noch 10 Reichsmark (RM), und die könne man am Vorabend der Währungsreform verbraten. Die Jungen setzten sich in den Doppelstockbus und fuhren zum Zoologischen Garten. Dort besichtigten sie die gefangenen Tiere, kauften sich Eis und fuhren spät abends mit der BVG nach Hause. Die Eltern, die von alledem nichts wussten, reagierten erleichtert und zornig zugleich.

Der Vater konnte – was er am liebsten getan hätte – noch nicht gleich bei der Polizei anfangen, und so ging er als Tischler – seinem einst gelernten Beruf – zu "Siemens". Täglich fuhr er nach Gartenfeld, und das schönste für den Sohn war, wenn er abends nach der Arbeit seine Brotbüchse öffnete und erklärte, er habe "Hasenbrot" mitgebracht. Das war das Köstlichste!

Der "Ernst des Lebens" nahte! Oft genug hatte die Mutter gedroht: "Komm' Du erst 'mal in die Schule!" Nun war der Tag der Anmeldung in dieser so geheimnisvollen Anstalt. Die Mutter war mit dem Kind beim Rektor. Die Situation schien so bedrohlich zu sein, dass sich der kommende ABC-Schütze unter dem Schreibtisch der Amtsperson versteckte. Es half nichts: Die Schule begann.

Ein Vorteil dabei war, dass es Schulspeisung gab. Die wurde in das metallene Essgeschirr des Vaters aus dem Kriege gekellt. Es gab Nudeln mit Rindfleisch, Grießbrei, Erbsen und ähnliche "Köstlichkeiten". Ein Nachteil war, dass in der Schule Disziplin verlangt wurde. Dem geschwätzigen Erstklässler klebte die junge Lehrerin ein "Hansaplast"-Pflaster über den Mund – befeuchtet mit ihrem eigenen Speichel! Das Alphabet wurde nicht mithilfe von Heften erlernt, sondern auf Schiefertafeln. Die wurden mit einem Griffel beschrieben, und das Ganze ließ sich spielend mit einem Schwamm löschen. Ranzen, Tafel, Schwamm und Essgeschirr gehörten zur Ausstattung eines jeden Schülers.

In der Klasse waren Mitschüler, die keine Väter hatten. Diese waren im Krieg "gefallen", vermisst oder noch in Gefangenschaft. Merkwürdig, dass gerade diese Mitschüler die interessantesten waren. Manche Mütter von denen "hatten einen Engländer", und deren Sprösslinge kamen leicht an begehrenswerte Güter wie Apfelsinen, Kaugummis und sogar Zigaretten heran. Einer dieser Helden der Kindheit Schnabels hieß Ewald, und der brachte eine ganze Schachtel Zigaretten mit zur Schule. Vor Schulbeginn lud Ewald seine Mitschüler ein, erst einmal zu rauchen. Die Schüler versteckten sich im Gebüsch, rauchten und kamen zu spät zum Unterricht. Schnabel entschuldigte sich bei der Lehrerin, er habe auf seine fünf jüngeren Geschwister aufpassen müssen, bis die Mutter von der Nachtschicht gekommen sei. Die Lehrerin glaubte das. Es war jedoch erstunken und erlogen und kam heraus, als die Mutter einen Schulbesuch machte. "Waas?", stöhnte sie. "Der hat doch keine fünf Geschwister. Nur ein kleines Schwesterlein. Der Vater arbeitet am Tage und ich überhaupt nicht. So etwas!" Peter Schnabel war traurig, dass er aufgeflogen war. So gerne hätte er fünf jüngere Geschwister gehabt und einen vermissten Vater...

Ein Weg gegen die Ernährungsnot war, selber ein wenig Ackerbau und Viehzucht zu betreiben. Der aus Italien heimgekehrte Vater pachtete einen kleinen Garten und fing an, Kaninchen zu züchten. Mit den Kaninchen war das aber nicht einfach, denn die waren süß und daher als Nahrungsquelle für Kinder nicht sehr gut geeignet. Außerdem starben sie bei unsachgemäßer Zucht schon vor dem Schlachten. Das Schlachten selber war auch ein großes Problem: Wer brachte es über sich, das Leben dieser friedlichen und possierlichen Tiere brutal zu beenden? Summa summarum: Diese Tierhaltung warf auch für eine hungernde Kleinfamilie nicht viel ab.

Besser war es mit dem "Ackerbau". Auf der Parzelle wuchsen Pfirsichbäume, die trugen Früchte, auch wenn sie so hart waren, dass man sie als gefährliche Wurfgeschosse benutzen konnte. Regelmäßig aber kam es zu Kartoffelernten, und die Erdäpfel waren aus den bei Salzkartoffeln ohnehin abfallenden Schalen gezogen worden. Es mussten nur "Keime" in den Schalen sein, damit sich Jungpflanzen entwickelten.

Auch Brennmaterial war knapp. Der Vater fuhr deswegen zum "Stubbenroden". Das war erlaubt, nachdem ein Baum gefällt war. Welche Knochenarbeit aber war das, eine Baumwurzel aus der Erde zu graben!

Schließlich kam der Vater wieder zu seiner geliebten Polizei. Da hatte er schon vor dem Krieg gearbeitet. Beim Einstellungsgespräch erklärte er, er wolle gerne in einem Berliner Vorort arbeiten, denn er schätze frische Luft. Die Einstellenden horchten auf. So etwas hatten sie noch nicht gehört, dass jemand zur Polizei ging, weil er frische Luft mochte. Der Vater wurde Streifenpolizist in Berlin-Kladow – mit Tschako und Uniform – ein richtiger "Schupo".

In der Schule wurde derweil auf Gesundheit geachtet. Regelmäßig fanden in der Schirmbildstelle Reihenuntersuchungen statt, um festzustellen, ob jemand TBC-krank war. Den Schülern wurde vorne in die Hosen DDT geschüttet. Das sollte gegen Läuse helfen. Zur allgemeinen Stärkung und gegen die Ansiedlung von Spulwürmern in den Gedärmen wurde Lebertran verabreicht. Der schmeckte widerlich, so dass die Schüler gerne glaubten, so etwas mögen selbst Spulwürmer nicht.

Schulgebäude gab es offensichtlich zu wenig. Dagegen half der Schichtunterricht. Zwei Schulen kamen in ein Haus. Eine Woche lang hatte die eine Schule am Vormittag Unterricht, die andere am Nachmittag. In der Woche darauf wechselte das. Die Spätschicht war sehr beliebt, denn im Winter war es dunkel, wenn die Schule aus war, und es gab keine Hausaufgaben auf. Außerdem war es ein beliebter "Sport", Schulmaterial zu beschädigen und hinterher treuherzig zu erklären, dass die andere Schicht den Schaden angerichtet habe.

Bald galt es als Fortschritt, dass die Schulen keinen Schichtunterricht mehr hatten. In der Stadt wurden die Ruinen aufgeräumt, die öffentlichen Verkehrsmittel wieder in Gang gesetzt, die "Engländer" und anderen Besatzer zogen sich mehr und mehr in die Kasernen zurück, die Läden wurden voller, der Vater wechselte zur Kriminalpolizei – kurz: Die Nachkriegszeit entschwand langsam und der "Aufschwung" begann.

Manchmal blitzte die alte Zeit noch auf. So zum Beispiel als der Vater das Flicken der Fahrradschläuche aufgab, eine Packung mit einem nagelneuen Fahrradschlauch hervorzauberte und erklärte: "Der stammt noch aus dem Frieden." Das hieß, die Qualität musste gut sein. Der "Frieden", das war die Zeit von 1919 bis 1939.

Noch sah man viele Krüppel, "Kriegsversehrte" wie es hieß. Sie hatten ihre Gliedmaßen verloren und gehörten – einarmig oder einbeinig – zum Straßenbild. Im Radio bemühte sich der Suchfunk des Deutschen Roten Kreuzes unermüdlich um die Zusammenführung von Familien, die der Krieg zerrissen hatte. Und die Kinder spielten nicht Räuber und Gendarm, sondern Krieg. Die meisten wollten dabei "Engländer" sein, denn dass die "Deutschen" die Verlierer sein würden, war allen bewusst...

Der nunmehr alte Schnabel resümierte: Oft werde gesagt, Kinder litten unter Kriegen am meisten. Das sei wohl wahr, wenn Kinder verletzt würden, wenn sie die Eltern oder Geschwister verlieren. Erstaunlich sei aber auch, dass Kinder in das Anormale hineinwachsen, als wäre es alternativlos. Die Welt, so wie sie diese vorfinden, scheint ihnen selbstverständlich. Die Zeit des Chaos beschere Kindern manchmal auch Abenteuer. Und diese Abenteuer wirkten umso prickelnder, je länger sie zurück lägen.

Kürbissuppe und Kabinettsposten

Margarete Theile klingelte um 19 Uhr am Haus von Anke und Peter Schnabel. Frau Anke öffnete die Tür, und schon im Hausflur begrüßte auch Peter Schnabel den Gast: "Wir freuen uns, dass Sie zu uns kommen. Legen Sie ab und kommen sie herein." Schnabel wies auf die Tür zum großen Zimmer. Schnabel war nun schon 73 Jahre alt und seine Ehefrau 71. So richtig hatten sie sich noch nicht daran gewöhnt, dass sie jetzt alte Leute waren. Sie fühlten sich als lebten sie ewig. Bei all ihren etwa gleichaltrigen Freunden waren die Partner noch am Leben, und sie waren nicht getrennt. Zwar hatte es da eine Rückenoperation gegeben, hier wurde eine Hüfte erneuert, dort wurden Stands gelegt, und einige hatten Prostata-Entfernungen über sich ergehen lassen müssen. Aber es ging immer weiter. Ein anderer Freund wurde regelmäßig von Lungenentzündungen überfallen, rappelte sich aber immer wieder und betätigte sich dann am liebsten als fröhlicher Wandersmann. Zu den verschiedensten Gelegenheiten trafen sich die Freunde immer wieder. Bei Schnabel selber wurde vor ein paar Jahren ein Gehirn-Aneurysma "gecoilt", da war der Schreck größer als der Schmerz. Nun aber war von all dem nicht die Rede.

Die Ministerpräsidentin betrat den dezent erleuchteten großen Raum. Darin dominierte ein großer Esstisch, an dem vier Stühle standen. Für drei Personen war gedeckt. Das Geschirr verriet, dass es ein Drei-Gänge-Menü geben würde: Suppe, Hauptgericht und Nachspeise. Auf einem Nebentisch in der sogenannten "Couchecke" standen drei Rotweinkelche, Gebäck und – für alle Fälle – ein Aschenbecher. Ein bunter Blumenstrauß rundete das Arrangement ab.

Schnabel bat die jüngere Ministerpräsidentin gleich zu Tisch. "Es gibt zuerst Kürbissuppe nach einem Rezept von Fontane.", kündigte Frau Anke an. "Der Kürbis ist aus unserm Garten – auf dem Misthaufen gewachsen. Die Hälfte der Suppe ist Hühnerbrühe, und dann habe ich kräftig Sahne dazugegeben." – "Das ist ja sehr gehaltreich." – "Ja, so haben sie früher gegessen." Peter Schnabel fand, dass das die richtige Stelle war, zum Thema zu kommen: "Bei so kräftigem Essen haben die Leute auch nicht lange gelebt. Zu Bismarcks Zeiten sind die Menschen im Reich durchschnittlich 50 Jahre alt geworden. Die Amtsdauer der Politiker hat sich seit damals aber kaum geändert. Wer heute acht oder gar zwölf Jahre einem Kabinett angehört, hat schon eine Leistung vollbracht." Da hakte Anke Schnabel ein: "Sie wollen nach der Wahl aufhören, Frau Theile? Muss das denn sein?" Das war eine geheuchelte Frage, denn Frau Schnabel wusste genau, dass "die Theile" in ihrer Partei keine Mehrheit mehr hinter sich hatte. So etwas sagte man ihr aber nicht glatt ins Gesicht. Das gehörte sich nicht. Die Ministerpräsidentin fiel auch sogleich auf ihre eigene Lebenslüge herein: "Acht Jahre sind genug! Ich möchte wieder ein Mensch sein und ins Theater oder in die Oper gehen, wann und wo ich will." – "Verständlich.", heuchelte auch Schnabel: "Und einer von beiden – der Stein oder der Neumann – soll ihr Nachfolger werden? Also der Neumann ist in meinen Augen ein Luftikus. Aber, wenn ich raten darf: Sie dürfen keinen

Bräutigam vor den Kopf stoßen: niemals sagen, den nehm' ich nicht, weil er mir nicht gefällt, sondern einfach den Favoriten nehmen und sagen: 'Den mag ich!' Unter uns: Wer ist denn nun Ihr Favorit: Neumann oder Stein?" Margarete Theile mochte sich auch hier nicht in die Karten gucken lassen, oder sie wusste selber nicht, was sie wollte. Jedenfalls antwortete sie lakonisch: "Hab' keinen."

Als das Hauptgericht – Lammbraten – aufgetischt wurde, versuchte Frau Theile, von dem lästigen Nachfolgerthema fortzukommen: "Ich wollte doch heute von Ihnen hören, lieber Herr Schnabel, wie man es in Ihrer Partei aushalten kann. Ich hab' da nämlich so meine Probleme mit meinem eigenen 'Verein'."

Anke Schnabel nickte: "Das kann ich verstehen!" Ihr Peter sammelte sich indes und erzählte von seinem alten Ortsverein: Dort habe er einen Freund, das sei Max Müller, ein erfolgreicher Mittelständler. Er war Eigentümer und Geschäftsführer eines Betriebes der Metallverarbeitung mit 120 Beschäftigten. In der Industrie- und Handelskammer (IHK) war er aktiv, gehörte zu den Engagierten. Mit jedem Spitzenpolitiker, besonders dem Wirtschaftsminister einschließlich "seiner Herren", mit dem Parlamentspräsidenten sowie den Fraktionsvorsitzenden war er bekannt. Aber auch mit der Bürgermeisterin seines Wohn-Bezirkes, dem dortigen Bau- und dem Wirtschaftsstadtrat stand er in Kontakt. Müller war Mitglied und Schatzmeister eines Förderkreises für einen kulturellen "Leuchtturm", zusätzlich Rotarier und eifriger Golfer auf vornehmen Anlagen: Max Müller gehörte zur feinen Gesellschaft.

Mitglied einer politischen Partei war er jedoch nicht. Als pflichtbewusster Staatsbürger hatte er das stets als Manko empfunden. Zudem war er überzeugt, dass er mit seinem Fachwissen und seiner gesellschaftlichen Stellung einer Partei hilfreich sein könnte. Für eine Mitgliedschaft kamen für ihn – der zu vielen "linken" Politikern ein gutes Verhältnis hatte – nur "bürgerliche" Parteien infrage. Und obwohl er glaubte, in der größeren Partei könne einer wie er mehr bewirken als bei der kleineren, sah er in der größeren Partei keinen Platz für sich. Dort nämlich war sein Unternehmerkollege Peter Klein führender Funktionär. Mit Klein aber lag Müller "IHK-intern über quer", und diesem Kollegen wollte er nicht in der Partei begegnen, – nun, nachdem er sich endlich entschlossen hatte, Mitglied zu werden.

Im Internet klickte Müller bei der kleineren Partei unter Mitgliedschaft "ja ich will" an, und es erschien ein Aufnahmeformular, das die Überschrift "Meine persönliche Unabhängigkeitserklärung" trug. Müller füllte seine "Unabhängigkeitserklärung" aus. Seine Sekretärin schickte sie mit der guten alten Post an die Landesgeschäftsstelle der Partei. Müller fand, er habe einen wichtigen Schritt getan.

In Kabarettsendungen und schlechten Zeitungsartikeln werden Leute wie Peter Müller als typische Mitglieder dieser kleinen bürgerlichen Partei dargestellt. Da werden sie geortet, zusammen mit Anwälten, Zahnärzten, Maklern, Lobbyisten, Botschaftern, marktversessenen VWL- und BWL-Professoren sowie höheren Verwaltungsbeamten. In Wahrheit zieht es Personen wie Max Müller eher in die größere Partei. Die kleine, ständig um ihre Existenz bangende Gruppierung ist für ein Engagement von Wirtschaftsleuten weniger attraktiv. Es sei denn, sie haben spezielle Gründe für den Gang hierher – wie Max Müller. Seinem Wohnsitz in einem vornehmen Ortsteil entsprechend hatte sich Müller für den dortigen Ortsverband der Partei angemeldet.

Eigentlich hatte er seine "Unabhängigkeitserklärung" schon vergessen, da erhielt er nach drei Monaten und zwei Wochen – Müller war in Terminsachen sehr genau – vom besagten Ortsverband eine Einladung zum "Jour fixe" – Ort: "Bürgerstuben" in der Brandenburgischen Straße, Zeit: Mittwoch, 20 Uhr.

Müller "cancelte" einen an sich wichtigen Termin, um sich bei seiner Partei vorstellen zu können. Schon beim Eintreten spürte er eine gewisse gesellschaftliche Fremde: Die "Bürgerstuben" hatten nicht das Ambiente, welches Müller behagte. Durch einen Windfang war er von der Berliner Durchgangsstraße mit donnernden Bussen, Pkws und Lastwagen in einen verräucherten Gastraum gewechselt. Hinter einer von drei Biertrinkern belagerten Theke musterte ihn ein ledergeschürzter Wirt. Links davon sah er einen runden Tisch mit einem Schild "Stammtisch" darauf. Zur Straßenseite hin waren zwei weitere Tische, an denen Männer saßen. Zwei rauchten Zigaretten und hatten Biere vor sich stehen, drei nebenan "kloppten" mit Inbrunst Skat. Der Stammtisch war leer. Alle warfen Müller kurze Blicke zu – er fand, irgendwie abweisend. Da befahl der Wirt: "Zur Partei da hinten durch die Tür!" – Müller nickte dankend und öffnete die sich neben dem Stammtisch befindliche Tür.

Müller trat ins Hinterzimmer und war bei seiner Partei angelangt. Die residierte in einem viereckigen Raum ohne Tageslicht. Die Wände waren bemalt mit Bildern von obszönen Kühen mit dicken Eutern und Mägden mit ebensolchen Brüsten, nach denen Knechte lüstern blickten. So eingefasst waren Tische und Stühle in "U-Form" aufgestellt.

An diesen saßen 11 Personen, drei Frauen und 8 Männer. Vor sich hatten sie Papiere, Kaffee-, Teetassen oder Biergläser. Einige nahmen Gerichte des Hauses zu sich wie "Deutsches Beefsteak" oder "Knacker mit Kartoffelsalat". Vier der Versammelten waren starke Raucher und würzten den trüben Ort mit blauem Dunst. Als Müller den Raum betrat, erhob sich ein kräftiger junger Mann in Jeanshosen und Oberhemd mit hochgekrempelten Ärmeln. Er reichte Müller über den Tisch hinweg die Hand und sagte: "Guten Abend, Sie sind bestimmt Herr Müller. Mein Name ist Theodor Schneidfrau. Ich bin hier der Vorsitzende. Herzlich willkommen." Schneidfrau war 24 Jahre alt, Student der Betriebswirtschaftslehre, aktiver Eishockeyspieler und seit zwei Jahren Mitglied der Partei. In dieser Zeit war er schon zum Landesvorsitzenden der Jugendorganisation aufgestiegen und hatte ein Netzwerk zwischen jungen Parteimitgliedern gesponnen. Keine Frage, Schneidfrau wollte Karriere machen.

Müller nahm Platz, bestellte beim ihm gefolgten Wirt ein Mineralwasser und sagte "Danke." Er war in der Runde der Aktiven eines Ortsverbandes mit 275

Mitgliedern. Die Versammelten waren die "einfachen Mitglieder" an der Basis, mit denen Müller nun zusammen war.

- Frau Deutschmann war verwitwet, 54 Jahre alt und arbeitete als EDV-Spezialistin für einen bekannten Autokonzern. Ihr Credo bestand darin, in immer neuen Variationen den "Staat" und die "Beamten" für alles Versagen dieser Welt verantwortlich zu machen und zu empfehlen, es doch wie in der Wirtschaft zu machen.
- Ihr zur Seite saß Herr Dunkel, 76-jährig und früherer Geschäftsführer in einer Restaurantkette. Dunkel war freundlich und begrüßte alle Mitglieder mit kräftigem Handschlag, so jetzt auch Müller. Von politischen oder gar programmatischen Diskussionen hielt er nicht viel, aber wenn es darum ging, "Aktionen" zu starten – etwa Flugblätter drucken zu lassen und zu verteilen – dann war er bei der Sache. Ansonsten genoss er den Abend.
- Bei Dunkel habe auch er, Schnabel, gesessen. Als er den Ruf an die Universität angenommen hatte, blieb er mit seiner Ehefrau Anke in dem Bezirk, wo sie schon seit Jahrzehnten lebten, wohnen. In diesem Bezirk war Schnabel einst zum Abgeordneten aufgestiegen, und er hatte diesen Bezirk auch nicht verlassen, als er nach der Wende im Land Brandenburg zum Staatssekretär ernannt wurde. Wie er zur Staatssekretärszeit mit dem Dienstwagen gependelt sei, so habe er es nachher mit seinem privaten PKW gehalten. Schnabel habe als "68er" und gemäßigter Linker gegolten. Als just während dieser Sitzung des Ortsverbandes die Nachricht vom abrupten Abgang Oskar Lafontaines aus der Politik hereinkam, jubelten die Parteifreunde, nur er – Schnabel – nicht: Er habe sich über den Vorgang zwischen Bonn und Saarbrücken geärgert.
- Seine Ehefrau war ebenfalls anwesend. Sie war von Beruf Amtfrau in der Bauverwaltung eines Bezirksamtes. Obwohl Frau Schnabel Mitglied der Partei war, habe sie diese nicht besonders gemocht und vor allem nicht deren Ortsverbandsversammlungen. Heute war sie gekommen, weil sie von 19 bis 20 Uhr direkt neben den "Bürgerstuben" einen Aerobic-Kurs belegt hatte und nun ihrem Mann Gesellschaft leisten wollte, damit der ein frisch gezapftes Bier trinken konnte und sie dann "den Wagen" fahren würde.
- Immerhin war Frau Schnabel die langjährige Parteifreundin Susi Trau sympathisch gewesen, die neben ihr saß. Susi Trau war 46 Jahre alt, unverheiratet und Großmutter. Von Beruf war sie Sängerin, ihr Studium an der "Hochschule der Künste" ("HdK") hatte sie längst abgeschlossen. Die Hochschule wurde später in "Universität der Künste" ("UdK") umbenannt. Ein Engagement hatte Susi Trau jahrelang nicht mehr erhalten, und so lebte sie von Sozialhilfe. Manchmal im privaten Kreis – so gelegentlich auch bei Geburtstagsfesten im Hause Schnabel – sang sie zum Entzücken der Anwesenden Lieder von Franz Schubert. Weder Frau Schnabel noch Susi Trau interessierten sich für den Fortgang der Parteiversammlung. Sie

schwatzten zum Missvergnügen von Schneidfrau in einem fort über ihre Enkelkinder und tauschten großmütterliche Erfahrungen aus.

– Sowohl mit den Schnabels als mit Susi Trau seit Jahrzehnten bekannt und per "Du" war Rüdiger Sielesmann. Sielesmann war einst Ingenieur bei einem weltbekannten Konzern gewesen. Da wurde ihm gekündigt. Danach übernahm er hintereinander zwei Jobs als Geschäftsführer bei staatlich subventionierten Kulturprojekten, konnte sich dort aber auch nicht halten. Nun war er seit Jahren arbeitslos und hatte die Hoffnung aufgegeben, noch einmal "in Arbeit" zu kommen. In überlangen Tiraden konnte er sich über frühere Programme und ehemalige Politiker der Partei auslassen. Alles fand er besser als die Gegenwart, und was jeden wunderte war, dass er nicht längst ausgetreten war.

– In einer anderen Welt lebte der nächste Teilnehmer der Versammlung, Marcus Krause, 22 Jahre jung. Er hatte eine Lehre als Industriekaufmann hinter sich, hätte im elterlichen Betrieb anfangen können, studierte nun aber Jura an der Humboldt-Universität. Bei der Jugendorganisation der Partei war er stellvertretender Landesvorsitzender und galt als Strippenzieher. Krause war für marktwirtschaftliche Reformen des Sozialstaates, sah andererseits in den Antiterrorkampagnen eine Gefahr für den Rechtsstaat. Augenscheinlich wollte er Karriere machen, aber mehr um gestalten zu können als um des sozialen Status' willen: Krause war nicht nur in der Partei engagiert; auch in der Kinderhilfsorganisation "Terre des Hommes" war er aktiv.

– Krauses kongenialer Partner war Niels Herzog, 23 Jahre und ebenfalls Jurastudent. Zusammen mit Krause hatte er eine Dreizimmerwohnung im Altbau, wo er einen sehr gepflegten Haushalt führte. Ihm war klar, dass er eines Tages die gut gehende Anwaltspraxis seines Vaters übernehmen würde. Jetzt hatte er übers Internet eine Theaterkasse aufgezogen, die einiges abwarf. In der Partei war er, weil diese seinem Lebensgefühl entsprach und weil er – wie er sagte – 'mal schauen wollte, ob sich "hier etwas aufziehen" ließe.

– Einziger männlicher Vertreter der mittleren Generation in der Runde war Dr. Waldemar Kaufmann, 41 Jahre alt und höherer Verwaltungsbeamter bei der "Freien Universität Berlin" ("FU"). Auch Kaufmann war Jurist. Er bekleidete das Amt des Bezirksvorsitzenden. Kaufmann kannte die Praxis der Verwaltung, und er stand voll hinter der Bürokratiekritik seiner Partei. Was ihn wurmte war, dass die Parteiführer sich dabei von Experten wie ihm nichts sagen ließen, wie es in der Praxis aussähe. Viel gezielter wäre dann die Kritik der Partei an den Zuständen in der Verwaltung, behauptete Kaufmann.

– Wolfgang Klaus schließlich saß in seiner Motorradkluft etwas abseits von der Versammlung. Er war 30 Jahre, begeisterte Motorradfahrer. Sein Brot verdiente er bei der "Telecom", wo er eine untergeordnete Position bekleidete. In der Partei, so betonte er, müsse man wissen, was "die unten" dächten, und um das zu vermitteln, sei er hier. So warf er bei einer Diskussion über den Großen Lauschangriff ein, "der kleine Mann" habe nichts zu verbergen, nur "Gangster" wollten ihre Wohnung nicht abhören lassen. Zum Thema Bürokratiekritik merkte er an, die Leute auf der Straße wüssten schon, dass es hierbei nur darum ginge, ihnen die Sozialleistungen zu kürzen.

In eine Versammlung dieser Menschen – acht weitere, ihm nicht auffällige, kamen noch im Laufe des Abends hinzu – war Max Müller geraten, und er staunte, dass dies die Basis einer Partei sei. Schneidfrau eröffnete förmlich die Sitzung, begrüßte Müller als neues Mitglied und berichtete, die Partei im Bezirk habe Streit mit den anderen Gruppierungen, weil diese die verbliebenen Schankveranden am Boulevard beseitigen lassen wollten. Sofort meldete sich Sielesmann und bekundete, die anderen Parteien handelten richtig. Schließlich müssten sich auch Geschäftsinhaber an Recht und Gesetzt halten. Aber diese Partei hier renne ja dem Kapital hinterher, dabei wäre es am besten, die Gewerbebetriebe am Boulevard würden kommunal geleitet. "Das ist ja nun das letzte.", warf Herzog ein: "HO auf dem Boulevard." Prof. Schnabel habe da doziert, die Sache mit den Kommunalbetrieben sei wohl nicht ganz ernst gemeint, der Kampf der Partei für Schankveranden wäre ein "Alleinstellungsmerkmal" und würde bei den Wählern ankommen. Frau Deutschmann berichtete, indem sie sich die dritte Zigarette ansteckte, in New York habe sie auch Schankveranden gesehen und das sei schließlich das Musterland der freien Wirtschaft. Dann fragte sie den Vorsitzenden Schneidfrau, ob damit nicht alles gesagt sei. Der schien etwas verwirrt über den Diskussionsverlauf, nannte ihn aber "interessant" und schlug vor, über die Satzung der Partei zu sprechen und darüber, ob in der Partei ein striktes oder ein liberal gehandhabtes "Domizilprinzip" zu gelten habe. Das rief Krause auf den Plan, der nun ein Plädoyer – wenn Müller es richtig verstand – für die strikte Variante hielt und dabei detailliert ausführte, wie sich diverse Partei-Funktionäre in dieser Sache positionierten.

In Müller baute sich – wie Schnabel merkte – ein Fluchtwunsch auf, aber er wollte nicht unhöflich sein, blieb und folgte den Diskussionen, bis die Versammlung gegen 22 Uhr geschlossen wurde. Zwischendurch hatte er Hunger verspürt, aber nach einem Blick in die "Speisekarte" auf eine Bestellung verzichtet. Es hatte gehört wie Dunkel vorschlug, am Sonnabend in 14 Tagen am Boulevard einen "Stand zu machen" und dort die Position zu Schankveranden "an den Mann" – "und an die Frau!" rief Susi Trau dazwischen – zu bringen. Müller hatte vernommen wie Klaus sich sofort anbot, Materialien dorthin zu bringen, und es hatte ihn irritiert, als Sielesmann bekundete, dass er solange "Typen wie unser Vorsitzender die Partei vertreten" sich niemals für diese auf die Straße stellen würde und schon gar nicht so in der Nähe seiner Wohnung. Derweil hatte Müller gedacht, eigentlich könnten die ihn doch bitten, über die IHK 'mal eine ausgewogene Position über diese Schankveranden erarbeiten zu lassen. Aber niemand bat ihn.

"Ich hoffe, es hat Ihnen bei uns gefallen.", sagte der Vorsitzende als das Neumitglied sich verabschiedete. – "Ja", ja!", murmelte der, begab sich zu seinem Porsche, fuhr zum "Italiener" am Hagenplatz, um einen Nachtimbiss einzunehmen und hoffentlich Freunde zu treffen. Bei der Fahrt dorthin ärgerte er sich über die unwirtlichen "Bürgerstuben", über die chaotische Diskussion im Ortsverband, am meisten aber darüber, dass man ihn – Müller! – nicht hofiert hatte bei all seinen Erfahrungen und Beziehungen.

Müller blieb Mitglied der Partei. Er zahlte regelmäßig Beiträge – mehr als die meisten anderen. Bei Landes- und Bundesparteitagen sah man ihn im dunkelblauen Dreiteiler in der ersten Reihe der Ehrengäste sitzen. Wenn er dann in den Wandelgängen der Tagungshallen einen "Parteifreund" aus dem Ortsverband erspähte, zuckte er etwas zusammen. Zu deren Versammlungen würde er nie wieder gehen.[1]

"Tja," sagte Schnabel, als er dies alles während des Abendmahles mit Frau Theile lästernd geschildert hatte. "Das war unsere Partei und Müller, Tau und ich sind immer noch dabei, obwohl diese Partei eigentlich schon dem Untergang entgegen sieht. Ich vermute, in Ihrem Ortsverband geht es aber nicht anders zu, liebe Frau Theile. Wie kann man die Politik da noch ernst nehmen?" – "Ja wirklich. Köstlich, wie Sie das eben geschildert haben."

Der Lammbraten war unterdessen verspeist, und die Ministerpräsidentin war äußerst amüsiert über die Schilderung. Frau Schnabel räumte den Tisch ab und bald fanden sich alle drei am Couchtisch ein, um eine Flasche Rotwein zu genießen und dabei weiter über alte Zeiten zu plaudern. Nun war die Ministerpräsidentin nicht mehr zu halten und schilderte etwas angegackert, was sie in der "höheren" Politik und in ihrer Partei erlebt hatte.

Nach fünf Jahren Mitgliedschaft in ihrer Partei sei sie im Vorstand angekommen. Sie habe damals gedacht, nun habe sie den Gipfel der Politik erreicht. "Der Vorstand tagte regelmäßig – alle 14 Tage und immer dienstags. Alle vier Wochen tagte – auch dienstags – der Gesamtausschuss (GA), das "höchste Gremium nach dem Parteitag". Eine Stunde vor dem GA traf sich der Vorstand, um die Sitzung des Ausschusses 'vorzubereiten'. Der Ausschuss hatte 60 Delegierte, der Vorstand 11 gewählte Mitglieder. An den Sitzungen des Vorstandes nahmen außerdem 'ohne Stimmrecht' der Geschäftsführer, die Minister der Partei, der Vorsitzende der Fraktion und des Jugendverbandes, der Sprecher des Ausschusses und der Ehrenvorsitzende teil. Anfang der 60er Jahre waren diese Politiker in der Tat meist Männer; danach besetzten mehr und mehr wir Frauen solche Posten." So sei auch sie gekommen, berichtete Frau Theile, und sie erinnerte sich weiter: "Der Vorsitzende des Vorstandes war der Parteivorsitzende. Er liebte es, mindestens 14 Punkte auf die jeweilige Tagesordnung zu setzen. Der letzte Punkt hieß 'Verschiedenes', und davor gab es 'Beschlusskontrolle'. Unter 'Verschiedenes' meldete sich fast immer das Vorstandsmitglied Gunther Beilfrau. Er sprach den Vorsitzenden

---

[1] Weitgehend entnommen aus: Jürgen Dittberner, Die FDP. Geschichte, Personen, Organisationen, Perspektiven. Eine Einführung, 2. überarbeitete Auflage, Wiesbaden 2010, Seite 233 ff

mit Vornamen an: 'Du, Wolfgang: Ich hab' da mal eine Frage: ...' Was dann kam, konnte glatt noch einmal eine Stunde dauern. Ich habe damals sehr schnell gelernt, dass Parteiarbeit viel Geduld und Sitzfleisch erfordert."

Weiter ging der Rückblick: "Im Vorstand gab es 'linke' und 'rechte' Mitglieder. Die trafen sich jeweils eine Stunde vor der regulären Sitzung zu getrennten Vorbesprechungen. Dort wurde die 'Linie' festgelegt und oft auch die Rednerliste. Stand beispielsweise auf der Tagesordnung des Vorstandes der Punkt 'Kostenloser Bahnverkehr', so lautete die 'Linie' der Rechten, dagegen zu sein, während die 'Linken' das befürworteten. Dabei ging es nur um einen Beschluss des Vorstandes. Für die Partei maßgebend war erst, wie sich der Parteitag entschied. Das wiederum hatte gar nichts damit zu tun, was tatsächlich geschah. Darauf kam es uns nicht an. Es machte uns parteiinternen Kontrahenten einfach Spaß, ein Thema wie den Verkehr durchzudeklinieren.

Einmal während der Wahlperiode des Vorstandes wurde eine 'Klausurtagung' angesetzt. Die dauerte normalerweise zwei Tage – 'mit Übernachtung' – und fand am Wochenende meist in einem Gasthof oder in einer abseits gelegenen Bildungseinrichtung statt. Offizielles Ziel einer Klausurtagung war die Entwicklung von 'Strategien'. Besonders vor Wahlen schien das vielen wichtig zu sein. Die Vorstandsmitglieder erschienen in Freizeitkleidung. 'Lässig' wollten sie die Probleme der Partei lösen." Margarete Theile merkte – wie sie einschob – bald, dass es Vorstandsmitglieder gab, die anderes im Sinn hatten: "Sie sahen die Klausurtagungen als geselliges Beisammensein an und waren darauf aus, viel Alkohol zu trinken. Manche schwangen auch nebenan das Tanzbein. Für sie eröffnete sich bei solchen Gelegenheiten die Chance zu einer kleinen Abwechslung... Die Klausuren waren in erster Linie Veranstaltungen des Vorsitzenden. Denn der lud nach Ende die 'Journaille' ein und informierte diese über die 'Beschlüsse'. Diese wurden anderntags in den Zeitungen dargestellt, vorher sogar im Fernsehen. Wichtig waren 'O-Töne' des Vorsitzenden. Sie steigerten seine Bekanntheit und erleichterten ihm die Wiederwahl.

Unter dem Strich waren Klausurtagungen für die einen Gelegenheit zu außerhäuslichen Vergnügungen, für andere PR-Chancen. Viele Neue glaubten, dass es tatsächlich um die Strategie der Partei ginge. Beim ersten Mal habe ich das auch geglaubt. Später und auch heute noch schätzte ich diese 'Klausuren' realistischer ein. Ich habe die Lust daran verloren. Stets war der Vorstand jedoch ein günstiger Ort für Intrigen aller Art. Niemand wollte in der Position bleiben, in der er – oder sie – sich gerade befand. Alle wollten aufsteigen. Den Vorsitzenden, den alle so anhimmelten, wollten alle am liebsten 'absägen'. Dann wäre Platz nach oben frei.

Um andere auszustechen, das erkannte ich bald, waren viele Mittel erlaubt:
– Halbwegs seriös war die 'Verbündeten-Methode': 'Wenn Deine Leute mich wählen, wählen meine auch Dich.' Die Variante A dabei ist, dass sich die Kontrahenten an die Absprache halten; die Variante B ist, dass nur einer das tut und den anderen am Ende reinlegt. An der 'Verbündeten-Methode'

können auch mehr als zwei 'Freunde' teilnehmen, und in Kombination mit beiden Varianten kann das ein interessantes Spiel werden.
- Verbreitet war die 'Protegé-Methode': 'Wenn Du und Deine Leute mich wählen, dann tu' ich 'was für Dich'. Es ist klar, dass solche Versprechen eingehalten werden können, aber auch gebrochen. Ich erlebte es oft, dass sich ein Aufsteiger nicht mehr an Versprechen von früher hielt. 'War da was?'
- Mies war die 'Verleumdungs-Methode': 'Der will jetzt Vorsitzender werden. Dabei ist er schwul!' Statt 'schwul', das seine Negativwirkung im Laufe der Jahre verloren hatte, ging auch 'alkoholkrank', 'faul', 'pädophil ', 'ehebrecherisch' oder politisch verstellt, also 'falsch'.
- Ziemlich gemein war die 'Erpresser-Methode': 'Wenn Du jetzt kandidierst, wird bekannt, dass Du ein Kinderschänder bist.' Diese Methode war auch geeignet, Unterstützer für eigene Pläne zu dingen: 'Wenn Du mich jetzt hängen lässt, wird bekannt, dass Du ...' Dabei kommt es meist gar nicht darauf an, ob das Nachgesagte stimmt. Ich habe bemerkt, dass immer etwas hängen blieb.
- Immer wieder habe ich erlebt, dass auch die 'Überrumpelungs-Methode' zum Erfolg führen konnte. Ein möglicher Mitbewerber wird zurückziehen, wenn ein 'Freund' ihm steckt: 'Die andern finden auch, dass Du schon zu viele Ämter hast.' Oder: 'Ich habe mich umgehört: Dieses Amt trauen die meisten Dir nicht zu!' Oder: 'Als Arbeiterkind hast Du in dieser Runde gar keine Chance.' Oder: 'Diesmal wollen die eine Frau wählen. Da solltest Du als Mann Dich zurückhalten.' Oder: 'Findest Du nicht, dass Du für diesen Posten zu alt / zu jung bist?' Der Fantasie sind keine Grenzen gesetzt.

Doch, auch das bemerkte ich bald, und es beruhigte mich ein wenig, nicht nur Intrigen, auch Eigenschaften konnten für das Ranking der Vorstandsmitglieder wichtig sein. Klassisch war, wenn gesagt wurde: 'Die sieht gut aus und kann prima reden, die müssen wir nach vorne stellen!' Es konnte aber auch heißen: 'Wir brauchen nicht nur Charismatiker, sondern auch Typen, die Akten lesen können.' Dann hatten die Charismatiker die geringeren Chancen

Einerseits hörte ich oft den Hinweis: 'Der kommt aus der Baubranche, den können wir gebrauchen.' Andererseits war auch das Gegenteil zu vernehmen: 'Schon wieder einer vom Bau. Wir sind doch keine Lobbyisten!' – Zu hören war ebenfalls: 'Das ist ein bekennender Schwuler. Der bringt uns die Szene mit.' Doch dann hieß es: 'Schon wieder ein Schwuler. Das geht nun doch zu weit.' Hinter den Kulissen stand es mit der Frauenemanzipation übrigens oft so: 'Das ist 'ne Frau, die ist gar nicht zickig. Die wählen wir.' Bei der nächsten hingegen hieß es: 'Ein oder zwei Männer sollten wir schon wählen.'

Angesichts solcher 'Argumente' fand ich es erfreulich, dass politische Kriterien beim Ranking ebenfalls vorkamen. Über mich zum Beispiel wurde gesagt: 'Das ist so'ne gemäßigte Linke. So 'was brauchen wir. Außerdem versteht sie 'was von Kulturpolitik. Die passt ganz gut in unseren Verein.'

So etwas hörte ich natürlich gerne, das geb' ich zu. Ich sah die Chance, mein eigenes Ranking im Vorstand und damit in der ganzen Partei zu verbessern. Was also stand meiner Karriere im Wege? Ich habe es schließlich bis ganz nach oben geschafft, prost!", beendete die Politikerin ihre Schilderung, und alle drei – Schnabel, seine Ehefrau und natürlich Frau Theile selber kamen sich sehr kundig vor.

Schnabel meinte, die Situation sei günstig, jetzt einen politischen Wunsch erfüllt zu bekommen: "Das mit den Intrigen kommt mir bekannt vor. Besonders die 'Verleumdungs-Methode'. Vielleicht findet sich jemand, der in Umlauf setzt, dass zum Beispiel ... Neumann es mit Lina Stein treibt." – "Na hör'n Sie 'mal!", empörte sich da die Ministerpräsidentin. – "War ja auch nur so 'n Gedanke von mir. Ich glaub' nicht dran ", lenkte Schnabel ein.

Vordergründig harmlos ging der Abend bald zuende.

Die "Theile-Bande" berät

Die "Theile-Bande" hatte sich getroffen, allerdings ohne die Chefin selbst. Christiane Krause, die Persönliche Referentin, hatte alle eingeladen: Dr. Siegfried Bernstein-Mösberger, den Staatssekretär, den Redenschreiber Leo Weiß, den Pressesprecher Hinrich Hinze, die Sekretärinnen Ulrike Harder und Lia Schulze-Festerberger. Auch Karl Prosch, der Fahrer, und Peter Souchon, der Sicherheitspolizist waren da. Alle zusammen waren sie "der Stab" der Ministerpräsidentin.

Anfangs lästerten einige ein wenig über die Chefin. Dass sie stets auf die Blumen achtete, fand Bernstein-Mösberger komisch. Leo Weiß wiederum juxte darüber, dass "die Margarete" sich ihrer Pumps zu entledigen pflegte, wenn sie eine Sitzung leitete, und Hinze meinte, es sei ein wenig infantil, dass die Chefin stets einen Teller mit bunten Gummibärchen auf dem Schreibtisch hätte.

"Ja, nun ist ja gut!", ging die Christiane Krause dazwischen und zog die Gesprächsleitung an sich: "Wenn Margarete aufhört, müssen wir uns nach anderen Jobs umsehen. Das ist doch klar. Einige von uns haben immer wieder 'mal das 'Haus' geärgert. Das werden die uns heimzahlen. Wollt Ihr das einfach auf Euch zukommen lassen?" Das "Haus" war die Behörde, die Staatskanzlei, und "die" waren die dort beschäftigten Angestellten und Beamten. – "So schlimm wird es schon nicht werden. Vielleicht übernimmt der Neue ja welche von uns.", versuchte Siegfried Bernstein-Mösberger die Versammelten zu beruhigen. "Und wenn nicht: Ich geh' dann zur 'Eins'. Die würden mich nehmen als Leiter des Referates 'Personal'.", sagte einer. ("Eins" war die Abteilung I des "Hauses" – "Allgemeine Verwaltung".) "Schleimer!", kam es von Hinrich Hinze. "Mich könn'se bestimmt nicht leiden. Ich hab' das Haus zu oft anders verkauft als die Sesselpuper es wollten. Dafür werde ich in die Ecke gestellt, wenn Frau Theile geht."

So ging das weiter. Souchon sah mit Skepsis seiner Versetzung auf einen anderen Posten entgegen, Frau Schulze-Festerberger berichtete, ihr Mann habe sie immer davor gewarnt, ins Büro der Ministerpräsidentin zu gehen, und Karl Prosch, die treue Seele, sinnierte, mit niemand anderem als mit der "Frau Ministerpräsidentin" würde er so gerne die Straßen entlang fahren.

Christiane Krause schaltete sich wieder ein und teilte der Runde mit, sie hätte Informationen, dass Stein und Neumann sich heimlich "auf einen Deal" geeinigt hätten. Stein solle danach Ministerpräsident werden und Neumann "Superminister" für Umwelt und Wirtschaft. Deswegen überlege die Chefin, ob man denen einen Strich durch die Rechnung mache. Dann lanciere Christiane Krause noch das Gerücht, dass die Schwester von Stein ein Verhältnis mit Neumann habe.

"Die Lina und der Marc? Ich glaub' es nicht!", platzte Leo Weiß heraus. Dr. Siegfried Bernstein-Mösberger aber wurde blass, hatte er doch auch ein Auge auf Lina geworfen. "Ob das mit den beiden stimmt, weiß ich natürlich nicht. Ist auch egal.", fuhr die "Persönliche" fort. "Aber es wäre doch die Chance, Neumann wegzukriegen. Und ob Stein dann stehen würde, ist nicht klar. Vielleicht müsste Margarete bleiben, und das wäre für uns nicht das Schlechteste. Zumal", deutete sie das nächste Gerücht an, "ich gehört habe, Ehlert soll es heimlich mit einer seiner Studentinnen treiben." – "Also Christiane! Das geht aber nun wirklich zu weit. Ehlert und Stein sind doch ein Kick und ein Ei. Das mit der Studentin glaube ich nie und nimmer, und das glaubt auch draußen kein Mensch.", empörte sich der Pressesprecher Hinrich Hinze: "So geht das nicht!"

Christine Krause gab nicht auf: "Wenn wir wollen, dass Margarete Theile bleibt, sollten wir schon etwas dafür tun." – "Aber Ihr müsst doch bei der Wahrheit bleiben.", intervenierte Souchon, der Polizeibeamte. – "Wer sagt denn, dass es unwahr ist, dass Lina es mit Neumann treibt und diese Studentin mit Ehlert?", mischte sich Bernstein-Mösberger ein. "Und dann habe ich noch gehört, dass der Ehlert einen Doktoranden hat, der ganz schlimme Sachen auch über uns aufschreiben will." "Das sind doch alles nur Gerüchte, damit weder Stein noch Neumann es schaffen.", fand der Pressesprecher. "Mag sein.", konzedierte Christiane Krause. "Aber Gerüchte gehören zum politischen Geschäft!"

Nachdem auch der Staatssekretär Lust hatte, Neumann eins auszuwischen, neigte sich die Runde mehr und mehr zu Krause hin. Nur Peter Souchon wollte von alledem nichts wissen; ihm kam alles wie falsche Anschuldigungen vor. Außerdem müsse jeder Ministerpräsident beschützt werden, fand er – egal, wie er oder sie heißt. Vielleicht hatte er ja doch eine Chance... Bei den anderen machte sich die Furcht vor Einflussverlust breit, und sie bestätigten sich gegenseitig, dass "die Partei" gar nichts für sie tun würde, wenn die jetzige Chefin ginge. Dann würde es heißen "Die Königin ist tot, es lebe der König!"

Man kam überein, zu schweigen, wenn Gerüchte anbranden würden. Bestätigen würde man nichts. An den Grundsatz "Im Zweifel für den Angeklagten." wolle man sich halten – aber erst wenn alles entschieden sei. Dementieren oder das Gerede zurückweisen müsse man schließlich nicht.

"Tosca" und das Ehepaar Hinkel

Es war Sonntagvormittag. Marc Stein hatte keine Termine. Er saß in seiner Wohnung und dachte über seine Ambitionen in der Politik nach. Etwas versonnen dachte er an Szenen aus seiner politischen Vergangenheit zurück.

Zum ersten Mal gewählt zu werden, das war doch ein schönes Gefühl, erinnerte er sich. Vor dem Weg ins Parlament stellten sich Leichtigkeit und Glück ein. "Jetzt ist es geschafft. All die Prominenten der Politik werde ich nun persönlich kennen lernen.", dachte der neue gewählte Abgeordnete Marc Stein. Dann kamen Zweifel. "Hier muss ich jetzt also regelmäßig hin. Es wird mein Beruf. Ich bin abgestempelt: Die Leute werden sagen: 'Das ist ein Politiker von dieser Partei'..." Der Gewählte hatte Sorge, ein Stück bisheriger Freiheit aufgegeben zu haben.

Er ging doch zur Fraktion. Da begannen die Machtspiele. "In den Wirtschaftsausschuss kommen Sie nur, wenn Sie auch den Sportausschuss nehmen.", bestimmte ein Altvorderer. Muss man sich jetzt verbiegen, oder sollte man ablehnen? Nein, nicht ablehnen. Das wäre schade, wo man so weit gekommen ist: "Hinein in den Wirtschaftsausschuss!" Der Sportausschuss wurde als notwendiges Übel angenommen. Politik sei eben ein unentwegtes Dealen. Der neue Abgeordnete konnte noch nicht wissen, dass in dieser Sportausschuss eines Tages viel Freude bereiten würde.

Fraktionsvorsitzender – das war klar – wurde ein bekannter Politiker, der schon einmal in der Regierung war. Da fragte dieser "Fahrensmann" den Neuen, ob er nicht einer der beiden stellvertretenden Fraktionsvorsitzenden werden wolle. "Ja gerne. Aber dann würde ich auch im Fraktionsvorstand die Zuständigkeit für Wirtschaft und Sport haben." Das ginge nun überhaupt nicht, lehnte der designierte Vorsitzende ab, denn der Vorsitzende einer Fraktion habe nun 'mal die Allkompetenz. "Aber eine kleine finanzielle Zulage zur monatlichen Diät ist schon drin.", lockte der kommende Vorsitzende. "Wieder ein Deal!", dachte der Neue, und ein paar Tage später war er zum stellvertretenden Fraktionsvorsitzenden gewählt.

In der ersten Plenarsitzung spendete der Neue einem Kollegen vom "gegnerischen" Lager Beifall. Da gesellte sich der Fraktionsgeschäftsführer, der Kettenhund des Vorsitzenden, zu ihm und befahl: "Beifall spenden wir nur den eigenen Leuten, ist das klar?" Es war klar. Schließlich stand die Sitzung unter Beobachtung durch Journalisten als Agenten der Öffentlichkeit, und da durfte die eigene Fraktion nicht als Chaostruppe auffallen.

In der Fraktionssitzung ging es um die Frage, ob man ein Sportförderungsgesetz anstreben solle. Der Neue war nun "sportpolitischer Sprecher" und legte los: "Einerseits ist der Sport Privatsache, und der Staat soll sich nicht um ihn kümmern. Andererseits braucht der organisierte Sport offizielle Anerkennung...", versuchte der neue Politiker abzuwägen. Da fuhr ihn der nunmehr gewählte Fraktionsvorsitzende an: "Also, mein Herr, was ist denn nun? Sind Sie für oder gegen ein Sportförderungsgesetz? Sie müssen sich schon entscheiden!" Stein begriff, dass es in der Politik anders läuft als zum Beispiel an der Universität. Im Seminar gehörte es zum guten Ton, abzuwägen, These und Antithese auszusprechen und anschließend zu einem begründeten Urteil zu gelangen. In der Politik dagegen wurde Parteinahme verlangt, Festlegung auf eine Position. "Alternativlos" war und ist eine typische Politikervokabel.

Später im neuen Bundesland – dann schon als Staatssekretär – konnte Marc Stein beobachten, wie ein neuer und unerfahrener Landtag alle Regeln ignorierte, die westdeutsche Parlamente entwickelt und die auch er einst aufgenommen hatte. Eine Ministerin der regierenden "Jamaika"-Koalition applaudierte zur Rede des "linken" Fraktionsvorsitzenden. Ein Teil der oppositionellen großen bürgerlichen Partei stimmte mit der Regierungsmehrheit. Sie nannten das stolz den "Brandenburger Weg". Doch diesen Weg beschritten sie nur nach der ersten Wahl. Im zweiten Parlament Potsdams ging es zu wie ansonsten überall in Deutschland.

Stein hatte gelernt, wie man sich in einem etablierten Parlament verhält. Redete jemand von der eigenen Fraktion, so hatte man anwesend zu sein und musste den Beitrag ertragen. Wenn das Gesagte auch Unsinn war: Man hatte man Beifall zu spenden. Wurde die eigene Frau oder der eigene Mann von anderen Abgeordneten angegriffen, so hatte man sich zu empören. Plenardebatten in deutschen Parlamenten, schmunzelte Marc Stein, sind oft Theater, Schmierentheater häufig sogar, denn was die Abgeordneten wirklich denken, erfahren die Beobachter meistens nicht.

Umso unverblümter ging es in den internen Sitzungen der Fraktion oder in den Arbeitskreisen zu. Nicht selten wurden solche Sitzungen durch Vorberatungen der Parteiflügel eingestimmt. Oft wurden in Anwesenheit von Parteimitgliedern, die der Fraktion gar nicht angehörten, "Linien" für die eigentlichen Beratungen festgeklopft. Jede Sitzung war ein Machtkampf. Stein lernte bald, dass es darauf ankommt, "Mehrheiten zu organisieren". Das war etwas anderes als "überzeugen". Um jede Stimme musste gerungen werden, und ein besonderer Triumph war es, wenn es gelang, aus der Phalanx der innerparteilichen Gegner jemanden "herauszubrechen". In den Kungelrunden und auch in offiziellen Beratungen zählte nicht, ob ein Argument brillant oder erbärmlich vorgetragen wurde. Es kam allein auf die Zahl der Stimmen an, die man am Ende versammeln konnte.

Intern sind alle Gemeinheiten und Hässlichkeiten erlaubt gegenüber "den lieben Kollegen", die man im Plenum zu unterstützen hat. Der Fraktionskollege kann ruhig als "Lobbyist", "Dummschwätzer" oder "Banause" bezeichnet werden, wenn es der eigenen Position dient. Erlaubt ist auch, Mittelmäßiges "genial" zu nennen oder Geheucheltes "aufrichtig". Es kam, so erkannte Stein, allein auf den Effekt an.

So erkannte Stein bald, dass es in der Politik keine festgefügten Hierarchien gab, sondern einen ständigen Machtkampf. Manch einer ging als hoch geschätzter Politiker morgens ins Parlament und kehrte als geprügelter Hund abends nach

Hause. Andere wieder waren zu Tagesbeginn unbekannte graue Mäuse und bekleideten am Abend höchste Ämter.

Bald saß Marc Stein bei Dienstreisen im Flieger. Hinter ihm war einmal der Ministerpräsident eines großen deutschen Bundeslandes. Er hörte diesen zu seinem Nachbarn sagen: "Auf meinen Stuhl wollen etliche, und alle diese sägen daran." Überall in der Politik wurde gesägt, permanent.

"Heute auch.", murmelte Stein vor sich hin als er aus seinen Erinnerungen erwachte.

An diesem Abend gingen Stein und Ehlert in die Oper. Das Opernhaus war hell erleuchtet. Es wurde "Tosca" gegeben, zum wiederholten Male. Diese Oper war so populär, dass die Menschen von allen Seiten herbeiströmen. Von rechts, von links, von vorne und hinten, aus dem U-Bahnschacht kamen sie. Bis kurz vor 19:30 Uhr ging das so, immer hektischer. Dann war plötzlich Schluss mit dem Gerenne, denn die Oper begann pünktlich 19:30 Uhr. Sie war ausverkauft.

Die Lampen im großen Zuschauerraum erloschen, da hatten die ersten Besucher schon den Dirigenten entdeckt, klatschten, und der Beifall schwoll an. Nun war der Dirigent für alle zu erkennen, kurz wurde er angestrahlt. Er hob den Taktstock, und abrupt erfüllten Dunkelheit und spannungsvolle Ruhe den Saal. Die Oper begann.

1960 mag es gewesen sein: Zwei Berliner Studenten besichtigten mit dem Bauleiter das Zuschauerhaus der im Wiederaufbau befindlichen Oper. Nach den Plänen des am Bauhaus orientierten Architekten Fritz Bornemann wurden Farb- und Raumgebung neuartig gestaltet. Die Wände wurden mit hochwertigem Zebrano-Holz verkleidet. Die Akustik würde einmalig sein. Schon die Stein-Fassade an der Außenfront hatte ihre Wirkung auf die Besucher der Baustelle. Hier erwuchs ein Opernhaus, das die Atmosphäre von Ort und Zeit manifestieren sollte.

Der Ort: Das Opernhaus entstand wieder in Berlin-Charlottenburg, als Bürgeroper. 1912 hatte die Stadt Charlottenburg diese Einrichtung gegründet. Neben der "Kroll-Oper" und der Königlichen Hofoper in Berlin wurde die "Städtische Oper" Charlottenburgs eine tragende Säule des Opernlebens. Künstler wie Bruno Walter und Heinz Tietjen führten das Charlottenburger Haus zu höchstem künstlerischen Niveau. 1943 wurde es zerbombt. Nach 1945 begann man im "Theater des Westens". Der Wiederaufbau des "Städtischen" war schon bald vom noch gesamtberliner Magistrat beschlossen worden, denn das einst selbständige Charlottenburg gehörte seit 1920 zu "Groß-Berlin".

Die Zeit: Am 24. September 1961 war es soweit. Das Opernhaus war wiederhergestellt und wurde mit "Don Giovanni" eröffnet. Damals war die Stadt jäh gespalten worden, der Osten vom Westen durch die Mauer getrennt. Die "Städtische Oper" hieß auf Vorschlag von Ferenc Fricsay nun "Deutsche Oper Berlin" und wurde ein Leuchtturm im Kampf um die Selbsterhaltung des freien Berlin. Diese Oper war völlig neu konstruiert – modern und ästhetisch ansprechend gestaltet. Ihr Entré war ebenso wie der Zuschauerraum demokratisch orientiert, und vor allem: Diese Oper strahlte mit Intendanten wie Gustav Rudolf Sellner oder Götz Friedrich, mit Dirigenten und Sängern gleichen Kalibers international.

Stein und Ehlert waren sich einig: Was wäre aus West-Berlin geworden ohne seine Oper, was aus Deutschland ohne West-Berlin? Die Deutsche Oper Berlin hatte sich zu einer nationalen Institution entwickelt.

Nun stand die Oper im vereinten Berlin in Konkurrenz mit zwei anderen Häusern, und einige wollten ihr die Aschenbrödel-Rolle zuschreiben. Dass sie existierte, sagten ihre Gegner, sei eine Folge der Teilung der Stadt. Wie falsch sie lagen, zeigt die Bedeutung der Charlottenburger Oper vor dem zweiten Weltkrieg, als sie ihren Rang in der Opernlandschaft über die Stadt hinaus wahren konnte. Weniger beim Publikum, mehr bei Wortführern des Kulturbetriebes war die Deutsche Oper nach 1990 ins Visier gerückt. Es galt als schick, die Architektur als kalt, schlicht und ungemütlich zu schmähen.

"Die Theile hat auch in dieses Horn geblasen, Marc!" – "Ich weiß." – "Wo steht denn geschrieben, dass Opern nur in Gebäuden gehört werden können, die mit Stuck und Putten verziert sind?", ätzte Ehlert weiter. – Stein gab zu: "Die Deutsche Oper hat eben ihre eigene Feierlichkeit in der Architektur, denn die Zeit ihres Entstehens ist eine andere als die solcher Opernhäuser, die von Kaisern und Königen 'gestiftet' wurden." Der politischen und künstlerischen Lage Deutschlands 1961 hat der Bau in der Bismarckstraße Sinn und Form gegeben. Er hob sich ab von wilhelminischen Protzbauten.

In gewisser Weise war das Haus praktischer als viele seiner Konkurrenten. Man konnte überall gut hören und sehen. Kommt es bei einer Oper darauf nicht an? Ist der Opernbesuch mehr als gesellschaftliche Staffage? Dieses Opernhaus – mit dieser Architektur, seiner bürgerschaftlichen Geschichte und politischen Bedeutung – sollte nun sein Repertoire aufgeben und sich mit anderen Häusern in einen kostensparenden Produktionsverbund begeben. Die Deutsche Oper sollte ihren künstlerischen Fundus vernichten und obendrein die Mehrzahl ihrer Mitarbeiter auf die Straße setzen. "Das hätte die Theile wohl am liebsten!" – "Jetzt übertreibst Du aber, Kasimir!"

Viele kritisierten, die Oper präsentiere zu viele "alte Inszenierungen" aus dem Repertoire. Aber wenn es in der Deutschen Oper "Tannhäuser" gab in der Einstudierung von Götz Friedrich, war das Haus voll. Im Publikum hörte man Englisch, Französisch und viele deutsche Dialekte. Wer wollte solches in den künstlerischen Mülleimer werfen?

Trotz allem hatten sich viele publizistisch Tätige entschlossen, von den drei Opernhäusern vor allem das bürgerlichste und demokratischste (das Haus an der Bismarckstraße) niederzuschreiben. Gab es eine Neueinstudierung, so ließen Rezensenten vorab gerne ihrer Unkenntnis über Form und Geist des Hauses freien Lauf. Die klaren Formen des Foyers wurden als kalt und unfestlich diffamiert, der mit wertvollem Holz und zurückhaltenden Farben gestaltete Saal als billiger Guckkasten hingestellt. In diesem Rahmen, so war weiter zu lesen, sei wieder einmal eine Inszenierung misslungen. Opernkenner, die sich schon lange nicht mehr an solchen Rezensionen orientierten, erlebten indes begeisternde Aufführungen.

Zählte die bürgerschaftliche Vergangenheit nach 1990 nichts mehr? Brauchte das vereinte Land so etwas nicht mehr – sollte Oper nur noch Vorwand sein für Sehen und Gesehenwerden einer selbstverliebten Schicht von "Promis" höchst diverser Provenienz? Stein jedenfalls war sicher, dass er diese Oper auch besuchen würde, wenn er erst einmal Frau Theile abgelöst haben würde.

Bei der heute gespielten "Tosca" von Giacomo Puccini gaben die Besucher auf ihre Weise Auskunft über die Zukunft des Opernhauses. Das am Ende grausame Spiel um die berühmte Sängerin Floria Tosca, den Maler Mario Cavaradossi und den Polizeichef Baron Scarpia nahm seinen Lauf. Zum Abschluss sah man die Engelsburg beim Anbruch des letzten Tages für die Sängerin und den Maler.

"Bravo!", riefen etliche aus dem Parkett.

Stein und Ehlert waren eingefleischte Opernfans. Sie hatten ein Abonnement und engagierten sich für die Zukunft des Hauses. In der Pause trafen sie immer wieder Freunde und Bekannte, mit denen sie plauderten – über das Opernhaus, die Aufführung oder die Kulturpolitik. Da erblickte Prof. Ehlert im Foyer seinen Doktoranden Hinkel mit einer jungen Frau. Diese Beiden hatten je ein Glas Sekt in der Hand. Hinkel erkannte seinerseits Ehlert. Er raunte seiner Begleiterin etwas zu, das Ehlert nicht verstehen konnte, aber er vermutete, Hinkel hatte schnell gesagt: "Da kommt mein Doktorvater Professor Ehlert." Schon hatten die beiden Paare sich erreicht. Sie begrüßten sich, und die miteinander bekannten Herren stellten gegenseitig ihre Begleiter vor. – "Meine Frau!" – "Marc Stein!" Ehlert kam gleich zur Sache: "Was macht denn Ihre Arbeit?" – "Ich habe sie etwas schleifen lassen." – "Das ist aber schade." – "Ich werde mir jetzt mehr Zeit freischaufeln." Ehlert glaubte dieser Versicherung nicht. Die Operngäste wechselten das Thema. Die Aufführung gefalle ihnen gut, versicherten sie sich gegenseitig. Schon verabschiedeten sie sich voneinander. Wer weiß, was Frau und Herr Hinkel noch besprochen haben. Prof. Ehlert und Minister Stein schlenderten zurück zu ihren Plätzen: "Parkett 1 links, Reihe 12, Plätze 12 und 13".

Wieder wurde es dunkel im Saal, der Dirigent erschien. Applaus und vereinzelte "Bravo"-Rufe. Die Oper ging weiter und nahm Steins und Ehlerts Aufmerksamkeit in Anspruch.

Ob auch Hinkel nach dem Pausentreff konzentriert war, ist nicht bekannt.

"Ja, der Hinkel...", sinnierte Ehlert auf dem Nachhauseweg.

Der Zweck heiligt die Mittel

Es war ein Mittwoch. Wie immer an diesem Wochentag traf sich das Kabinett um 10 Uhr. Margarete Theile weilte im Ausland, so dass ihr Vertreter Harry-Peter Loch die Sitzung leitete. Das traf sich gut, denn Loch war mit der Vorentscheidung "Stein oder Neumann" bei der Theile-Nachfolge nicht zufrieden. Er und seine Partei, fand er, waren in diese Entscheidung nicht einbezogen. "Linke Vögel" waren die Kollegen Stein und Neumann für ihn ohnehin, besonders Neumann. Er hatte gehört, dass "die Theile" in ihrer Partei keine Basis mehr hatte, und um ihre Nachfolge gab es reichlich internen Streit – so viel bekam er mit. Außerdem war ihm zu Ohren gekommen, dass "die Theile" mit Corbeau, dem Vorsitzenden der anderen großen Partei heimlich "gekungelt" habe. Dem wäre Neumann gerade recht. Planen "die anderen" etwa eine große Koalition nach den Wahlen? Loch empfand es jedenfalls als eine Frechheit, dass er und seine Partei bei der ganzen "Theile-Geschichte" vor vollendete Tatsachen gestellt werden sollten. Daraus machte er keinen Hehl, auch hier im Kabinett nicht.

Die offizielle Tagesordnung handelten sie schnell ab. Theile und ihre Leute hatten ohnehin dafür gesorgt, dass nichts Wichtiges auf der Tagesordnung stand, wenn Loch leitete. Hansen, der Innenminister, war so etwas wie die "graue Eminenz" in der verbündeten großen Partei, und Loch fand, es musste ihn wurmen, dass jetzt Stein oder Neumann an ihm vorbeiziehen sollten. So spitzte er ihn etwas an: "Na, lieber Friedrich, das wird ja spannend, wenn wir beide eines Tages Kollege Neumann vor der Nase haben werden – oder auch den Kollegen Stein." In der Tat wurmte es Hansen, dass er übergangen werden sollte, aber er ließ sich nichts anmerken. "Och, der Stress, den die beiden lieben Kollegen, jetzt haben... Die machen so 'ne Art innerparteilichen Wahlkampf. Das muss ich nicht haben auf meine alten Tage." – "Dennoch finde ich," warf die Ministerin Rosa Herbel-Liemann ein, "dass auch wir als Minister zu der ganzen Sache mindestens einen Tendenzbeschluss fassen sollten." Da spürte sie, wie streng sie von den Ministern Sawatzki, Venle, Rettig und Weidenknecht gemustert wurde, und so fügte sie schnell hinzu: "Unser Votum für den Kollegen Stein oder den Kollegen Neumann würde der Frau Ministerpräsidentin bestimmt helfen." – "Dazu sind wir aber nicht da.", knurrte Otto Bamberger, der Finanzminister von der kleineren Partei. "Wenn die große Partei sich neu ausrichten will, dann soll sie es mit den Ministern Stein oder Neumann halt tun. Sie müssen einen von beiden als Spitzenkandidaten ins Rennen schicken, da sollte sich keine andere Partei und auch das Kabinett nicht einmischen. Es könnte sich ja auch als das falsche Pferd erweisen.", fügte er hinzu und schmunzelte sanft über seine Akten hinweg. – "Ob Marc oder ich an die Spitze gehen, kann Ihnen, lieber Kollege Loch, doch einerlei sein. Wir beide stehen fest zu dieser Koalition.", beteuerte Neumann.

Doch Loch traute ihm nicht. Nach der Sitzung saßen er, Herbel-Liemann und Otto Bamberger in den Räumen ihrer Fraktion zusammen und versuchten, ihre Lage im Kabinett zu erkennen. "Es ist doch auffällig, dass Neumann und nicht

Stein unaufgefordert Treueschwüre leistet.", stellte Loch fest. – "Wieso, ist doch beruhigend!", warf Herbel-Liemann ein. Doch die beiden Männer hörten nicht auf sie. Als Frau war sie für diese beiden ohnehin das lebende Alibi und zu "vernachlässigen". – "Ich finde, Neumann ist 'ne linke Bazille. Und welche Spielchen Stein spielt, wissen wir alle nicht. Aber Neumann traue ich jede Schweinerei zu.", urteilte Bamberger. – "Ja, müssen wir denn das alles hinnehmen?", fragte Loch scheinheilig. – "Was willst' n machen? Wir können doch nicht zur Theile gehen und sagen: 'Hey, das wird nichts mit Stein oder Neunmann. Wir woll'n das nicht.' Da lacht die doch nur!"

"Das Lachen könnte ihr auch schnell vergehen.", deutete Loch an. "Ihr wisst doch, dass Kollegin Theile ein Fan von Volker Zuckermann, dem Maler, ist. Sie hat sogar Bilder von dem in ihrem Büro. Und nun ratet 'mal, von wem sie diese Bilder gekauft hat, auf Staatskosten natürlich." Loch fuhr fort: "Von Fei Freidank, dem Galeristen und schwulen sogenannten Ehemann Neumanns! Aber nicht nur das. Der Flurfunk sagt, eines der Bilder sei eine Fälschung und Frau Theile, Neumann und Freidank wüssten das. Die Theile wollte eben Neumann, Freidank und seinem ganzen schwulen Gesocks etwas zukommen lassen. Und obendrein sind das Steuermittel!" – "Das ist doch alles nicht bewiesen. Es sind Gerüchte, Gerüchte.", warf Herbel-Liemann ein. Aber Loch und Bamberger hörten wieder einmal nicht auf sie. "Der Zweck heiligt die Mittel.", bestand Bamberger. "Als Finanzminister werde ich Mittel und Wege finden, dass bei der Sache etwas Wind unter die Flügel kommt."

"Ihr seid ziemliche Schufte.", empörte sich die Ministerin. Daraufhin wies Loch sie zurecht: "Meine Dame, auch Ihr Ministeramt ist endlich. Glauben Sie doch nicht, dass Sie noch einmal ins Kabinett kommen, wenn Neumann das Sagen kriegt. Hansen dagegen würde sich sicherlich freuen, wenn Sie unter ihm weitermachten."

Mehrheit ohne Mehrheit

"Wie ist die Frau Theile eigentlich ins Amt gekommen?", grübelte Bamberger. – "Na, der Schnabel hat sie doch dahin gehievt. Ich glaube, der sitzt nebenan. Am liebsten hockt er bei der Fraktion 'rum. Wir fragen ihn.", beschloss Loch. Er verließ den Raum. Man hörte Türen klappern und Stimmengewirr, und da erschien Loch mit Schnabel im Gefolge. Der freute sich: "Hallo Rosa, hallo Otto. Wie geht es Euch? Was machen die Staatsgeschäfte? Ich hab' gehört, Ihr kriegt nach der Wahl einen neuen Chef. Hoffentlich wird es nicht der Neumann, dieser windige Typ." – "Das wollen wir ja verhindern. Aber dazu müssen wir uns erst einmal genau erinnern, wie das damals mit der Theile war. Du hast sie doch ins Amt geholt.", schmeichelte Loch.

Schnabel fühlte sich geehrt, wiegelte aber ab: "Das ist etwas übertrieben. Die Sache war so: Neuwahlen hatten der alten Regierung die Mehrheit entzogen. Die große Partei war im Parlament zwar die stärkste Gruppierung, aber zur Regierungsbildung reichte es nicht. Wir aber konnten der großen Partei zur Regierung verhelfen.

Dieses Ergebnis war bei uns seinerzeit von der Mehrheit befürchtet, von der Minderheit erhofft worden. Die andere große Partei ging in die Opposition. Wir waren in einer Schlüsselposition. Eine fein gesponnene Wahlaussage hatte einiges offen gelassen. Zwar plädierte diese für die Fortsetzung der alten Koalition, aber im Falle eines Scheiterns dieses Ziels erwähnte sie 'auch' die Opposition. Dieses 'auch' sollte nun nach dem Willen der Wechselwilligen Tor zum Bündnis mit der großen Partei werden.

Das Thema war wegen einer allgemeinen Wechselstimmung im Lande populär. Die Partei war elektrisiert. Schon am Wahlabend ging es los. Repräsentanten der Partei wurden von der Presse belagert, einige von uns setzten sich mit Funktionären der großen Partei heimlich zu 'Strategieabsprachen' in Hinterstübchen.

In einem Restaurant hatte die informelle linke Basisorganisation unserer Partei ihren Versammlungsort, um wechselanfällige Abgeordnete zur Berichterstattung zitieren zu können und sie gegen die große Partei zu immunisieren.

Für unsere nach wie vor kleine Partei begannen hektische Wochen. Vorstands-, Fraktions-, Bezirks- und Ortsverbandssitzungen sowie 'Flügelbesprechungen' gab es am laufenden Band. Ungezählt waren die Telefongespräche.

Auf dem Bundesparteitag spielte das Wahlergebnis formell keine Rolle. Doch nach Ende der offiziellen Beratungen lud der Vorsitzende die anwesenden Vorstands- und Fraktionsmitglieder zu einer Besprechung. Dringend mahnte er, unsere Partei müsse Margarete Theile eine 'faire Chance' geben. Dies sei doch klar. Dass der Rat-schlag des Vorsitzenden für manchen Funktionär das Ende seiner

Karriere zur Folge haben würde, minderte die Begeisterung hierfür. Denn vor der Besprechung hatte ein Außerordentlicher Parteitag mit riesiger Mehrheit jede Zusammenarbeit mit der großen Partei abgelehnt.

Schließlich war die Wahl der Regierung angesetzt, so dass es an der kleinen Fraktion war, ihr Verhalten festzulegen. Unsere Fraktion trat zusammen. Fünf Abgeordnete wurden dem 'rechten' Flügel, drei dem 'linken' und drei eher einer Mittelposition zugeordnet. Dazu gehörte ich, Schnabel. Der Fraktion lagen zwei Texte zur Abstimmung vor. Ein Antrag, der die Entscheidungen bei der Wahl freistellen wollte und einer, der die Wahl und Duldung einer von der großen Partei geführten Regierung unter dem Motto 'konstruktive Opposition' ausdrücklich vorsah. Letzterer wurde mit 6 : 5 Stimmen angenommen. Die Entscheidung für den Machtwechsel war gefallen. Bei der Wahl später im Plenum erhielt Margarete Theile genügend Stimmen und war neue Regierungschefin.

Dann reagierten unsere gegen den Wechsel eingestellten Mitglieder:
- Etwa ein Drittel davon blieb in der Partei. Die meisten zogen sich auf passive Mitgliederrollen zurück. Andere konzentrierten sich auf bestimmte Gliederungen.
- Einige traten aus und gingen zur anderen großen Partei; nur Vereinzelte wechselten zu unseren direkten Konkurrenten.
- Etwa 1000 Personen organisierten sich in einer Neugründung, die aber politisch erfolglos blieb.
- Die meisten der ausgetretenen Mitglieder engagierten sich in keiner anderen Partei mehr.

Zum Verhalten der Mehrheit der Fraktion wurden auf allen Ebenen zahlreiche Beschlüsse gefasst. Gegen die als Unterstützer der großen Partei eingestuften Abgeordneten wurden Verfahren eingeleitet und Ordnungsmaßnahmen beantragt. Das Schiedsgericht stellte schließlich fest, die 'angeklagten' Abgeordneten hätten ihrer Partei 'schweren Schaden' 'mit der Stimmabgabe im Parlament' zugefügt. Einigen Abgeordneten wurde die Fähigkeit, Parteiämter zu bekleiden, für zwei Jahre aberkannt, anderen für ein Jahr.

Doch die Anklagen wurden später zurückgezogen. Ich erhielt die Nachricht davon in meinem Urlaubsort in Italien. Mein Wirt war begeistert: Ein 'politischer Anruf' aus Deutschland! Sogleich berichtete er, sein Bruder sei auch Politiker und zwar in Neapel.

Mit Unterstützung der 'Dulder' unter den Abgeordneten war sodann eine Beitrittskampagne gestartet worden. In unsere Partei traten nun Bauunternehmer, Makler, Immobilienverwalter und Handwerksmeister ein. Deren Anliegen war es, die Mehrheit für den Machterhalt der großen Partei zu sichern. Viele Ortsverbände lehnten solche Aufnahmen ab, denn sie fürchteten eine 'Unterwanderung'. Schließlich hatte das Mitte-Rechts-Bündnis dennoch die Mehrheit im Verband. Der Saldo zwischen Aus- und Eintritten hatte die Waage in diese Richtung ausschlagen lassen. Aus der Tolerierung wurde bald eine Koalition. Zwei Altfunktionäre und der Fraktionsvorsitzende kamen in die Regierung, und ein 'Duldungs'-Abgeordneter wurde Partei- und Fraktionsvorsitzender.[2]

Ich habe diese Wende als Abgeordneter mitgemacht. Ich habe versucht, meine 'Basis' in der Partei von der Notwendigkeit des Wechsels zu überzeugen – ohne Erfolg. Zugleich hatte ich versucht, der Mehrheit der Fraktion die Argumente der Gegner eines Wechsels zu verdeutlichen – auch ohne Erfolg. Schließlich zog ich mich auf die Rechtslage zurück und erklärte Freund und Feind, die Wahl sei geheim und ich würde mein Wahlverhalten nicht kundtun. Das sei mein Recht. Da fragte mich ein zu unserer Partei gehörender und die Duldung befürwortender Journalist vor laufender Kamera: 'Herr Schnabel, wie ist es eigentlich, wenn man nicht weiß, was man will?' Alle sahen das. Das war nicht angenehm für mich, könnt Ihr glauben. Ich stand als derjenige da, der die Frau Theile ins Amt gehievt habe. Das war zwar nur die halbe Wahrheit, aber Margarete Theile hält seitdem bis heute Kontakt zu mir und glaubt wohl auch an mich." – "Hört sie denn auf Dich? Schließlich bist Du ja so etwas wie ihr Mentor.", wollte Loch wissen. – "Ich glaube schon, dass sie meinen Rat sucht.", prahlte Schnabel. "Und noch sind weder der Stein noch der Neumann gewählt." Er machte eine Pause: "Das wolltet Ihr doch wissen!"

---

[2] s. Jürgen Dittberner, Die FDP, a.a.O., S. 144 ff

Das Gedenken nicht vergessen

Sven Neumann, der Umweltminister, Fei Freidank, der Galerist und Dirk Noth, der Persönliche Referent, saßen im Wohnzimmer des Paares Neumann/Freidank und berieten die Lage. Vor allem hatten sie vor, "Strategien" zu ersinnen, wie Marc Stein zu schlagen wäre. Neumann erzählte, dass schon Verleumder am Werke seien, die "allen möglichen Unfug" in die Welt setzen würden, um ihm – Neumann – zu schaden. So habe er gehört, es werde getuschelt, ein "Zuckermann" im Büro der Theile sei eine Fälschung. Frau Theile wüsste dies und habe den "falschen Zuckermann" von Freidank, der vielleicht auch eingeweiht war, gekauft, um "uns beiden Staatsknete zukommen zu lassen". Freidank war empört: "Wer sagt so etwas? Ich zeige den an! Das ist ja Ehrabschneidung. Außerdem kann der Zuckermann doch bestätigen, dass da im Büro der Theile sein Werk hängt." – "So beruhige Dich doch. Es geht um mich, den man treffen will. In der Politik geht es halt mit Haken und Ösen zu. Eine Anzeige wäre genau das, was dem Gegner jetzt nützt. Wen willst Du denn anzeigen? Den Flurfunk? Die Journaille würde sich lustig machen und uns als kleinkariert hinstellen. Cool bleiben, hey!" – "Eine Sauerei ist das trotzdem. Ich bin in der Szene der Galeristen immer noch neu und werde spöttisch 'Herr Gedenkstättenleiter' genannt." – "Wieso?", wunderte sich Noth. – "Na weißt Du denn nicht?", wandte sich Neumann an seinen Persönlichen Referenten: "Der Fei hat doch vier Jahre lang die Gedenkstätten in Brandenburg geleitet. Ist doch auch Kunst, oder? Sag' ihm doch 'mal, wie das war, Fei." Der tat das gerne, denn er liebte es, aus seiner beruflichen Vergangenheit zu sprechen. Dabei konnte er auch die "Zuckermann-Sache" verdrängen.

"Ihr wisst doch, dass ich aus Brandenburg komme. Nach der Wende hatte das neue Bundesland Brandenburg drei Gedenkstätten: Sachsenhausen, Ravensbrück und das Zuchthaus in der Stadt Brandenburg. Das Land Brandenburg war insofern das am meisten 'NS-belastete' unter den neuen Bundesländern. In dem Oranienburger Ortsteil Sachsenhausen war ein 'Konzentrationslager' ('KZ') der SS, die hier ausländische und deutsche 'politische' Häftlinge, aber auch Kriegsgefangene, festhielt. Im zu Fürstenberg an der Havel gehörenden Ravensbrück war ein Frauen-KZ mit Gefangenen aus ganz Europa. Im Zuchthaus Brandenburg schließlich waren nach dem Attentat des 20. Juli ebenfalls Gefangene. Mittels einer Guillotine sollen hier Häftlinge ermordet worden sein. Spötter sagten später, Brandenburg sei zur 'Ehre' einer Gedenkstätte gekommen, weil hier einst auch Erich Honecker einsaß. Sein späterer Gegenspieler Robert Havemann hatte hier ebenfalls gelitten. Für diese drei Gedenkstätten wurde nach der Wende die 'Stiftung Brandenburgische Gedenkstätten' geschaffen.

Ich hatte schon früher Texte über die KZs publiziert und wurde nun ehrenamtlicher Direktor der neuen Stiftung. Aber wie sollte das gehen? Das Kabinett in Potsdam fasste einen Gründungsbeschluss für die Stiftung. Ich war nun Chef und residierte in einem Flügel eines ansonsten vom Finanzamt Oranienburg genutzten Bürogebäudes mit dem aus dem Grundriss herrührenden Namen 'T-

Gebäude'. Dieses war der Sitz der früheren 'Inspektion' der Konzentrationslager gewesen, also gewissermaßen die KZ-Zentrale im ganzen Reich.

Die Stiftung war nicht selbständig, also auf eine Finanzierung durch die Regierungen in Potsdam und Bonn angewiesen. Da zu erwarten war, dass aus diesen Städten Geld für die Stiftung fließen würde, ging ich zur nächstgelegenen Filiale der 'Berliner Bank' und erklärte, ich wolle ein Konto für eine vom Land Brandenburg gegründete Stiftung eröffnen. Die Bankangestellte am Tresen bekam einen roten Kopf und holte ihren Chef herbei. So kam die Stiftung zu ihrem Konto.

Ich flog nach Bonn, um 'Haushaltsverhandlungen' zu führen. Da saßen Beamte und verkündeten, die Stiftung habe zu viele Mitarbeiter und zu hoch eingestuft seien diese auch. Hinweise auf prominente Politiker, den Bundestag und die aktuellen Heroen des Gedenkwesens halfen nichts. Es wurde gekürzt. In Oranienburg kam dieses Ergebnis unterschiedlich an. Einige Mitarbeiter fügten sich, andere sprachen davon, das Verfahren sei 'menschenverachtend'. In einer Gedenkstättenstiftung wog das schwer.

Es gab auch Erfreuliches. Auf dem Petersberg bei Bonn war der polnische Schriftsteller Andrzej Szczypiorski Gast des Bundesaußenministers. Szczypiorski hatte ein anrührendes Buch über die Juden in Warschau während der Nazi-Zeit geschrieben: 'Die schöne Frau Seidenmann'. Nun war er zum Abendessen geladen und ich war dabei. Ein andermal fuhr ich nach Budapest zur Einweihung der wiederaufgebauten Großen Synagoge. Für dieses Fest hatte ich mir bei 'Freimuth' in Berlin einen 'Borsalino' gekauft. In der Synagoge an der Donau jedoch wimmelte es von Hüten – teilweise noch mächtigeren als meiner. Die Männer dort saßen unten. Die Frauen schauten von oben auf sie herab. Das war eine Vorsichtsmaßnahme, denn so sollte vermieden werden, dass die Männer beim Anblick der Frauen und auf unfromme Gedanken kämen. Bei dem Fest waren der israelische und der ungarische Staatspräsident anwesend. Sie sprachen hebräisch und ungarisch. Ich verstand nichts. Aber als nachher im Hotelfahrstuhl eine Amerikanerin sagte: 'You have a nice hat!', verstand ich das sehr wohl und antwortete: 'It's from Italy!'

Die Stiftung war ins Laufen gekommen. Sie hatte Mitarbeiter aus der untergegangenen DDR, aus dem alten Bundesgebiet und aus dem früheren Westberlin. Mir taten die Mitarbeiter leid, die Tag für Tag Besuchern die traurigen Orte zeigen mussten. In Berlin gab es die Wannseevilla, die 'Topografie des Terrors', die Gedenkstätte Deutscher Widerstand', und ein Holocaust-Mahnmal war in Planung. Ich schlug vor, eine Berlin-Brandenburgische Gedenkstättenstiftung zu schaffen – auch, um den Mitarbeitern Gelegenheit zum Wechseln zu geben. Aber weder in Berlin noch in Brandenburg ging jemand darauf ein.

Die 'Lebensader' der Stiftung war die B 96. Die führte von Berlin nach Oranienburg und weiter nach Fürstenberg. Die Straße war schmal, kurvig und nicht ungefährlich. Aber den Mitarbeitern und dem Direktor passierte nichts, obwohl die Straße besonders im Sommer voll war. Urlauber strömten von Sachsen oder Berlin an die Ostsee. Eines Tages kam jemand in Potsdam auf die Idee, die B 96 auszubauen. Fürstenberg sollte östlich umfahren werden. Die Straßenplaner waren nett und informierten auch die Stiftung. Als das jedoch in Fürstenberg ruchbar wurde, stöhnten einige Kommunalpolitiker auf: Die Stiftung wolle eine 'Autobahn' bauen, die über einen angeblichen Jugendfriedhof des KZ Ravensbrück führen solle.

Protest erhob sich. Internationale 'Lagergemeinschaften' bekamen Wind, und die Entrüstung darüber, dass die Stiftung eine 'Autobahn' über einem Jugendfriedhof' errichten wollte, schwoll an. Dass daran nichts wahr war, zählte nicht. Die Intrige war gestartet, genau wie die von heute mit dem gefälschten Bild. Die Landesregierung in Potsdam setzte einen ehemaligen Minister ein, der die Vorwürfe prüfen sollte. Als der entwarnte, war der Sturm vorüber. Trotzdem stand die Stiftung als unsensibel da.

Dann kam der 50. Jahrestag der Befreiung der KZs. Die Landesregierung in Potsdam verkündete durch den Ministerpräsidenten, man wolle alle ehemaligen Häftlinge einladen. Dafür sollte es Geld geben. Der Finanzminister merkte an, dass die Stiftung das in den Jahren danach abzahlen müsse. Gutmenschen in Brandenburgs Landesregierung jedoch ignorierten diesen Hinweis. Wenn die Stiftung sorgenvoll daran erinnerte, wurde das als Blockieren des großen Festes mit den ehemaligen Häftlingen begriffen. Wieder kam der Vorwurf, die Stiftung sei "unsensibel".

Als der 50. Jahrestag der Befreiung schließlich da war, wurden alle Gäste in eine große Halle in Bogensee bei Oranienburg gefahren. Diese Halle war ein DDR-Erbe und stand einsam inmitten eines Waldgebietes. Da saßen nun die vornehmlich aus Osteuropa gekommenen ehemaligen Häftlinge wie an Biertischen. In einem separaten Raum daneben traf sich die "Politprominenz". Johannes Rau, Ministerpräsident des Partnerlandes von Brandenburg, Nordrhein-Westfalen, war da und erzählte Witze wie 'Bei Vegetariers zu Hause: Kinder kommt zu Tisch! Das Essen wird welk!' Die Ministerin Regine Hildebrandt fand das urkomisch.

Natürlich war der Ablauf der Feierlichkeiten zum 50. Jahrestag der Befreiung ausführlich mit den Häftlingsorganisationen beraten worden. Als das Tagesprogramm mit einem französischen Häftlingsverband erörtert wurde, kamen von den älteren Herrschaften zögerliche Einwände. Schließlich platzte einer mit der entscheidenden Frage heraus: 'Und wann ist Mittagessen?'" – "Typisch französisch.", fand Noth.

"In Frankreich und vielen anderen europäischen Ländern sind diese Leute aus Sachsenhausen sehr geehrt.", setzte Freidank seinen Bericht fort: "In Sachsenhausen jedoch hatten nicht nur die Nazis, wie gesagt, ein Konzentrationslager eingerichtet. Der Terror wurde vielmehr nach 1945 von den Stalinisten fortgesetzt. Die DDR hatte später am selben Ort eine 'Nationale Mahn- und Gedenkstätte' eingerichtet. Die Nähe zur 'Hauptstadt der DDR' bewirkte, dass viele hohe ausländische Gäste der DDR Sachsenhausen besuchten. Auch war die Gedenkstätte ein Ort, an dem die SED Massenveranstaltungen durchführte.

Aber in der Hierarchie der DDR-Gedenkstätten rangierte Sachsenhausen hinter Buchenwald bei Weimar. Das lag an der Nachbarschaft Buchenwalds zum klassizistischen Weimar, und an der Legende von 'Buchenwald', nach der sich dort die Häftlinge unter Anführung der Kommunisten selber befreit hätten. Bei der Wiedervereinigung fiel Buchenwald an das neue Bundesland Thüringen.

Die Lager in Buchenwald und Sachsenhausen hatten die 'Nachnutzung' durch die Kommunisten gemeinsam. Dieser Aspekt kam erst zur Geltung, nachdem die DDR implodiert war. Viel wusste man nicht. Die Lager der Kommunisten waren 'Schweigelager'. Die Häftlinge durften nach ihrer Entlassung nicht über die Lagerzeit reden.

Als ich als Gründungsdirektor nach Sachsenhausen kam, geriet ich mitten in den Streit der Häftlingsvertretungen von vor und nach 1945. In der Nazi-Zeit Gefangene fanden es teilweise gerecht, dass 'alte Nazis' nach 1945 eingesperrt wurden und wenig zu essen bekamen. 'Andere mussten auch hungern.' 'Nach-45er' warfen den Sprechern der Nazi-Verfolgten vor, keine echten Demokraten zu sein. Böse Diskussionen waren das.

Mit der Gründung der Stiftung bekam Sachsenhausen einen 'festen' Gedenkstättenleiter. Es war ein Historiker aus dem Saarland, gut vernetzt in der Berliner Gedenkstättenszene. Der hatte das Problem, dass Sachsenhausen eine zentrale Ausstellung hatte, die aus der DDR-Zeit stammte. Personen aus den 'sozialistischen' Staaten hatten diese Ausstellung erarbeitet. Es war eine Propagandaschau der untergegangenen Welt. Dagegen liefen die 'Nach-45er' Sturm. Das Problem von Sachsenhausen war die doppelte Nutzung, des Geländes. Das trat deutlich zu Tage.

Mit ihren Nachbarn hatte die Gedenkstätte in Sachsenhausen Ärger. Die SS hatte dort einst für ihr Personal pittoreske Häuschen errichten lassen. In der DDR wurden diese Häuser ebenso wie das Lagergelände von Angehörigen der Nationalen Volksarmee' ('NVA') genutzt. Der militärische Standort wurde nach dem Niedergang der DDR aufgelöst. Aber die einstigen Armeeangehörigen blieben in den ehemaligen SS-Häusern wohnen. Als die Stiftung die Siedlung als Teil des 'Systems KZ' kenntlich machen wollte, protestierten die ehemaligen NVAler. Sie hatten Angst, dass Rechtsradikale in ihre Siedlung pilgern würden.

Der Bürgermeister von Oranienburg war nur bedingt stolz auf 'seine' Gedenkstätte, denn sie zierte seine Stadt nicht. Andere Einrichtungen wie das Schloss Oranienburg waren ihm lieber. Direkter Nachbar der Stiftung und Gedenkstätte in Sachsenhausen war das Polizeipräsidium Oranienburg. Aus dieser Nachbarschaft ergaben sich viele Kontakte, aber auch Nigglichkeiten. So war die Polizei sofort zur Stelle, sobald sich auf dem Gedenkstättengelände Verdächtiges tat. Manchmal war die Polizei übereifrig, so wenn sie gegen ungewöhnlich aussehende Jugendliche vorging, die sich am Ende als eigenwillige Antifaschisten entpuppten. Dann wieder störte der Übungsbetrieb auf dem Polizeigelände die Beratungen der Gedenkstätte, und gelegentlich spielte die Polizei sich als geheimnisvolle und wichtige Sicherheitsbehörde auf.

Kurioses ereignete sich ebenso wie Dramatisches. Eines Tages besuchte ein

Offizieller aus Japan die Gedenkstätte. Geduldig ließ er sich alles erklären. Nachher beim Gespräch fragte er maliziös lächelnd, was denn das Ganze eigentlich solle. Man errichte doch kein Denkmal, das an schlechte Taten des eigenen Volkes erinnere. – Ein andermal erschien ein junger polnischer Diplomat in Sachsenhausen. Auch er ließ sich die Gedenkstätte zeigen. Dann protestierte er dagegen, dass das Leiden des polnischen Volkes nicht genügend gewürdigt sei, und er warf dem Gedenkstättenpersonal antipolnische Gesinnung vor. – Der Vorsitzende des Zentralrates der Sinti und Roma in Deutschland hingegen war der Auffassung, man habe das Leiden der Sinti und Roma bei den Nazis im Verhältnis zu den Juden nicht angemessen gewürdigt. – Historiker stritten derweil darüber, ob die Aussagen von Zeitzeugen als wissenschaftliche Quellen anerkannt werden konnten. – Politiker versprachen viel, wenn sie die Gedenkstätte besuchten, und sie hielten nachher wenig. Ich dachte, an diesem Ort müsse man aufpassen, damit man nicht zum Zyniker wird.", resümierte Freidank.

"Ja, und dann Ravensbrück.", setzte er fort: "Wenn man die 'B96' aus Berlin kommend nach Norden fährt, kommt man am Ende des Städtchens Fürstenberg nach Ravensbrück. Biegt man kurz vor dem Ortsausgang nach rechts ab und fährt die 'Straße der Nationen' entlang, gelangt man zur Gedenkstätte Ravensbrück, die sehr idyllisch am schönen Schwedtsee liegt. Diese Idylle ist ein Teil des Schreckens, das von diesem Lager ausgegangen war. Ravensbrück war überwiegend ein Frauen-KZ. In der DDR-Zeit gab es hier eine Gedenkstätte. Aber der Ort Fürstenberg wurde dominiert von Tausenden sowjetischer Soldaten, die hier stationiert waren.

Ravensbrück war in die Schlagzeilen gekommen, als nach der Wende die Handelsfirma 'Tengelmann' mit Unterstützung der Stadt an der 'Straße der Nationen' einen Supermarkt errichten wollte. Eine 'Kaufhalle' hatten sie in Fürstenberg schon lange haben wollen. Nun sollte sie errichtet werden an der Stelle, wo sich zu sozialistischen Zeiten ein Kettenkarussell gedreht hatte. Die Mehrheit der Menschen vor Ort sah es so: Endlich geschah in Fürstenberg etwas für das normale Leben.

Wen wundert es, dass die Fürstenberger es nicht verstanden, als auf einmal die halbe Welt gegen ihre Kaufhalle zu protestierten schien? Plötzlich strömten sie herbei: Journalisten, Gruppen, Politiker. Sie kamen aus Potsdam, aus Berlin und von noch weiter her. Was wussten diese Menschen vom Leben in Fürstenberg? Sie schienen in ihrem Bevormundungsdrang geradewegs in die Fußstapfen der eben abgewirtschafteten SED-Zentrale zu treten. Die Einwohner machten ihrem Unmut in Statements gegenüber Fernsehkameras Luft. Und die Rezipienten draußen in der Welt starrten auf die Mattscheiben, waren empört über die 'reaktionären' Fürstenberger und fühlten sich wohl in ihrer eingebildeten Weltläufigkeit und Liberalität.

Da beschloss der Ministerpräsident des Landes Brandenburg, an einem Sonntag einen Ortstermin anzusetzen. Ich fuhr mit. Vor Ort fanden Gespräche mit allen Beteiligten statt. Zwischendurch ging der Ministerpräsident in die Kirche, um an einem Gottesdienst nach mecklenburgischer Art teilzunehmen. Denn das Städtchen Fürstenberg hatte einst zu Mecklenburg gehört. Politisch war es nach 1990 zu Brandenburg gewechselt, kirchenrechtlich aber nicht. Nach dem Gottesdienst wurde im "Templiner Hof" – dort, wo man zur Gedenkstätte abzweigen konnte – zu Mittag gegessen. Entscheidungen wurden anderntags in Potsdam getroffen.

Der Supermarkt kam schließlich nicht an die Straße der Nationen. Die Fürstenberger sahen es so, dass sie wieder einmal verloren hatten. Die Medienkarawane zog weiter. Die Kaufhalle wurde ein Lager. Dem Einsatz des Ministerpräsidenten war es zu verdanken, dass ein anderer Supermarkt der gleichen Handelskette am entgegengesetzten Ende des Städtchens – im Süden – errichtet wurde. 'Das wenigstens war es, was die Politik für uns Fürstenberger hatte tun können.', dachten viele Einheimische.

Später fuhr ich mindestens einmal in der Woche die "B96" entlang von Oranienburg nach Ravensbrück. Das hier war schon ein sehr provinzieller Ort. 'Hier möcht' ick nich' als Leiche überm Gartenzaun hängen!', lästerte ein Fahrer der Stiftung, der aus Oranienburg stammte.

Die meisten Beschäftigten der Gedenkstätte Ravensbrück stammten aus Fürstenberg selbst oder aus dem seenreichen Umland. Das Verhältnis zum Ort selber war auch hier nicht einfach. Fürstenberg war keine selbständige Gemeinde, sondern Teil eines Amtsbezirkes. Kommunalpolitisch wurde der Ort durch einen Amtsdirektor vertreten, der aus der 'alten' Bundesrepublik stammte. Er hatte wenig Verständnis dafür, dass die Stiftung auch an Oranienburg und Brandenburg an der Havel denken musste und war stets auf der Seite der Ravensbrücker Häftlingsorganisationen, wenn diese Forderungen für 'ihre' Gedenkstätte erhoben.

An einem Tage schaffte es Ravensbrück sogar, so unterschiedliche Politikerinnen wie Regine Hildebrandt aus Brandenburg und Hanna Renate Laurien aus Berlin zugleich hierher zu führen, wo sie einen Forderungskatalog aufstellten. Ich saß also da mit der Gedenkstättenleiterin und zwei Ministerinnen. Schon wegen meiner Geschlechtszugehörigkeit hatte ich bei dieser Konferenz schlechte Karten.

Wie weit Fürstenberg tatsächlich von Berlin entfernt war, konnte ich auch daran erkennen, dass bei der Fahrt hierher eine Wetterscheide zu passieren war. So konnte es vorkommen, dass die Bundesstraße bis kurz nach Gransee selbst im Dezember gut befahrbar war. Doch plötzlich war alles verschneit und vereist. Ich musste aufpassen, dass ich nicht in einen Straßengraben rutschte. Auf dem letzten Drücker kam ich oft in Ravensbrück an, wo Besprechungen angesetzt waren. Ich berichtete von den Tücken der Fahrt hierher. Doch die Ravensbrücker schauten mich verständnislos an, so als wollten sie fragen: 'Was hat er bloß, dieser Herr aus der großen Stadt?'"[3]

---

[3] Weitgehend entnommen aus: Jürgen Dittberner, Schwierigkeiten mit dem Gedenken. Auseinandersetzungen mit der nationalsozialistischen Vergangenheit, Opladen/Wiesbaden 1999, S. 40 ff und 80ff

Freidank hätte noch mehr berichten können über seine Arbeit bei den Brandenburgischen Gedenkstätten. Doch den beiden anderen reichte es. Jetzt ging es schließlich nicht um die Vergangenheit, sondern um die Zukunft und zwar Neumanns Zukunft. Dieser wandte er sich an seinen Mann Fei: "Also schon bei Deinen Gedenkstätten hast Du gesehen, dass permanent intrigiert wird. In der Politik gehört das auch dazu. Wenn es um den Chef einer Regierung geht, muss man mit jeder Sauerei rechnen. Gegen Sauereien aber helfen nur weitere Sauereien. Also, Fei, vergiss Deine Anzeige und überlege mit, wie wir es den andern heimzahlen können." Da nahm Noth das Wort: "Richtig: Sauerei gegen Sauerei. In den Amtsstuben wird schon lange geflüstert, der Ehlert habe ein Verhältnis mit einer Studentin. Ich kenne die. Sie heißt Klara Zimmermann, ist so 'ne Dunkelhaarige mit tiefbraunen Augen. Sehr apart!" – "Also, wenn die Leute glauben, dass der Ehlert mit der..." Neumann sinnierte: "Dann ist der Marc zuerst in der Szene und danach auch in der Partei unten durch. Das würde uns helfen." – "Und was uns hilft soll man nicht bremsen!", grinste Noth. – "Ich weiß nicht.", sinnierte Freidank. "Also gut: Keine Anzeige. Wen sollte ich auch anklagen?"

Dutschke und Vütter

Professor Ehlert hielt wieder einmal eine Sprechstunde ab. Lieber wäre er jetzt zu Hause bei seinem Marc gewesen, aber er wusste, dass der in seinem Ministerium war und ihn ein Termin nach dem anderen hetzte. Vor Ehlerts Büro warteten etliche Studenten: Es war wie beim Arzt, wo die Patienten im Wartezimmer sitzen und sich die Zeit mit dem Durchblättern von ausliegenden Illustrierten oder einfach mit Dösen vertrieben. Die Studenten lasen in Büchern, sahen ihre Aufzeichnungen durch oder spielten mit ihren Handys. Einer nach dem anderen betraten sie das Büro von Ehlert.

Dann war Klara Zimmermann an der Reihe. Sie redete leise mit einer fränkischen Sprachfärbung. Ehlert erkannte die Kommilitonin sofort; sie saß ja als Teilnehmerin in seinem Seminar. Dort hatte sie ein Referat über die Jugendorganisation der großen Partei gehalten und sich anschließend der Diskussion mit den anderen Seminarteilnehmern gestellt, wie das üblich war. Ehlert hatte ihre Leistung mit "gut" bewertet. Nun war sie hier und erklärte, sie wolle ihr Seminarthema zur Diplomarbeit ausbauen. Sie habe dazu schon einiges aufgeschrieben und bat Ehlert um seine Meinung. Klara Zimmermann überreichte dem Professor ein Manuskript. Er blätterte darin und stellte fest, dass es 93 Seiten umfasste. – "Das muss ich mir aber in Ruhe ansehen, bevor ich dazu etwas sage." – "Ja natürlich, ist doch klar." – "Wissen Sie 'was?", preschte Ehlert vor: "Ich mache Ihnen den Vorschlag, dass wir uns in vierzehn Tagen zum Mittagessen im 'Café Kreisky' treffen und die ganze Sache bereden. Sie haben doch noch eine Kopie ihres Manuskriptes?" – "Ja, natürlich. Also dann sehen wir uns im 'Kreisky'!" Die Studentin packte ihre Sachen und verließ das Büro des Professors. Dieser war froh, dass es nicht so lange mit der Zimmermann gedauert hatte und freute sich zugleich ein wenig auf das "Date" mit der charmanten Kommilitonin.

Dann saßen sie im 'Kreisky' an einem wackligen Tisch. Ehlert hatte das Manuskript gelesen, und er ahnte, dass die Zimmermann von seinem positiven Votum ausging. Er kam deswegen nicht gleich zur Sache und fragte stattdessen: "Wie finden Sie denn das Seminar?" – "Gut." – "Na ja, ich habe schon andere Kaliber erlebt." – "So?" – "Ja, als ich selbst Student an der FU in Berlin war." – "Was war da?" – "Das ist eine eigene Geschichte und handelt eigentlich von der Entstehung der APO, so wie ich sie erlebt habe." – "Erzählen Sie doch bitte."

"Nun denn: Im Oberseminar für Soziologie brach damals ein Teilnehmer ein Tabu: Er redete seinen Professor nur mit dem Nachnahmen an. Es war die Zeit, als man 'Herr Professor' oder 'Herr Doktor' zu jenen sagte, denen das zukam. Aber Rudi Dutschke – so hieß der Teilnehmer – entakademisierte nicht nur seinen Professor, sondern er kritisierte ihn obendrein. Der Student warf dem Lehrer vor, dass dieser sich nicht genügend in die tagespolitischen Ereignisse eingemischt habe oder dazu schwieg! Eine Antwort bekam er nicht. Aber er war allen aufgefallen. Die Kommilitonen erkannten ihn, als er in der U-Bahn zum Thielplatz, zu seiner Alma Mater fuhr. Die Bahn war voll und Rudi mittendrin mit seinen stechenden

Augen und der leicht gebückten Haltung. Er stand da als wolle er jeden Moment loslegen und agitieren.

Rudi wurde berühmt. Im von protestierenden Studenten überfüllten Audimax saß er auf dem Podium und ergriff das Wort. Jeder kannte mittlerweile seine heisere Stimme. Er sprach vom 'Marxismus-Leninismus', von den 'werktätigen Massen' und von 'Revolution'. Bei Besetzungen, Störungen und 'Sit-Ins' war er immer wieder dabei. Auf dem Boulevard gehörte er zu den Anführern von Studentendemos. Lange Züge von Jungakademikern wälzten sich die Straße entlang und skandierten 'Bürger runter vom Balkon, reiht Euch ein beim Vietcong!' Die 'Bürger' folgten nicht. Doch Rudi und seine Freunde hatten keine Zeit. Mit der Aktentasche in der Hand beschleunigte der Revolutionär seinen Gang und hopste zu 'Ho, Ho, Ho Chi Min' den Boulevard entlang.

Rudi war nun leitender SDS-Funktionär, gehörte dem 'Republikanischen Club' an und war in der Universität immer seltener zu sehen. Dafür tauchte er in den Medien auf, sogar mit Farbfoto auf der ersten Seite. Der Revolutionär Rudi Dutschke war geschickt. Während er scheinbar radikal blieb, formulierte er die Parole vom 'langen Marsch durch die Institutionen'. Das passte für viele seiner jugendlichen Bewunderer, die sich innerlich schon bei etablierten Parteien eingenistet hatten. Nun konnten sie sich einbilden, sie machten Karriere, damit sie 'Springer auf die Finger' hauen und überhaupt die Macht des Großkapitals brechen konnten.

Doch der Medienruhm wurde Rudi zum Verhängnis. Die eigenen Genossen betrachteten ihn mehr und mehr skeptisch. Sie argwöhnten, das Großkapital kaufe Rudi. Home-Stories kamen auf: Rudis amerikanische Frau Gretchen und deren beider Sohn wurden gezeigt. Da griff einer zur Waffe und schoss Dutschke, der gerade mit dem Fahrrad fuhr, nieder.

Dutschke überlebte, aber er war schwer verletzt. Er verließ die Stadt, verließ Deutschland und promovierte im Ausland. Seine Revoluzzer-Rolle war ausgespielt. Die grüne Partei ' reklamierte ihn für sich.

Er starb Jahre danach an den Spätfolgen des Attentats. Es war ein später früher Tod.

Viele der Studenten fühlten sich nun der 'Außerparlamentarischen Opposition' (APO) zugehörig. Sie wollten die Universitäten reformieren und die Macht der Ordinarien brechen. In Hamburg gaben sie gegen einen Professor die Parole aus: 'Ehrlicher wird immer entbehrlicher.' Die Berliner Universitäten bekamen Assistenten als Präsidenten. Auch die 'sonstigen Mitarbeiter' sollten an den Unis neben den Wissenschaftlern das Sagen haben. Im Staat sollte die Macht des 'Großkapitals' gebrochen werden, und der 'verbrecherische Krieg der Amerikaner in Vietnam' musste bekämpft werden. Eigentlich sollten die Amerikaner ohnehin nicht mehr die Freunde der Deutschen sein. Deren Rolle sollte die 'Dritte Welt' einnehmen.

Die Medienmacht aber lag beim Großverleger Axel Springer. Für den Springer-Verlag waren die aufmüpfigen Studenten 'Langhaarige'. Deswegen: Gegen Springer auch mit Gewalt vorzugehen, gehörte zum guten Ton bei der APO. Es kamen spitzfindige Diskussionen auf. Man unterschied 'Gewalt gegen Sachen' von 'Gewalt gegen Personen'. Die Mehrheit der APO-Anhänger meinte, Gewalt gegen Sachen sei zulässig, Gewalt gegen Personen müsse vermieden werden.

Wir jüngeren unter den Lehrenden solidarisierten uns mit der APO. Dozenten duzten ihre Studenten. Die Protestler erfanden eine 'Kritische Universität', welche die Macht des Kapitals entlarven sollte. Dazu wurden 'Kapitalkurse' veranstaltet. Plötzlich auftauchende Dozenten ackerten mit willigen Studierenden 'Das Kapital' von Karl Marx durch. 'Wenn Ihr den Unterschied zwischen Tausch- und Gebrauchswert nicht versteht, dann liegt das an Eurer bourgeoisen Lage. Ihr habt einfach den falschen Klassenstandpunkt!'

Lehrveranstaltungen 'reaktionärer' Wissenschaftler wurden gestört. Allenthalben fanden Vollversammlungen und 'Sit-ins' statt. Eine Vorstellung des angesehenen Schiller-Theaters in Berlin wurde von Hereinstürmenden gesprengt. Die Bürger sollten sich lieber um den Vietnam-Krieg sorgen anstatt individuellem Vergnügungen nachzugehen. Dann brannte der Fuhrpark vom Springer-Verlag: Die Scheiben des Bürohauses in der Berliner Kochstraße gingen unter dem Andrang der 'revolutionären Massen' zu Bruch. Es war die Zeit, als Studenten in die Bettengeschäfte gingen, um rotes Tuch für Fahnen zu erwerben, die sie in den Straßen zeigten.

Nicht wenige Wissenschaftler waren nicht begeistert von der APO. Die Neigung zur Gewalt und Intoleranz erinnerte sie an den Nationalsozialismus, und in den Instituten kam es vor allem zwischen Älteren und Jüngeren zu Diskussionen. Die Politik und Publizistik machten es den Aufbegehrenden leicht. Sie polemisierten, kriminalisierten und hetzten. So wurde aus den Debatten um die Gewaltanfälligkeit der APO eine Diskussion über den repressiven Charakter des Systems.

Wie zur Bestätigung der Thesen der APO ereignete sich bei einem Besuch des Schahs von Persien in der Deutschen Oper Berlin Ungeheuerliches. Der Student Benno Ohnesorg wurde bei einer Demonstration von einem Polizisten erschossen! Das war ein Aufbruchsignal für viele. In der Stadt sah man 'Enten' und 'R4s' – Citroens und Renaults: die Autos der Studenten – mit schwarzen Trauerbändchen an den Rückspiegeln. Ein Trauerzug von Berlin nach Helmstedt über die Transitautobahn wurde von ausnahmsweise freundlichen DDR-Polizisten begleitet. Kein Wunder, denn Ohnesorgs Todesschütze stand heimlich in Diensten der 'Stasi' – wie sich später herausstellte.

Der Tod von Ohnesorg mobilisierte derart, dass die APO zur Bewegung wurde. Die bislang eher formelle und förmliche Demokratie der Bundesrepublik wurde als inhaltliche Demokratie lebendig. Galt bis dahin – als Folge der entbehrungsreichen Jahre um 1945 durchaus verständlich – Materielles als erstrebenswert, so ging es jetzt auch um Immaterielles. Nach der Fresswelle und dem Wirtschaftswunder ging es in den öffentlichen Debatten um Bildung in Schulen und Hochschulen, um Umweltschutz. Das einst so strahlende Bild des großen Idols USA verblasste. Der vietnamesische Führer Ho Chi Minh, den in Deutschland keiner wirklich kannte, wurde zum populären Politiker. Bürgerinitiativen entstanden. Die paternalistische Stellung des Staates geriet ins Wanken.

Solches Aufbegehren an vielen deutschen Hochschulen ließ international aufhorchen. Weltberühmte Professoren kamen angereist, um die 'rebellischen' Studenten zu sehen. Ich war damals Assistent und konnte miterleben wie die Elite der Sozialwissenschaftler der Welt etwas enttäuscht war von den Kommilitonen, die so sehr kulturrevolutionär doch nicht waren wie es aus der Ferne erschienen war. Aber immerhin: Ausgerechnet in Deutschland gab es eine kleine Jugendrevolte. Wer hätte das gedacht?

Der normale Uni-Betrieb lief während der gesamten revolutionären Zeit weiter. Die Lehrveranstaltungen der Professoren gingen zwar auf das eine oder andere von der 'Bewegung' aufgeworfene Problem ein, aber das Gerüst blieb das alte. Noch immer gab es die 'Einführung in die Volkswirtschaftslehre I – IV', noch immer fand diese früh von acht bis zehn statt. Die Betriebswirte bastelten weiterhin an ihrer Standortsbestimmungslehre, und in der Statistik war das 'Chi-Quadrat' weiterhin der Gipfel der Erkenntnis. Bei den Rechtswissenschaftlern wurde immer noch gefragt, wie man durch den Autobus 'A10' geschaffene Fakten juristisch aus der Welt bringen könnte, und in der Soziologie war Max Weber selbst von Karl Marx nicht von der Tagesordnung zu verdrängen.

Während im Audimax lärmende Vollversammlungen liefen, nahmen Professoren in den Instituten Diplom- und Doktorprüfungen ab. Der Protest war öffentlich, das Studium privat. Wer sich zu einer Prüfung angemeldet hatte, zog sich in die Lesesäle zurück oder paukte zu Hause. Es musste ja keiner wissen! Sicher schien es doch zu sein, am Ende ein Diplom in der Tasche zu haben. War das der Marsch durch die Institutionen'?", sinnierte Ehlert und tat, als habe er diese Frage an Klara Zimmermann gerichtet.

"Aus der APO erwuchsen Blüten, mit denen ich nichts anfangen konnte. Diese Blüten hießen 'K1' oder 'K2' und auch 'RAF'. 'K1' und 'K2' standen für 'Kommune 1' und 'Kommune 2'. Da fanden sich Politclowns und Lebenskünstler zusammen, die witzige Flugblätter verfassten und 'Freie Liebe' propagieren konnten. 'RAF' war das Kürzel für 'Rote Armee Fraktion'. Schon der Name 'Rote Armee' wirkte jedoch in einer Zeit, in der die richtige 'Rote Armee' als Bedrohung empfunden wurde, beängstigend. Dann wurde deutlich, dass die 'RAF' Gewalt einsetzte und sogar vor Mordtaten nicht zurückschreckte. Zwar hielten viele das Vorgehen der Bundesrepublik gegen die 'RAF' für zu brutal, aber mit deren Mordanschlägen mochte kaum einer etwas zu tun haben."

Plötzlich stoppte Ehlert seinen Erzählfluss, denn er kam sich vor wie einer aus seiner Vätergeneration, der in Landsergeschichten schwelgte. Ehlert wollte nicht, dass sich die Kommilitonin Zimmermann heute ebenso langweilt wie er damals. "Das müssen aufregende Zeiten gewesen sein.", kommentierte Klara Zimmermann jedoch. Sie hatte gespannt zugehört. – "Ja, aber vorbei. Heute lästern viele über die APO und behaupten, sie habe nur akademische Faulpelze produziert. Wenn jemand das Diplom in der Tasche habe, liege ihm der öffentliche Dienst zu Füßen. So ein Quatsch!"

Schließlich kam Ehlert doch noch zum Thema: "Apropos Diplom: Also das Exposé gefällt mir. Sehr interessant. Ich freue mich auf Ihre Arbeit." – "Das ist schön. Ich werde so bald wie möglich 'liefern'." – "Gut." Der Professor schaute nach dem Kellner, weil er bezahlen wollte. Da sah er, dass zwei Tische neben ihnen Dr. Klaus Vütter zu Mittag speiste. Vütter war Mitarbeiter der Universität. Er grüßte freundlich herüber.

Ehlert hatte das Gefühl, dass diese Begegnung nicht hätte sein müssen, vergaß sie aber bald.

Einst am "Karlsbad"

Die Kabinettssitzung war vorbei. Die Ministerinnen und Minister verließen erlöst miteinander plaudernd den Saal. Die Chefin, die in der Mitte des großen Konferenztisches saß, blieb an ihrem Platz. Den im Hinausgehen Begriffenen rief sie hinterher: "Ach, Marc und Sven: Bleibt doch bitte noch einen Augenblick!" Harry-Peter Loch bekam das mit und zischelte Bamberger zu: "Was hecken die jetzt schon wieder aus? Alles über unsere Köpfe hinweg.!" Aber auch sie verließen den Raum.

Dann waren Margarete Theile, Marc Stein und Sven Neumann allein im Saal. Ein uniformierter Pförtner schloss die schweren Türen. Frau Theile begann: "Nach der Wahl werde ich nicht mehr auf diesem Platz sitzen. Die Partei möge entscheiden, wer von Euch beiden in den sauren Apfel beißen muss. Aber bis dahin halte ich das Zepter in der Hand, und ich möchte nicht, dass jemand schon vor der Zeit den König spielt." – "Aber das ist doch völlig klar; Du bist die Chefin.", beeilte sich Stein zu erwidern. – "Es hat auch niemand das Recht, schon jetzt Ministerposten zu verteilen. Ob es zum Beispiel einen 'Superminister' geben wird, kann erst nach der Wahl entschieden werden.", stellte Theile fest und nahm dabei Stein ins Visier. Dem schoss es durch den Kopf: "Ob der Sven, die alte Petze, sich bei ihr ausgeweint hat...?", und er sagte: "Ich verstehe nicht. Was für ein 'Superminister'?" – Auch Neumann heuchelte: "'Superminister'? Was ist denn das für ein Gespenst?" – Margarete Theile tat, als lenke sie ein: "Lassen wir das Gespenst also im Schrank. Ich muss es Euch Profis ja nicht sagen: Jedes Eurer Worte wird auf die Goldwaage gelegt. Und wo Ihr auch seid – die Wände haben Ohren. Nichts bleibt geheim!" – "Das klingt wie eine Drohung.", dachte Stein und beeilte sich zugleich zu erklären: "Das ist wohl so. Sven und ich sind uns einig: Keine Kungelei soll zwischen uns entscheiden, sondern allein das Programm, für das wir kämpfen." – "So ist es.", fügte Neumann hinzu.

Margarete Theile schien zufrieden zu sein, legte aber nach: "Und fiese Gerüchte, die man jetzt gegen Euch streut, solltet Ihr am besten ignorieren. Gar nicht drauf reagieren. So etwas läuft sich von alleine tot." – "Gerüchte?", fragte Neumann scheinheilig. "Ich kenne gar keine." – "Davon habe ich auch nichts gehört.", pflichtete Stein bei. – "Ihr Heuchler!", lachte Frau Theile: "Hast noch gar nichts davon gehört, Marc, dass man Deinem Ehlert nachsagt, er treibe es mit irgend so einer Studentin? Und Du, Sven, weist natürlich nichts davon, dass hinter unserem Rücken getuschelt wird, der Freidank habe in mein Arbeitszimmer einen gefälschten Zuckermann gehängt, damit Ihr beide – Freidank und Du, Sven – aus meinem Ausstattungsetat alimentiert werden könnt. – Ich wünsche, dass dieser Mist aufhört, sonst kann die ganze Sache hier auch noch anders laufen!" – "Schon wieder eine Drohung.", dachte Stein: "Aber sie wirkt nicht: Die Partei will alles, nur die Theile nicht noch einmal." – Und Neumann kommentierte treuherzig: "Das ist ja eine Sauerei, das mit dem Zuckermann. Du hast völlig recht, Margarete: Das muss aufhören!" Er nahm bei den letzten Worten seinen Kollegen Stein ins Visier. Der aber blickte träumerisch in die Ferne, so als ginge ihn das alles nichts an. "Ok. Ihr seid entlassen.", kam es von der Ministerpräsidentin. Stein und Neumann verließen den Saal und bestätigten sich gegenseitig, dass ihre Chefin ganz schön auf den Busch klopfen könne, aber dennoch keine Chance habe, im Amt zu bleiben. Das Nachsitzen hatte sie nicht beeindruckt. Im Gegenteil beschlossen sie, in der Cafeteria noch einen Kaffee zu trinken, bevor sie wieder in "ihre Häuser" chauffiert werden wollten.

Beim Kaffee resümierte Stein: "Was wir beide jetzt durchmachen, das ist schon eine Nummer. Als ich noch Staatssekretär war, lief alles ziviler ab." – "Ja wirklich?", fragte Neumann. Er war schon etwas neugierig, aber vor allem hoffte er, in Steins Bericht Munition gegen diesen zu finden. Stein indes erzählte gerne:

"Ich war ja an vier Stellen: Jugend, Schule, Wirtschaft und Wissenschaft. Bevor ich zu Jugend ging, traf ich mich mit der Ministerin, um uns kennen zu lernen. Ich sollte Staatssekretär werden. Damit das geschehen konnte, tat sich im Hintergrund einiges. Zwei andere Staatsekretäre wechselten die Ressorts. So wurde der Posten bei 'Jugend, Familien und Frauen' – wie es offiziell hieß – frei. An der Hochschule, wo ich herkam, begannen die Diskussionen. Sollte ich, der gerade zum Rektor gewählt worden war, in die Regierung gehen? Für eingefleischte Beamte war die Antwort einfach: Der Regierungsposten war höher besoldet als der an der Hochschule. Also hin. Doch auch die idealtypischen Hochschullehrer rieten zu. Als Staatssekretär hätte man mehr Einfluss als im Rektorat. Somit ging es ab in den 'Karlsbad'.

In der Straße 'Am Karlsbad' hatte es in altberliner Zeiten ein öffentliches Bad gegeben, daher kam der Name. Ganz in der Nähe hatte zu dieser Zeit Theodor Fontane gewohnt – ziemlich weit westlich und eigentlich am Stadtrand. Doch später lag 'der Karlsbad' in der Mitte der Stadt. Neben der Verwaltung für Jugend residierte hier die 'Feuersozietät', eine der ältesten Gebäudeversicherungen Deutschlands. Der Pförtner des Dienstgebäudes war Herrchen eines Kampfhundes namens 'Baby'. Das Tier knurrte jeden Passanten an, tat aber angeblich nichts, wie sein Halter versicherte. An dieser Gefahrenstelle schlich ich mich vorbei und erklomm die Treppe zur Ersten Etage. Hier residierte die Ministerin. Ihre Sekretärin empfing mich freundlich, und es gab Kaffee. Der wurde in weißem Porzellan der Marke 'Kurland' von der staatlichen 'Königlichen Porzellanmanufaktur' ('KPM') serviert. Ich sollte dieses Geschirr noch kennen lernen, denn es gehörte zur Ausstattung eines jeden Ministers und Staatssekretärs. Auch dass die Kaffeekanne tropfte, würde ich noch lernen. Beim ersten Besuch im 'Karlsbad' merkte ich das nicht und achtete vielmehr auf die Worte der Ministerin, auf die Persönliche Referentin und auf den 'Abteilungsleiter I', die ebenfalls zu der Zeremonie gekommen waren. Die Ministerin überreichte ihrem künftigen Amtschef die Ernennungsurkunde.

Es vergingen einige Wochen, bis ich mein neues Amt antrat. Von Intrigen war rundum nichts zu merken. An der Hochschule gab ich einen

Abschiedsempfang, zu dem viele freundliche Menschen kamen. Ich paukte die Namen und Funktionen der Verwaltung, deren Amtschef ich werden sollte. So kannte ich, als ich am ersten Tag ins 'Amt' kam, die Namen vieler Mitarbeiter und auch ihre Funktionen. Aber die Menschen, die auftauchten, wichen in ihren tatsächlichen Erscheinungen oft erheblich ab von dem, was ich mir zuvor ausgemalt hatte. Auch Bürokratien sind halt Lebensgebiete von Menschen, und mit ihren Persönlichkeiten prägen sie die Organisationswirklichkeit. Das wirst Du bestätigen können, lieber Sven.

Fragen und Anregungen stürzten auf mich als 'Neuen' ein: 'Wie sollen wir Sie denn anreden?', fragte eine. 'Immer die Ruhe bewahren!', riet der Vorgänger. 'Bei uns hat das Kindeswohl immer Vorrang – da dürfen Sie nicht knieweich vor den Emanzen werden.', versuchte ein Jugendbewegter aus altem Schrot und Korn klar zu ziehen. 'Der hat gut reden.', dachte ich. 'Schließlich ist die Frauenbeauftragte neuerdings hier angestellt, und sie wird sich nicht alles gefallen lassen.'

Der Konflikt zwischen der Jugend- und der Frauenpolitik war nicht der einzige. Jugend- und Familienpolitik beäugten sich ebenfalls argwöhnisch. Die Jugendabteilung war fest in der Hand von Mitgliedern der großen linken Partei, während in der Familienabteilung Anhänger der anderen großen Partei dominierten. Irgendwie trauerte die einen einer langjährigen 'linken' Ministerin ('Else') nach und andere einer resoluten Konservativen. Die aktuelle Ministerin hatte es schwer in diesem Hause, denn sie galt als Politikerin der 'Mitte'.

Ich selbst stieß zunächst auf andere Folgen aus der Übernahme des neuen Amtes. Nach einer langen Woche verwirrender Arbeit im 'Karlsbad' fuhren mein Freund, – ein Krimiautor – und ich in die DDR zu einem Tagesausflug. Dazu benutzten wir meinen privaten gelben Mercedes. Wir hatten vor, am Grenzübergang Woltersdorfer Chaussee 'aus-' und später wieder 'einzureisen'. Vor dem Kontrollpunkt bildete sich die übliche Schlange mit Autos anderer, die ebenfalls die DDR besuchen wollten. Brav reihte ich mich mit dem gelben Mercedes in die Schlange ein. Da sahen wir vor uns einen DDR-Grenzer, der uns aufgeregt zuwinkte: 'Der meint Dich!', sagte der Krimiautor. 'Meinste?' – Ich fuhr an der Schlange vorbei und 'schwupp-die-wupp' waren wir zwei durch die Kontrollstelle geschleust. Die zurück Gebliebenen schauten uns böse hinterher, als wollten sie rufen: 'Stasipack!' Das trauten sie sich aber nicht. Ich vermutete, unsere bevorzugte Behandlung sollte eine Solidarität der Staatsorgane belegen. Mein Mitfahrer jubelte: 'Künftig fahre ich nur noch mit Dir in die DDR. Da werde ich nicht kontrolliert!'.

Die Jugendverwaltung selber war manchmal etwas streng. Das galt vor allem für die Adoptionsstelle. So leicht vermittelte die kein Kind. Bewerberinnen und Bewerber wurden auf Herz und Nieren geprüft. Eines Tages klopfte sogar der Bürgermeister an. Er war ein weithin bekannter Notar und Politiker und hatte den Wunsch, zusammen mit seiner Frau ein Kind zu adoptieren, obwohl er schon Vater eines erwachsenen Sohnes war. Die Adoptionsstelle bestand auf eingefahrenen Kriterien und verwehrte am Ende ihm – dem Bürgermeister! – die Adoption. Für den war das eine Prestigeangelegenheit. Er war richtig wütend. Da geschah etwas Wunderbares: Der Bürgermeister wurde noch einmal Vater und zwar 'ganz normal', weil seine Frau ein Kind zur Welt brachte! Der Adoptionsstelle gegenüber empfand er das als einen persönlichen Triumph.

Allgemein hieß es, am 'Karlsbad' sähe es aus wie bei 'Hempels unterm Sofa'. Ganz zu Unrecht hatte die Behörde diesen Ruf nicht erworben. Ich merkte, dass da etwas dran war: Einmal teilte die Ministerin dem 'Hause' mit, die Regierung habe beschlossen, einen Gesetzentwurf zur Familienpolitik vorzulegen. Dass eine Ministerialbürokratie Gesetzentwürfe ausarbeitet, ist – wie Du weist – normal. Dazu ist sie schließlich da. Aber der am 'Karlsbad' zuständige Referatsleiter – ein Jurist – teilte der Ministerin mit, er könne das nicht, das habe er noch nie gemusst. 'Wie bei Hempels unterm Sofa!', kam mir in den Sinn. Der Verwaltungsleiter machte dem Referatsleiter Beine. Doch ich verstand jetzt, warum dieses Haus nicht ernst genommen wurde. Bei der Finanz- und der Wirtschaftsverwaltung sprach man von 'Jugend, Familie und Trallala', und das Schulressort hielt ebenfalls nichts von dieser Verwaltung, die man als spontihaft einschätzte und der man allzu gerne eins auswischte.

Das Telefon im Vorzimmer klingelte. Die Sekretärin stellte durch, und am Apparat war der Präsident des Parlamentes: 'Stein, Dein Stuhl wackelt. Wieso gebt Ihr nicht 'Rambo II' frei?" – 'Das ist eine fachliche Entscheidung.' – 'Fachlich, fachlich! Wozu zahl'n wir eigentlich so viel Steuern?'– Der Präsident betrieb einen Verleih für Jugendfilme, und verlegte auch das Werk 'Rambo II', das die Prüfstelle – die zum Jugendressort gehörte – als jugendgefährdend einstufen wollte. Ich versuchte, zu besänftigen: 'Bremen hat den Film auch auf den Index gesetzt. – 'Bremen, Bremen!', kam die Antwort. 'Bremen ist pleite, was die machen, interessiert mich nicht!' Schließlich kam es in einem Lichtspielhaus zu einer öffentlichen Podiumsdiskussion über die Frage, ob der Film 'Rambo II' jugendgefährdend sei. Kontrahenten waren der Parlamentspräsident und ich als Jugendstaatssekretär. 'Wir bleiben sachlich!', beschwor mich der Filmkaufmann kurz vor der Diskussion.

Wieder klingelte das Telefon. Jetzt war der Regierungschef dran: 'Ich sitze hier mit den Bürgermeistern. Die wollen den Sinti und Roma keinen Stellplatz überlassen. Ich habe ihnen gesagt: Sie müssen! Sonst enteignet die Jugendverwaltung ein Gelände.' Sinti und Roma kamen jedes Jahr im Sommer. Sie suchten sich Stellplätze und blieben, solange es ihnen beliebte. Sie wussten, dass die Jugendverwaltung für sie verantwortlich war, und sie kannten die zuständige Referentin dort, 'Sinti-Mickie' genannt. 'Sinti-Mickie' hatte das Vertrauen des fahrenden Volkes und kannte sich offensichtlich in seinen Bräuchen aus. Mir berichtete sie, dass jeder Mensch bei den Sinti und Roma drei Namen habe: einen, den die Mutter bei der Geburt ins Ohr des Kindes flüstere und der nie mehr benutzt werde, einen Namen der Gemeinschaft und einen für die Behörden. Letzterer stünde im Ausweis und sei nur für die Umwelt da. – So poetisch die Geschichten der 'Sinti-Mickie' auch klangen, so wusste ich doch, dass die Verwaltung für Sinti und Roma keine Grundstücke 'beschlagnahmen' konnte. Der Regierungschef wusste das ebenfalls. Aber die Bürgermeister glaubten es, und der Chef der Regierung hatte sich ihnen gegenüber durchgesetzt.

In gewisser Weise war die Jugendverwaltung ein Zukunftslabor. Ob emanzipierte Mütter das Recht hätten, ihren Kindern die Identität der Väter vorzuenthalten, wurde heftig diskutiert. Lange vor der Einführung der uns mittlerweile so vertrauten 'Homoehe' ging es weiterhin um die Frage, ob schwule Paare Kinder adoptieren konnten. Bei solchen Debatten standen hausinterne Parteien einander gegenüber. Die klassische Jugendverwaltung hatte das Kindeswohl im Auge und sah die Bedürfnisse emanzipierter Mütter ebenso skeptisch wie die Adoption durch Schwule. Es war pikant, dass die mehr 'links' durchsetzten Teile der Verwaltung meist den konservativen Part spielten, während politisch sonst konservativeren Mitarbeiter neuen Gesellschaftsmodellen gegenüber offen waren.

Der 'Karlsbad' konnte auch – man glaubt es kaum – verschwiegen sein. Solange Deutschland getrennt war, brannten immer wieder Kinder durch die Grenze. Über deren weiteres Schicksal wurde über die Jugendämter in Ost und West entschieden. Die Öffentlichkeit erfuhr davon nichts.

Eine besondere Einrichtung des 'Karlsbades' war der 'Jugendwohlfahrtsausschuss'. Da kamen regelmäßig Vertreter der Praxis, Bürokraten und Politiker zusammen. Bald begriff ich, dass es hier nicht um hehre Grundsätze der Jugendarbeit ging, von denen geredet wurde, sondern um das liebe Geld. Die Vertreter der Freien Jugendarbeit waren gewieft. Sie sprachen von Gefährdungen, Curricula, Supervisionen oder Kriseninterventionen, stellten sich als Anwälte ihrer 'Klienten' dar und hielten doch nur die Hände auf. Ich lernte ein neues Verständnis des Begriffes 'privat' kennen: Der Staat bezahlt mehr, als er selber verbrauchen würde, an 'Freie Träger'. Die 'Freien' bestimmen, wie viel sie haben wollen und was unter ihrer Regie mit dem Geld geschieht.

Zum Glück gab es 'Spiegelreferenten' in anderen Verwaltungen, von deren Existenz ich jetzt erfuhr. Der Referent beim Finanzressort war sein Geld wert. Er antizipierte bei Haushaltsverhandlungen die überbordenden Wünsche der Jugendverwaltung, und sein Minister verspottete die Jugendverwaltung: –'Gut, Sie bekommen das Geld. Aber dann nennen Sie mir auch den Ausgleich in voller Höhe!' – Neues Geld gab es nur, wenn der gleiche Betrag anderswo eingespart wurde. Du kennst das ja, Sven. Hätten nur alle Verwaltungen überall nach diesem Prinzip gehandelt, wäre es zu keiner Eurokrise gekommen!

Urmutter des 'Karlsbades' war übrigens die erste Ministerin hier. Ihr Geist irrte noch immer auf den Verwaltungsfluren. So berichteten ältere Mitarbeiter halb belustigt, halb respektvoll, dass diese Dame ihre Abteilungsleiter gelegentlich sonntags in der Frühe habe antreten lassen. Auch dass sie Verwaltungsfeste durch ihr Erscheinen wie der Leibhaftige um 23 Uhr abrupt beendet habe, wurde kolportiert.

Manchmal meinte ich, Tiergeräusche aus dem Flur in mein Arbeitszimmer dringen zu hören. Ich hatte eine Dienstbesprechung, da tönte es vom Flur her plötzlich 'Muh' und 'Mäh' und 'Kikeriki'. – 'Was ist denn jetzt los?' – 'Och, das ist nur die Jugendgerichtshilfe. Das machen die immer, wenn sie kommen. Auch vor dem Zimmer der Ministerin.', antwortete ein 'Karlsbad'-erfahrener Mitarbeiter. – 'Aber das muss sofort abgestellt werden!', befand ich. – 'Das wollten viele vor Ihnen auch. Ist ihnen aber nicht gelungen.' – Wie bei Hempels unterm Sofa!, stöhnte ich und fand, dass ich ein machtloser Staatssekretär war.

Schließlich erschien die Ministerin im Arbeitszimmer: 'Ich muss Ihnen etwas mitteilen: Der Parteivorsitzende will mich als Generalsekretärin vorgeschlagen. Ich will es machen.' Die Ministerin trat zurück, und der Minister für Arbeit und Betriebe bekam die Verantwortung für den 'Karlsbad'. Der telefonierte ab und an mit mir, ließ mir aber ansonsten freie Hand.

Das war meine Zeit am 'Karlsbad', Sven. Eigentlich war es schön – ganz ohne Intrigen."[4] Neumann resümierte: "Das war bestimmt spaßig. Aber jetzt geht es um alles!" Die Minister trennten sich.

Jeder ging zu seiner Arbeitsstelle.

---

[4] S. hierzu: Jürgen Dittberner, Berlin – Brandenburg und die Vereinigung. Und drinnen tobt das pralle Leben. Eine Innenansicht, Berlin 1994, S. 64 ff

Die Roadmap

Vertraute der Kontrahenten saßen beieinander. Für Stein waren gekommen: Frau Dr. Bauer und Frau Dr. Stein. Der Wirtschaftsminister meinte, das seien die richtigen Vertreter seiner Sache. Für Neumann waren erschienen der Persönliche Referent Dirk Noth und Neumanns Mann, der Galerist Fei Freidank. Diese vier sollten das Rededuell der beiden Anwärter vorbereiten.

"Warum der Ehlert nicht gekommen ist, ist doch klar:", flüsterte Noth Freidank zu. "Die Sache mit der Zimmermann ist ihm peinlich. Außerdem hat er Hinkel an der Backe, diesen komischen Doktoranten." – "Meinst Du nicht, das sind alles Intrigen? Uns versuchen sie ja auch, die Geschichte von dem gefälschten Bild anzuhängen.", gab Freidank zu bedenken. Doch Noth insistierte: "Mach' hier bloß nicht den Moralischen. Die Sache mit der Zimmermann kann uns nur nützen!"

"Haben die Herren Vorberatungsbedarf?", ätzte Frau Dr. Felicitas Bauer. "Wir wollen doch versuchen, eine gemeinsame Roadmap für Sven und Marc zu erstellen. Schließlich haben wir zusammen das Interesse, zu verhindern, dass Frau Theile wieder die Zügel in die Hände kriegt." – "Immerhin ist sie noch unsere Chefin, Frau Dr. Bauer!", kam die Reaktion von Noth. Da schöpfte Lina Stein den Verdacht, dass Neumann und die seinen Anhaltspunkte haben müssten, auf Margarete Theile zu setzen. Sie schrieb auf einen Zettel: "Neumann baut auf Theile!" und schob diesen Frau Bauer zu. Die sah ihn an und nickte kurz Lina zu.

Jetzt provozierte Noth: "Schieben die Damen sich Einkaufszettel zu?" Diese Chuzpe brachte Steins Schwester in Wallung, und sie gab zurück: "Na klar, wir stellen die Zutaten zusammen für eine heiße Suppe, mit der wir Euch die Mäuler verbrennen werden."

Solche Geplänkel waren nicht geeignet, die Besprechung sachlich werden zu lassen. Freidank fand auf einmal, dass es nicht gut sei, zwei Frauen und zwei Männer gegeneinander "antreten" zu lassen. Er grübelte, ob es besser gewesen wäre, wenn zwei Paare aufeinander gestoßen wären. Doch dass die Sache gelaufen sei, war klar, und so nahm er das Wort: "Also Spaß beiseite! Sie haben schon Recht, Frau Dr. Bauer. Wir müssen eine Roadmap für unsere Gladiatoren zusammenstellen. Die sollte zwei Ziele haben. Erstens muss am Ende klar sein, wer der Favorit ist und zweitens dürfen weder Marc noch Sven hinterher beschädigt sein, so dass sie nicht mehr im Kabinett kooperieren können." – "Ziemlich vordergründig.", dachte die Schwester des Wirtschaftsministers, sagte aber: "Dann wäre der Punkt 1 unserer Roadmap ein Satz wie: 'Beide, Stein und Neumann, werden dem neuen Kabinett angehören'." – "Ja, das ist gut.", kam es von der Gegenseite.

Die vier bastelten weiter an ihrer Roadmap. Es lief darauf hinaus, dass beide Minister möglichst viel in der Partei, aber auch öffentlich, auftreten sollten. Ob die Partei am Ende abstimmen sollte, wer die neue "Nr. 1" würde, wurde offen gelassen. Jedenfalls wollten beide Seiten keine "Urwahl". Sie meinten, dass nicht die Partei, sondern die Bevölkerung das letzte Wort haben müsse. Was in der Partei gut ankommt, muss bei den Wählern noch lange nicht überzeugen. So konnte man sich darauf einigen, dass der Vorstand einen Kandidatenvorschlag machen sollte, über den das Volk votieren sollte.

Die Wissenschaftliche Assistentin Dr. Lina Stein fand, dass das trotzdem wieder einmal eine Einigung über den Kopf des eigentlichen Souveräns, also des Volkes, hinweg war und dass dieser Vorgang nicht besonders demokratisch ablaufen würde. Sie sagte aber nichts – übrigens auch nicht zu ihren Kollegen an der Universität. Die mussten von dieser Roadmap ja nichts erfahren. Schließlich machte sie bei dieser Sache hier ohnehin nur mit, um ihrem Bruder einen Gefallen zu tun.

Auch die andere Seite war nicht richtig zufrieden. Freidank warf Dirk Noth hinterher vor, ein richtiger Apparatschick zu sein. Er habe den Eindruck, Noth hätte in seinem ganzen Leben immer nur Politik gemacht und niemals etwas anderes. – "Das siehst Du völlig falsch!", wehrte der Referent ab. "Ich musste mein Studium ja finanzieren, und ich kann Dir ein paar Beispiele dazu nennen." – "Ja, bitte. Ich höre.", sagte Freidank, und Noth wusste nicht, ob er spottete oder die Wahrheit sagte. Die beiden Damen waren abgezogen, und so konnte Noth loslegen:

"Also, da war zuerst die Fleischfabrik. 'Ich hab' Dir eine Arbeitsstelle besorgt. Da kannst Du Dir etwas hinzuverdienen.', sprach der Vater. Bei der 'Arbeitsstelle' handelte es sich um eine Fleischfabrik. Hier wurden halbe Tiere schon geschlachtet angeliefert, und aus der Fabrik heraus kamen Produkte wie Frühstücks- oder Rollschinken, Weinbouletten, Rouladen, Koteletts, Schnitzel usw.. Die Firma exportierte bis nach Großbritannien. Für die Arbeiter hatte man extra einen Laden eingerichtet, wo sie nach Feierabend alles kaufen konnten, was sie vorher hergestellt hatten.

Diese Fabrik war militärisch organisiert. Direkt hinter der Spitze der Hierarchie standen die Fleischermeister. Das waren die Majore. Sie hatten weiße Mützen auf und schnitten mit langen Messern an den Tierhälften herum, die wie in einer Turnhalle an Kletterstangen hingen. Aufgespießt waren sie mit Fleischerhaken; die Köpfe der Tiere fehlten. Die Fleischmajore warfen von ihnen herausgeschnittene Fleischteile in Loren, die – wenn sie voll waren – von Fleischsoldaten an andere Orte der Fabrik gekarrt wurden. Die Fleischsoldaten hatten gestreifte blau-weiße Kittel an und trugen Käppis. Sie brachten die Loren zu Fleischleutnants, die ihre Waren weiter verarbeiteten. Diese Fleischleutnants trugen gelbe Mützen. Sie schnitten Fett ab und schauten, dass sich ihre Stücke als Koteletts oder als was auch immer verkaufen ließen. Besonders auffällig war ein Fleischleutnant, der Weinbouletten herstellte. Dazu tränkte er Fleischbällchen, die gebraten wurden, in Weißwein. Mit einer langen Stange rührte er die Fleischbällchen im Weißwein. Nüchtern war er nie, denn er kostete ständig vom Wein.

Einmal in der Woche stellte eine Spezialtruppe von Fleischleutnants Rollschinken her. Diese wurden einer neben dem anderen an Stangen auf einem

Wagen aufgehängt und durch die Fabrikhalle gefahren. Offensichtlich waren diese Rollschinken wertvoll, denn sie wurden von Fleischpolizisten eskortiert, damit kein Arbeiter sie entwendete. Die Fleischpolizisten hatten "Blaulinge" an und trugen gelbe Käppis. Fleischsoldaten hatten die Aufgabe, die Produkte zu verpacken. Ein Fuhrpark stand ebenfalls zur Verfügung. Die Fleischfahrer trugen gestreifte blau-weiße Kittel und brachten die Waren zu Großhändlern.

Ganz am Ende der Fabrikhalle war eine Kältekammer. Das war das Revier der Fleischrekruten, zu denen ich zählte. Wir mussten kontrollieren, ob das für den Export bestimmte Frühstücksfleisch fachgerecht in ovalen Büchsen eingeschweißt war. So wollten die Briten es haben! Jeweils ein Schlag mit der rechten und mit der linken Handkante war für die Qualitätskontrolle erforderlich. Wenn die Büchse stramm blieb, war alles o.k.; wenn sich Dellen auftaten, war sie nicht richtig gefüllt. Die Fleischrekruten trugen braune Kittel, und nach einem langen Arbeitstag taten ihnen die Hände weh. Gegenüber den Rekruten ganz am Kopf der Halle saß die Generalität. Sie leitete das Ganze und hatte für jedes Mitglied der Fleischarmee eine Karte, die hinter einem Eisengitter steckte. Die Schlüssel zu diesem Gitter hatte nur die Generalität, und auf den Karten war vermerkt, wie lange das Armeemitglied anwesend war. Daraus wurde der magere Lohn berechnet.

Das war mein erster Job. Später kam ich zu Siemens. Bei 'Siemens & Halske' wurden Radios gelötet. Alles roch süßlich nach Lack. Mir fiel eine Mutter herunter. Ich versuchte, sie aufzuheben. Da erschien der Vorarbeiter und sagte: 'Bück' Dir doch nicht. Hier ist eine ganze Kiste mit Muttern.'

Die Arbeiter saßen an langen Tischen vor Fenstern, damit sie das Tageslicht nutzen konnten. Jeder hatte einen festen Platz – 'seinen' Arbeitsplatz. Zu jedem Arbeitsplatz gehörte eine Schublade für Werkzeuge. Die Schlüssel dazu – ihre Nummern waren vermerkt – gab der Vorarbeiter zu Beginn der Schicht aus, um sie gleich wieder einzusammeln, nachdem die Schubladen geöffnet waren. Dann wurden sie weggeschlossen, und am Ende der Schicht wieder ausgegeben.

Die Arbeiter kamen zum großen Teil aus dem Osten der Stadt. Dazu reisten sie auf einer 'Siemensbahn' genannten Stummelstrecke der S-Bahn an, die vom 'Ring' abging. Hier in Siemensstadt war alles 'Siemens'. Es gab die 'Hauptverwaltung', das 'Wernerwerk', 'Siemens & Schuckert' und die 'Carl-Friedrich-von-Siemens-Schule'. Die Arbeiter aus dem Osten erhielten einen Teil ihres Lohnes in 'Ostgeld', 'Mark der DDR'. Das war für die Firma günstig. Nach dem Mauerbau war das nicht mehr möglich.

Aber die Siemensstadt konnte ja nicht umgesiedelt werden. Die Fabriken waren weiterhin Werkbänke des Konzerns. Ich lernte, wie eintönig der Alltag von Siemens-Arbeitern war. Die Tage vergingen in den süßlich riechenden Hallen. Die Pausen waren kurz, und man konnte sich für ein paar Minuten auf dem Werkshof in die Sonne setzen. Einmal am Tage kam ein Wagen mit Speisen durch die Fabrik. Ich freute sich stets darauf, denn auf dem Wagen hatten sie Rollmöpse, und die mundeten. Für die Bastelei bei Siemens bekam ich etwas Geld. Gelernt hatte ich, dass es kein Zuckerschlecken war, bei Siemens Arbeiter zu sein. Das wollte ich später auf jeden Fall vermeiden.

Siemens selber bot Alternativen. An den Toiletten konnte man es erkennen; es gab welche für 'Frauen' und welche für 'Männer' aber auch solche für 'Damen' und 'Herren'. Die letzteren wurden nicht von Arbeitern aufgesucht, sondern von 'Siemensbeamten'. Das konnte man werden, wenn man eine 'Stammhauslehre' mit Erfolg absolviert hatte. Da ich nun einmal in Siemensstadt war und von der Carl-Friedrich-von-Siemens-Schule kam, bewarb ich mich nach dem Abitur als 'Stammhauslehrling'. Meine Mutter war begeistert: Ein höherer Siemens-Angestellter, das wäre doch etwas! Ich ging brav zu den Aufnahmeprüfungen – schriftlich und mündlich, obwohl mir das Ingenieurwesen eigentlich wenig lag. In der mündlichen Prüfung wurde ich gefragt, was ich in den Zeitungen lese. Ich erklärte stolz, dass ich gerne die Leitartikel läse und hatte den Eindruck, dass dies den Prüfern gefiel. Zum eigenen Wohl erkannte Siemens, dass ich für den Ingenieurberuf nicht geeignet war. Aber man wollte mich dennoch gerne zum Siemensbeamten machen. Also wurde ich eingeladen, eine 'Stammhauslehre' zu machen. Danach könnte ich in der Redaktion der Werkszeitung arbeiten. Das wollte ich nun aber überhaupt nicht. Worüber hätte ich schreiben sollen – über technische Angelegenheiten, die mich nicht interessierten, oder über grandiose Erfolge der Firma Siemens, was mir schwergefallen wäre? Ich sagte ab und hatte einen Schritt getan auf dem Wege zum 'Apparatschick', mein lieber Fei!"

Freidank hatte einstweilen genug gehört: "Ich merke schon: Am Ende blieb Dir gar nichts übrig, Du warst schon immer auf dem Weg zu einem richtigen Apparatschick in der öffentlichen Verwaltung. Lass uns gehen und Sven über die Roadmap berichten."

Freiheit!

Klara Zimmermann staunte über sich selber. Eben noch, so kam ihr es vor, hatte sie ihr Studium begonnen und jetzt hatte sie schon ein Manuskript für die Diplomarbeit einem Professor vorgelegt. Der schien sogar angetan zu sein – ob von mehr von ihr oder tatsächlich vom Manuskript, das war ihr selber nicht klar. Ihr fiel der Anfang ein: An der Universität zu sein, das war schon etwas gewesen damals! Man war keine Befehlsempfängerin mehr wie in der Schule. Frei konnte man seiner Wege gehen und sich dorthin bewegen, wo etwas los war. "Studieren Sie im 1. Semester alles Mögliche, nur nicht Ihr eigenes Fach!", lautete der Ratschlag eines erfahrenen und vielleicht auch altmodischen Professors. Der hielt noch etwas vom mittlerweile aus der Mode gekommenen "Studium generale".

Dieser Professor stammte aus einer Zeit, als jeder Studiengebühren bezahlen musste. Er berichtete davon. Das Geld zahlte man bei einer "Quästur" ein. Jede Lehrveranstaltung, die man besuchte, musste im Studienbuch eingetragen und am Ende des Semesters "testiert" werden. Große Lehrveranstaltungen entwickelten sich am Semesterende zur Show des Dozenten, denn die Kommilitonen standen vor seinem Pult Schlange, und der Dozent kritzelte im Eiltempo Unterschriften in die Studienbücher.

Das "Studium generale" war herrlich. Da gab es einen Theaterwissenschaftler, der erläuterte den aktuellen Spielplan. Er schwärmte von Ernst Deutsch, der in Lessings "Nathan, der Weise" spielte: "Der ist so großartig, dass er es sich leisten kann zu nuscheln." – Bei der "Einführung in die Rechtswissenschaften" kam der Dozent eines Tages an den Punkt, wo er formelles von materiellem Recht unterschied. "Ich werde Ihnen jetzt den Unterschied erklären. Wenn Sie es nicht verstehen, ist es nicht so schlimm. Sie müssen ja nicht unbedingt Jurist werden. Es gibt auch andere schöne Berufe: Volkswirt oder Fliesenleger zum Beispiel." – Der Publizist zeichnete das Weltgeschehen nach, und es war eine Innovation, als er erklärte, ein bestimmter amerikanischer Politiker verfüge über "Sex". So etwas traute sich damals kein Nachrichtensprecher zu sagen. – Gleich nebenan konnten die Jungakademiker das "Gossensche Gesetz" kennen lernen, nach dem jedes Bedürfnis mit dem Grad seiner Befriedigung geringer würde. So etwas hatten Volkswirte ausgetüftelt!

Nicht zu übersehen war, dass auf dem gesamten Campus hübsche Jungen herumliefen. Diesen gefielen bestimmt auch die Mädchen. Auch hatten sich permanent kleine Diskussionsgruppen gebildet. Da standen zwei oder drei FDJler, die von der Humboldt-Universität gekommen waren, in einem Kreis mit einer größeren Zahl von "West"-Studenten, und man stritt über die Deutschlandpolitik, die Lage der Arbeiterklasse in Westdeutschland oder das Ansehen der USA in der Welt. Professoren warnten vor den Ostlern; das seien "geschulte Agitatoren und Agenten". Die Studenten aus dem Westen beherzigten solche Ratschläge nicht. Sie hatten den Eindruck, dass die Kommilitonen von "drüben" auch nur mit Wasser kochten und manchmal ganz schön unsicher wurden.

Höhepunkt des Ersten Semesters war die Feierliche Immatrikulation im Auditorium Maximum. Das "Collegium Musicum" – Musikstudenten – spielte. Man trug dunkel. Da stolzierte die Universität herein. An der Spitze schritt der Rektor, dann kamen die Dekane der Fakultäten. Die Professoren trugen Talare, die mit den Farben der Fakultäten verziert waren. Der Prunkzug platzierte sich vor die versammelten Studenten, der Rektor hielt eine Rede und überreichte jedem neu immatrikulierten Studenten eine Urkunde. Dann ertönte feierliche Musik. Die "Universität" zog wieder aus, und die zurückgelassenen Studenten erhoben sich von ihren Plätzen. Das war das Bild der alten Ordinarienuniversität. Klara Zimmermann fand es anrührend. Vielen der Immatrikulierten blieb diese feierliche Veranstaltung unvergessen, und sie hielten die überreichten Urkunden in Ehren.

Vor dem Auditorium Maximum verteilten studentische Vereinigungen und Kreise Handzettel. Es gab Sport- und Kunstgruppen, auch Verbindungen und vor allem politische Organisationen: Klara Zimmermann genoss das alles. Der Campus war weit genug von der elterlichen Wohnung entfernt. Sie fuhr gerne mit dem Doppeldeckerbus hierher, und der tuckerte eine Stunde bis zu ihrem Heim. Schöner war es noch, umzusteigen, die U-Bahn zu nehmen und durch die dunkle Röhre zu rauschen. Während der Fahrt holte Zimmermann ihre Kolleghefter und Aufzeichnungen heraus. Sie arbeitete darin. Schließlich sollten die Mitreisenden sehen, dass sie Studentin war. Und die Gesamtnetzkarte machte sie in der großen Stadt mobil. An der Universität zu sein, das war etwas!

Danach kamen Semester, die nicht so leicht und frei waren wie das erste. Die Zimmermann erinnerte sich an ein überfülltes politikwissenschaftliches Seminar bei Peter Schnabel. Damals war der Parteispendenskandal Helmut Kohls aufgeflogen, aber man blieb beim Seminarprogramm und sprach über die Linkspartei. Nun war sie bei Ehlert gelandet und hatte das Ziel, bei ihm eine Diplomarbeit zu schreiben. "Schade," – dachte sie, – "eine schöne Zeit scheint zuende zu gehen." Und was sie nach dem Diplom, das sie wohl bestehen würde, beruflich tun sollte, wusste sie nicht. Sie war nicht der Auffassung so vieler Politiker, dass ein guter Bildungsabschluss Schlüssel zum beruflichen Erfolg sei. Zu viele ehemalige Kommilitoninnen und Kommilitonen mit guten und sehr guten Examen kannte sie, die keinen Job fanden.

Es klopfte an der Tür zu ihrem Zimmer im Studentenwohnheim. Fast zugleich trat ein junger Mann ein. Es war Leo Weiß, Klaras Freund. Leo war etwas Besonderes, denn er hatte einen tollen Job. Er war Redenschreiber bei Margarete Theile, der Ministerpräsidentin des Landes. Zwar machte sich Weiß in letzter Zeit etwas Sorgen um seine Stellung, denn – das wusste er – seine Chefin würde nach der kommenden Wahl aufhören. Für Klara war das Jammern auf höchstem Niveau, denn für sie war klar, dass Weiß – sollte er unter einem neuen Chef nicht wieder Redenschreiber werden – an irgendeiner anderen Stelle im öffentlichen Dienst wieder auf die Füße fallen würde.

Heute aber wollten Leo und Klara ins Kino gehen und sich "Der Gott des Gemetzels" ansehen. Hinterher lud Leo sie zum Essen ein. Beim Essen – die beiden hielten immer wieder "Händchen" – berichtete Leo eher beiläufig, dass "in Politikerkreisen" das Gerücht umlaufe, Klara hätte etwas mit dem Ehlert. Leo fand das lächerlich, doch Klara machte sich los, ihre dunklen Augen begannen zu funkeln, und sie sprach leise vor sich hin: "Ist das fies!" Leo versuchte sie zu beruhigen: "Jeder weiß doch, dass der Ehlert stockschwul ist." – "Umso schlimmer. Ich lass mir das nicht anhängen. Wer sagt denn so was?" – "Da stecken wohl Sympathisanten vom Neumann dahinter. Es geht gar nicht um Ehlert oder gar um Dich; sie wollen den Stein zu Fall bringen." – "Stein interessiert mich nicht. Neumann auch nicht. Sollen sie alle zum Teufel gehen! Ich habe mit denen nichts zu tun. Ich werde Anzeige erstatten."

Da fiel Klara ein, dass sie neulich mit Ehlert im "Café Kreisky" war als sie ihr Manuskript besprachen. Dr. Klaus Vütter von der Universität hatte sie gesehen. – "Der Vütter, so'n Uni-Fuzzi: Das Schwein hat bestimmt gequatscht, und dann nahm das Gerücht seinen Lauf. Na, der kriegt 'was zu hören!" "Ich glaube nicht, dass die Sache aus der Uni kommt. Das ist so'n Politikgewächs. In der Politik wird dauernd mit Intrigen gearbeitet.", versuchte Weiß, die Stimmung zu retten. Doch er merkte schnell, dass nichts half. Der Abend war hin, und Weiß machte sich Vorwürfe, das Thema "Ehlert" angeschnitten zu haben.

Ohne Stempelabdruck für das jeweils laufende Semester ungültig

Universität Hamburg
Gültig für
S.S. 1960

Universität Hamburg
Gültig für
W.S. 1960/61

Universität Hamburg
Gültig für
S.S. 1961

Exmatrikel erteilt
am 17. Okt. 1961

Universität Hamburg
Gültig für

Soz. Vers.
SS 62

Universität Hamburg
Gültig für
W.S. 1962/63

Soz. Vers.
WS 62/63

Hinkel fühlt sich sicher

Dienstag-Vormittag tagte der Fraktionsvorstand. Man saß zusammen in einem historischen Gebäude. Das war der neue Sitz des Parlamentes, nachdem dieses in den Jahren der Spaltung an einem anderen Ort getagt hatte. Die Herrichtung des alten Gebäudes hatte die Parlamentspräsidentin durchgesetzt. Der alte Ort hatte jedoch ein besonderes Flair. Im Turm läutete seit 1950 die "Freiheitsglocke", und jeden Tag im Radio konnte man dazu die Worte hören:

"Ich glaube an die Unantastbarkeit und an die Würde jedes einzelnen Menschen. Ich glaube, dass allen Menschen von Gott das gleiche Recht auf Freiheit gegeben wurde. Ich verspreche, jedem Angriff auf die Freiheit und der Tyrannei Widerstand zu leisten, wo auch immer sie auftreten mögen."

Vor dem alten Plenarsaal befand sich damals eine bescheidene Lobby: der Brandenburgsaal. Eigentlich war das nur ein mit Teppichen und Sesseln versehener Flur. Der Charme dieses Ortes bestand darin, dass Brandenburg den Abgeordneten lange Zeit so unerreichbar war wie der Mond. Sie mussten in Berlin manches tun, was ihre westdeutschen Kollegen nicht kannten. So hatten die Alliierten etwas dagegen, dass Gesetze der Bundesrepublik unmittelbar auch in dieser Stadt galten. Also verabschiedete das Landesparlament alle in Bonn beschlossenen Gesetze noch einmal. Dazu gab es "Übernahmesitzungen", und lange Zeit war es Konsens, dass es hierbei keine Aussprachen gab. Wenn in – wie es hier damals hieß – "Westdeutschland" der Bundestag gewählt wurde, bestimmte das hiesige Landesparlament am selben Tag seine Bundestagsabgeordneten, die in Bonn jedoch kein Stimmrecht hatten. Vor diesem Sitz des Berliner Landesparlaments fand regelmäßig ein Wochenmarkt statt. Der unterschied sich nicht von anderen in der Stadt. Allerdings labten sich dort Politiker jeden Ranges an Bock- oder Currywürsten. Der Platz war einst gefüllt mit Menschen, als der amerikanische Präsident John F. Kennedy sprach – aber auch wenn Studenten gegen den Schah von Persien demonstrierten. Als die Stadt und Deutschland wiedervereinigt wurden, standen der Bürgermeister und der Bundeskanzler hier und sangen unter Pfiffen des Publikums die dritte Strophe des "Deutschlandliedes" – ziemlich falsch.

Dies alles war Geschichte. Nun verfügte das Parlament über ein prachtvolles Foyer, in dem sich eine schwungvolle Flügeltreppe befindet, die mit einem roten Teppich belegt ist. Wie gering die Macht eines einzelnen Abgeordneten auch sein mag: In diesem herrschaftlichen Gebäude kommt sich jeder Volksvertreter bedeutsam vor. Und schämen müssen sich diese Landes-Parlamentarier der eigenen "bescheidenen" Behausung auch nicht mehr bei Vergleichen etwa mit dem Münchener Maximilianeum oder dem Hamburger Rathaus.

Die Fraktion der großen bürgerlichen Partei war Teil der Opposition. Es "regierten" die andere große Partei und deren linker Koalitionspartner. Daneben waren zwei weitere kleine Parteien "draußen vor der Tür" in der Opposition. Es gab eigentlich nicht viel zu besprechen an diesem Dienstag-Vormittag. Bei der Sitzung des Fraktionsvorstandes spottete man ein wenig über die Koalition und ihre Fehler. Dann wurde der Sitzungsplan für die Ausschüsse durchgesehen. Es folgten Berichte aus den Arbeitskreisen der Fraktion. Jetzt waren die Vorstandsmitglieder etwas mehr bei der Sache als vorher, denn bei solchen "Berichten" konnte es jederzeit zu kleinen Revolten kommen. Schließlich behandelte der Vorstand eine Personalie – ein Assistent war einzustellen. Unter "Verschiedenes" meldete sich Fraktionsgeschäftsführer Hinkel und teilte mit, dass er zu promovieren gedenke. Er wollte schreiben über die innerparteiliche Szene in der großen bürgerlichen Partei nach einer unerwarteten Wahlniederlage. Die eigene Partei war gemeint!

Es entstand eine Pause. Die Vorstandsmitglieder warfen sich Blicke zu. Der Vorsitzende fragte Hinkel: "Werden Sie das denn schaffen? Ich meine ... zeitlich?"

"Ja, ich denke schon." – "Na denn 'mal los. Aber Sie informieren doch nachher die Fraktion?!" – "Selbstverständlich!"

Die eigentliche Fraktionsversammlung begann um 15 Uhr im Fraktionssitzungssaal. Etwa 50 Personen versammelten sich. Neben den Landtagswaren auch einige Bundestagsabgeordnete der Partei gekommen. Assistenten und weitere Mitarbeiter saßen ebenfalls dabei. Der Fraktionsvorsitzende, der zugleich Vorsitzender der Landespartei war, läutete eine Glocke, und die Sitzung begann. Alles lief glatt und routiniert. Der Vorsitzende hatte nicht den Eindruck als wollte jemand an diesem Tage "putschen". Die Versammlung verlief lustlos. Doch als der Versammlungsleiter ankündigte: "Herr Hinkel, unser Geschäftsführer, hat noch etwas wichtiges mitzuteilen.", wurde es ruhig im Saal. Hinkel informierte die Fraktion von seiner Promotionsabsicht. Er versicherte, er werde das zeitlich schaffen und seine Freizeit opfern.

"Ja, aber wozu soll das gut sein?", meldete sich ein Abgeordneter. – "Wir brauchen keinen Doktor, sondern einen Geschäftsführer, der die tägliche Arbeit der Fraktion erledigt!"

Ein anderer setzte nach: "Dabei können Sie aber in Teufels Küche kommen. Sie müssen schließlich das aufschreiben, was sich in unserer Partei abgespielt hat. Was Sie auch schreiben: Einige werden Ihnen das übel nehmen!" Hinkel erzählte etwas von der Methode der 'Teilnehmenden Beobachtung' und dass er sich um eine objektive Darstellung bemühen werde. Die Skeptiker überzeugte das nicht. Sie schwiegen allerdings, nachdem der Vorsitzende etwas zweideutig verkündet hatte. "Na dann fangen Se 'mal an, Kollege Hinkel!"

Hinterher beim Bier spottete einer der Skeptiker: "Können den Rachen nicht voll kriegen, die jungen Leute. Aber noch hat dieser werte Herr Hinkel seinen Doktor nicht in der Tasche!". Hinkel selber war froh über den Ausgang der Sitzung. Hatte er doch die Zustimmung der Fraktion zu seinem akademischen Vorhaben bekommen.

So glaubte er.

Ordinarienherrlichkeit

Die Doktoren und Assistenten Lina Stein und Frank-Walther Hellersberg trafen sich nach dem Comte-Seminar in Hellersbergs Büro. Das war eigentlich ein Stübchen, vollgestopft mit Manuskripten, Büchern und Zeitschriften. Auf einem kleinen Tisch stand ein PC, und Hellersberg konnte eine Schublade darunter herausziehen, um Platz für die Tastatur zu haben. Mit der Maus hantierte er auf dem kleinen Tisch. Um diese Gerätschaften bedienen zu können, drehte der Assistent einen vor seinem Schreibtisch stehenden Besucherstuhl um. Am Schreibtisch selber waren ein Drehstuhl und zwei weitere Besucherstühle. Auf dem Tisch stand ein Telefon. Fax hatte er nicht. Hinter dem Drehstuhl stand ein Bücherregal. Wenn drei Leute zu Besuch kamen, war das Zimmer fast überfüllt.

Hellersberg war Kavalier und bot der Kollegin Stein seinen Drehstuhl an. Sie nahm das Angebot an, ließ sich fallen und stöhnte: "Ganz schön voll unser Seminar, was? Ob die alle an Auguste Comte interessiert sind?". – "Wohl kaum, Lina. Den meisten geht es nur um den Schein. Den wollen sie haben für irgendwelche weiteren Prüfungen." – "Den Eindruck hab' ich auch. Und alle wollen mindestens eine 'Zwei'. Die kriegen schon eine Krise, wenn man ein 'befriedigend' erwägt. Dabei is' 'ne 'Drei 'doch auch kein Mist." – "Ja, das sind so die Maßstäbe. Mach 'was dagegen!"

Hellersberg wechselte das Thema: "Die Sache Stein gegen Neumann nimmt ja Fahrt auf. Mir ist es sowieso egal, wer das Rennen macht. Vielleicht gibt es noch einen lachenden Dritten." Bei dem Hinweis auf den "Dritten" hatte Hellersberg nur auf den Busch geklopft, denn Informationen dazu lagen ihm nicht vor. Lina aber schien mehr hierüber zu wissen, denn ziemlich kühl merkte sie an: "Die arbeiten jetzt mit allen Tricks. Stell' Dir vor: Jetzt streuen sie sogar, ich hätte 'was mit dem Neumann. Mit solchem Gequatsche wollen die Marc abschießen. Das ist ziemlich heftig." – Das gefiel dem Kollegen gar nicht. Er hatte von dem Gerücht bisher nichts gehört, aber allein der Gedanke, Lina und dieser Neumann könnten etwas miteinander haben, machte ihn eifersüchtig. – "Das kannst Du Dir aber nicht gefallen lassen, Lina. Es geht doch auch um Dich dabei." – "Ach was! Das ist Politik. Da gehen die über Leichen. Interessiert mich nicht."

Lina flunkerte ein wenig. Dass sie sich mit Neumanns Leuten getroffen hatte, um für ihn und Marc eine Roadmap zu erarbeiten, erzählte sie Frank lieber nicht. Das Gerede über sie und Neumann störte sie nicht – im Gegenteil: Sie fühlte sich gut bei dem Gedanken, dass man ihr eine Beziehung zu Neumann zutraute. Andererseits hatte sie konkretes Gefallen an Frank und durchaus gemerkt, dass er sie begehrte. So versuchte sie, ihn abzulenken, indem sie das Thema wechselte: "Dem Ehlert wird es egal sein, wie unser Seminar läuft. Überhaupt: Wenn ich mich so an meine alten 'Profs' erinnere, kommt er da nicht mit."

"Was war denn mit Deinen 'Profs'?", wollte Frank wissen. Schließlich war er an allem interessiert, was Lina betraf. Die erinnerte sich: "Da war der berühmte

Soziologe. Dass er in Sachsen aufgewachsen war, konnte man an der weichen Färbung seiner Sprache erkennen. Er war in Leipzig zur Welt gekommen. Als ich ihn kennen lernte, war er rothaarig – wenn auch schon etwas licht. Im Dienst trug der ein wenig untersetzte Mann einen gepflegten Anzug, draußen hatte er eine 'Bombe' – also eine 'Melone' – auf dem Kopf und rauchte dicke Zigarren. Wenn er im Hause war, tuschelten die Mitarbeiter: 'Der Chef ist da. Es riecht nach Zigarre.'

Dieser Professor war Mitglied der anderen großen Partei aus ganzer Seele. Vor der Nazizeit war er, der über Marx und Engels promoviert hatte, Weiterbildungsreferent. Dann wurde er kurzzeitig eingesperrt, kellnerte und arbeitete in der Pharmaindustrie. Nach 1945 habilitierte er sich für Soziologie, wurde Professor und stieg auf zu einem der Großen seines Fachs. Seine Lehrveranstaltungen waren stets übervoll. Er war ein glänzender Redner. Leider hatte er die Eigenart, zu Beginn einer Vorlesung zu betonen, dass er eigentlich viel zu wenig Zeit habe, komplizierte Zusammenhänge darzustellen. Die Zeit war dann irgendwann wirklich weg. Die Seminare liefen bei ihm so ab, dass ein Student einen Teil aus seiner Seminararbeit vorlas, dann kommentierte der Professor, und die Diskussion war eröffnet. Dieser akademische Lehrer war beliebt bei den Studenten. Bei einem seiner runden Geburtstage veranstalteten wir einen Fackelzug. Die Kommilitonen versammelten sich Anfang Oktober mit brennenden Fackeln vor dem Mietshaus, in dem der Jubilar mit seiner Ehefrau wohnte.

Es hieß, der Mann sei etwas weltfremd. Er wisse nicht einmal, was ein Pfund Butter kostete. Dafür hatte er aber seine Frau. Die hielt ihm den Rücken frei, und so konnte der Professor ungestört arbeiten, studieren und rauchen.

Als Parteimitglied hatte er seine Lieblinge und Feinde. Waldemar von Knoeringen war sein Favorit. Der Sachse liebte diesen 'königlich bayerischen Sozialdemokraten'. Die Bayern hatten etwas Individuelles und bedienten den Schalk des Lehrers. Er feixte darüber, dass die weiß-blauen Genossen so erfolglos waren. Weniger mochte der Professor dagegen seinen Parteigenossen Herbert Wehner. Dessen 'Godesberger Programm' kritisierte er, weil diesem keine 'umfassende Gesellschaftsanalyse' voraus ging.

Seine Partei selber hätte den eloquenten Mann gerne zum Minister gemacht. Er aber wollte nicht und bevorzugte das Amt des Professors. Da konnte er frei seine Meinung sagen und musste wenig Rücksicht nehmen.

In Alltagsangelegenheiten war er allerdings wirklich etwas schusselig. Als er gleich drei Studenten auf einmal promoviert hatte, wollte er sofort seinen weiteren Geschäften nachgehen. Doch seine Sekretärin hinderte ihn daran. Sie sorgte dafür, dass eine Flasche Sekt gekauft und geöffnet wurde, um mit den jungen Doktoren anzustoßen. Diese Prozedur ließ der Soziologie-Professor schließlich geduldig über sich ergehen.

Ein anderer Hochschullehrer lehrte ein Fach, das ihm ganz alleine gehörte, denn den Begriff 'Zeitungswissenschaft' hatte er erfunden. Dieser Professor war eine mächtige Erscheinung. Er füllte das Auditorium Maximum aus. Einmal in der Woche hielt dieser Ordinarius dort seine Vorlesung 'Das aktuelle Ereignis in Wort,

Schrift und Bild'. Da strömten Studenten aller Fakultäten herbei, um sich dieses Ereignis nicht entgehen zu lassen. Zwar war der Begriff 'Zeitungswissenschaft' etwas anachronistisch. Der Publizist ließ selbst keinen Zweifel daran, dass das Fernsehen die anderen Medien überrundet hatte. An 'Zeitungswissenschaft' hielt er jedoch fest. Im Spiegel der Berichterstattungen in den Massenmedien ließ er aktuelle Ereignisse der Zeit Revue passieren. Das hatte seinen Reiz. Da stand der ältere Herr auf dem Podium des Audimax und erklärte den Studenten pathetisch, dass der junge Kandidat der Demokraten die Präsidentenwahl in den USA wohl gewinnen werde. Dann befahl er: 'Film ab!' Man sah auf einer Leinwand den Bewerber bei einer seiner Reden. Der Vortragende gebot einem verborgenen Helfern: 'Stopp!' und erläuterte, worin das Charisma des Bewerbers läge. Der Zeitungswissenschaftler hatte richtig gelegen. Der junge Kandidat John F. Kennedy gewann den Wahlkampf und wurde der 35. Präsident der USA.

Dieser Professor gehörte in der Stadt zum Establishment. Wahrscheinlich war er Mitglied oder zumindest Sympathisant der großen Partei. Im Foyer stand er festlich gekleidet und mit einem riesigen Orden geschmückt da, wenn der jährliche Presseball gefeiert wurde. Jeder, der etwas auf sich hielt, kannte ihn. In der Nazizeit hatte er wohl nicht gerade an der Spitze des Widerstandes gestanden. Über diese Zeit hinweg hatte dieser Professor sein fachliches Renommee gerettet. Als Lehrer war der Mann streng und förmlich. Bei ihm gab es keine 'Semesterferien', sondern nur 'Zwischensemester'. Als ich mich eines Tages entschuldigen wollte, ich würde den vereinbarten Termin für ein Referat im Seminar nicht halten können, brauste er auf: 'Und was machen sie nachts?'"

Lina sann dieser Episode nach: – "Das war noch ein Professor mit Ecken und Kanten! Heute dürfte er dergleichen nicht sagen. Sofort hätte man ihn wegen 'Sexismus' auf die Anklagebank gesetzt.

Ganz anders dagegen der Jurist. Er war hanseatisch-steif und versuchte ebenfalls im Audimax Studenten sein Fach näher zu bringen. Der Mann war schlank, trug stets eine Fliege und legte bei seinen Vorlesungen große Strecken zurück, indem er auf der Bühne hin und her marschierte. Dieser Juraprofessor hatte Humor und konnte die kniffligsten juristischen Zusammenhänge an Fällen erläutern, in denen der am Audimax regelmäßig vorbeifahrende Linienbus eine Rolle spielte. Eigentlich war seine Veranstaltung für Sozialwissenschaftler gedacht, und der Jurist konnte und wollte der Versuchung nicht widerstehen, zu verdeutlichen, dass – gemessen an der Juristerei – alle anderen Fächer allerhöchstens zweite Wahl waren. Die Arroganz seines Vortrages machte die Würze seiner Veranstaltungen aus.

Ein weiterer Professor, an den ich mich erinnere, hatte seine regelmäßigen Vorlesungen über die Grundlagen der Volkswirtschaftslehre bereits publiziert. Als Lehrbücher lagen sie vor und waren für alle Studenten wohlfeil. Dieser Wissenschaftler trug seine Erkenntnisse und Theorien jedoch immer wieder persönlich vor – leise und mit wenig Temperament. Gerade das wirkte professionell. Die Vorlesungen waren gut besucht, wenn auch manch ein

Kommilitone so am frühen Morgen vom Schlaf übermannt wurde. Das Klappbrett vor dem Sitz im Hörsaal diente bei der dicken Luft auch mir manchmal als Ersatzkopfkissen. Ich wunderte mich später oft, wer in Deutschland so alles Wirtschaftsminister wurde und hatte den Eindruck, dass diese Politiker sämtlich nicht das fachliche Niveau dieses Professors hatten. Das gilt leider auch für meinen Bruder Marc.

Natürlich gab es auch einen Statistik-Professor. Das war ein netter Herr mit einem leichten Sprachfehler. Aber er war ein pädagogisches Großtalent. In der Wahrscheinlichkeitslehre rechnete er aus, dass es praktisch nicht dazu kommen werde, dass alle Autobesitzer zur gleichen Zeit zu einem bestimmten Platz fahren würden. Und es sei ein 'Paradoxon', dass Flugzeuge einer bestimmten Linie nach X Starts irgendwann statistisch 'dran' wären, abzustürzen, dass aber der X-te Flug genau die gleiche geringe Chance zum Absturz hätte wie jeder andere. Auch dass vor Kriegen mehr Jungen als Mädchen geboren würden, gab der Statistiker bekannt. Gerne trug er eine andere Statistikerweisheit vor: 'Der ungeborene Sohn ist der Vater vieler Töchter.'

Als ich nach vier Semestern den 'Großen Statistikschein' mit der Note 'Drei' erwarb, kommentierte dieser Professor: 'Das sind die Leute, die später einmal promovieren.'

Bei der Betriebswirtschaftslehre war ich mir nicht ganz sicher, ob es sich überhaupt um eine Wissenschaft handelte. Aber auch da gab es einen berühmten Ordinarius. Das war ein trockener Typ, der sich für Buchhaltung begeistern konnte. Er erklärte, warum es das Fach Betriebswirtschaftslehre überhaupt gab und was der Unterschied zur makroökonomisch ausgerichteten Volkswirtschaftslehre sei. Dieser Betriebswirt hatte die Marktforschung zum Teil seines Faches gemacht und damit einen Weg in das richtige Leben gefunden. Für die Betriebswirtschaftslehre gab es übrigens seit alters her einen spezifischen 'Reader', den 'Wöhe'. Vor dem warnte der Professor. Alle Studenten lernten jedoch daraus und wurden so passable Betriebswirte. Die Prüfungen eröffnete der Betriebswirtschaftsprofessor stets mit der Frage: 'Was haben Sie gelesen?' Da durfte man auf keinen Fall den Namen 'Wöhe' nennen. Wenn diese Falle umschifft war, lief der Rest der Prüfung meist wie geschmiert, so auch bei mir. Tja.

Diese und die anderen Ordinarien waren stolz auf ihren Status. Sie waren sich sicher, die wahren Repräsentanten ihrer Fächer zu sein. Sie waren alle über 50 Jahre alt. Die jüngeren Professoren von heute, zu denen Ehlert gehört, haben einen anderen Stil. Sie gehen dialogbereiter auf die Studenten zu, und teilweise geht ihnen der Ruf voraus, dass sie sich im Ausland – gelegentlich sogar in den USA– umgetan hätten und dort Anerkennung fanden. Immer häufiger ist unter diesen 'Jüngeren' eine Frau! Die Zeit ist eben auch an der Universität nicht stehen geblieben.", schloss die Assistentin. Frank hatte sie während dieses Rückblicks fasziniert angeschaut. Je mehr sie redete, desto mehr gefiel sie ihm. Die Sache mit Neumann hatte er ganz vergessen.

Lina etwas Persönliches zu sagen, traute er sich jedoch noch nicht.

Patt

Mittlerweile waren es nur noch sechs Monate bis zur Wahl. Irene Nuhr-Meyer fand, dass es Zeit wäre, eine Entscheidung über die Nachfolge von Frau Theile zu treffen. Sie wollte der Partei eine Strategie für die Wahl vorschlagen und meinte, dazu einen "Spitzenkandidaten" zu benötigen. Zwar müssten nach der Verfassung den Wählern Listen zur Wahl vorgelegt werden, aber die Bürger wollten zu gerne wissen, wer künftig Chef oder Chefin sein sollte. Schließlich ließen sich Personalvorschläge leichter begründen und verstehen als Sachfragen. Dass das so sei, hatten Wahlexperten Frau Irene Nuhr-Meyer immer wieder vorgebetet. Außerdem machten es die Amerikaner auch, und die USA waren schließlich das große Vorbild nicht nur für Frau Nuhr-Meyer.

Die Vorsitzende lud ihren Vorstand mit einer ziemlich kurzen Tagesordnung ein: "1. Berichte, 2. Wahl, 3. Verschiedenes". Gekommen waren neben den gewählten Mitgliedern des Vorstandes Frau Theile, die Minister Stein und Neumann natürlich, deren Kollegen Liemann, Hansen, Sawatzki und Venle sowie der Chef der Staatskanzlei, Bernstein-Mösberger.

Frau Nuhr-Meyer hielt zu "TOP 2" ein kleines Referat und betonte, dass es nur noch sechs Monate bis zur Wahl seien. Sie sagte, die Partei müsse jetzt geschlossen auftreten. Es wirke altmodisch und sei abschreckend, wenn jemand von den Parteien verlange, sie sollten Wettbewerber um politische Konzepte sein. Außerdem müsse das Wollen der Partei "personalisiert" werden. Sie benötige einen "Kopf". "Daher würden wir gerne hören, ob die beiden Herren sich geeinigt haben, ob die Regierung – jedenfalls 'unser Teil' derselben – einen Vorschlag hat, was die Fraktion will und – last but not least – was sagen Sie denn, Frau Theile?"

Stein meldete sich zuerst: "Wir, der Sven und ich, haben uns geeinigt, dass es fair zugehen sollte zwischen uns. Wir wollen ja beide nach der Wahl noch zusammenarbeiten. Daher dachten wir, dass wir erst einmal in der Partei 'vorsingen' sollten." – "Das haben Sie schon getan, neulich, als Neumann über seine 'Perspektiven für morgen' referiert hatte und Sie das Korreferat hielten. Das war doch sehr informativ. Also, das ist abgehakt.", machte die Parteivorsitzende klar.

Stein und Neumann, alle beide, spürten, dass es jetzt ernst würde. Da meldete sich Frau Theile: "Also ich weiß nicht, ob wir die Sache übers Knie brechen sollten. Es ist noch einiges zu klären." – "Na, was denn?", – wollte die Vorsitzende wissen. Die Ministerpräsidentin zögerte. "Na, da ist die Sache mit dem angeblich gefälschten Bild und dann diese Frauengeschichten." – "Gefälschtes Bild?", – wollte Nuhr-Meyer wissen. Frau Theile breitete die Geschichte um das eine Zuckermann-Bild aus und berichtete von der Behauptung, sie habe über Freidank dem Neumann zu Unrecht "Staatsknete" zukommen lassen. "Das alles ist erstunken und erlogen, und ich will, dass es gerade gerückt wird, bevor wir uns entscheiden." Doch die Vorsitzende fand: "Das sind doch bloß Lügen – ich bin ganz sicher: So etwas sollte uns nicht bekümmern. Die Karawane zieht weiter, und morgen ist alles vergessen." Neumann schaltete sich ein: "Nichts ist dran an dieser angeblichen Fälschungsarie. Sowohl Zuckermann als auch Fei haben mir bestätigt, dass beide Bilder bei der Ministerpräsidentin echt sind. Es gibt sogar Anfragen von seriösen Museen, soweit ich weiß." – "Das stimmt.", bestätigte die Ministerpräsidentin. Da erklärte Marc Stein, der Wirtschaftsminister, er fände, das Gerücht um die angebliche Fälschung sei ein "Trojaner". Es solle nur Neumann verunglimpft werden. Auf diese Art jedoch, so tönte Stein, wolle er Neumann nicht besiegen. Es gehe schließlich um das Land und seine Bürger und nicht um Stein oder Neumann, die gerade im Ring ständen.

Während er so redete, dachte Stein, mit dieser Pose käme er an und würde einen Punktsieg einfahren. Die Parteivorsitzende gab ihm Recht, und das Thema "Bilderfälschung" schien vom Tisch zu sein. "Und was ist mit den sogenannten 'Frauengeschichten'?", forschte Nuhr-Meyer weiter. Nun flunkerte sie etwas, denn sie hatte bereits vom Ehlert und seiner "kleinen Studentin" gehört – ebenso davon, dass der Neumann es mit Steins Schwester treiben solle. Sie glaubte, dass auch diese Geschichten unwahr seien, weil: "Das sind doch alles Schwulis!", dachte sie. So etwas würde sie aber nie aussprechen, denn die Parteivorsitzende war sehr auf den Anschein bedacht, politisch korrekt zu sein. Also heuchelte sie, wenn sie nach den 'Frauengeschichten' fragte. – "Ich will das hier nicht ausbreiten.", blockte die Ministerpräsidentin ab. "Es ist alles so widerlich. Das sollten die Herren unter sich klären, und deswegen bin ich auch dagegen, dass wir heute entscheiden."

Neumann meinte heimlich, nun säße der Stein in der Falle mit seinem Ehlert und der Studentin. Nuhr-Meyer spekulierte, nun säßen beide Jungminister in der Falle, Neumann und Stein mitsamt Steins wunderbarer Schwester. Insgeheim fand sie das nicht schlecht, denn die Alternative "Stein oder Neumann" war noch nie nach ihrem Geschmack gewesen. Sie glaubte, selber die bessere Nachfolgerin zu sein. Verwaltungserfahrung hatte sie ja. Die Vorsitzende erinnerte sich daran, dass sie einst an der Fachhochschule für Verwaltung studiert, dann ein Aufbaustudium an der Universität mit der Promotion abgeschlossen und danach als Staatssekretärin für Wirtschaft gearbeitet hatte. "Sie werden interessante Leute kennen lernen.", versprach seinerzeit der Minister, der sie eingestellt hatte. Für eine, die sich bis dahin bei Bürgerinitiativen und Modellversuchen ausgekannt hatte, war das für die Welt der Wirtschaft eine vielversprechende Ankündigung. Sie sollte sich als wahr herausstellen. Die Frauen und Männer der Wirtschaft hatten ihre sehr persönlichen Eigenarten. Außerdem war es die Zeit der Wiedervereinigung. Da kamen interessante Persönlichkeiten aus aller Herren Länder angereist.

Zwischen den zwei Staatssekretären im "Hause", dem angestammten und ihr als der neuen gab es eine faire Aufteilung der Zuständigkeiten. Bald machte sich der Minister daran, die Referate "seines Hauses" zu besuchen. Dabei nahm er Nuhr-Meyer, die Neue, gleich mit. Ein Referatsleiter klagte: "Herr Minister, die Frauen in den anderen Ressorts machen uns das Leben schwer." Nuhr-Meyer erwartete eine emanzipationsfreundliche Pflichtübung des Ministers als Antwort. Doch der freute sich einfach.

Nuhr-Meyer veranstaltete "Abteilungsrunden". Die Referatsleiter mussten mitsamt ihrem jeweiligen Chef, dem Abteilungsleiter, regelmäßig erscheinen und über aktuelle Vorgänge berichten. Ein Abteilungsleiter hatte die Referenten am Besprechungstisch der Amtschefin postiert, und als Frau Nuhr-Meyer den Raum betrat, stand er auf und meldete wie beim Militär: "Frau Staatssekretärin! Die Abteilung 2, Referat 3, ist versammelt!"

Ein wenig war die Verwaltung ja auch aufgebaut wie eine Armee. Es gab "Linien" – die Entscheidungswege vom Minister über die Staatssekretäre, die Abteilungs- und Referatsleiter bis zu den Referenten, und es gab "Stäbe", so den Leitungsstab mit Staatssekretär, Persönlichem Referenten, Pressesprecher und Redenschreiber beim Minister. Dann waren da noch "technische Einheiten" wie die Sekretärinnen, die Fahrer, die Büroboten oder Pförtner. Der Pförtner am Eingang des Hauses nahm übrigens mindestens zweimal am Tage Haltung an: Wenn der Minister kam und wenn er ging. "Guten Morgen, Herr Minister" und "Guten Abend, Herr Minister!", schallte es kräftig. Dem Minister gefiel das.

Die Verwaltung hatte auch eine "Verbindungsstelle". Dort waren Mitarbeiter tätig, die über eine in Leder gebundene Mappe mit der goldenen Aufschrift "Kabinett" verfügten. Diese "Kabinettsmappe" wurde vor jeder Kabinettssitzung einem Staatssekretär ausgehändigt und enthielt die vorgesehene Tagesordnung. Die einzelnen Vorlagen waren mit Voten von Referenten des "Hauses" versehen. Diese Mappe nahm der Staatsekretär oder die Staatssekretärin mit zur "Staatssekretärskonferenz". Da trafen sich die Kollegen aller "Häuser", und die Tagesordnung der kommenden Kabinettssitzung wurde vorbereitet. Es gab Vorlagen, denen alle zustimmten. Die kamen in den "Block". Sie waren beschlossen, und die Minister mussten darüber gar nicht reden. Andere Vorlagen wurden von ihren "Häusern" zurückgezogen. Übrig blieben strittige Punkte. Über die sollten die Minister entscheiden. Nach der Staatssekretärskonferenz wanderte die Mappe zum Minister. Der gab sie nach der Kabinettssitzung wieder in die Obhut der Verbindungsstelle, die sich als eigentliche Eigentümerin der Mappe fühlte. Die Verbindungsstelle war vernetzt mit den Verbindungsstellen der anderen Verwaltungen und beanspruchte eine ressortübergreifende Kompetenz.

Frau Nuhr-Meyer wusste natürlich auch, dass es "Spiegelreferenten" gab. Sie waren bekanntlich gedacht als Zuträger des Regierungschefs oder besonders wichtiger Minister. Diese Spiegelreferenten saßen zwar meist in den "Häusern" und waren doch eigentlich "Aufpasser" ihres Herkunftsressorts. Das "Haus" des Chefs der ganzen Regierung – die Staatskanzlei – unterhielt Spiegelreferenten in allen Fachressorts, damit die Zentrale stets im Bilde war, was anderswo vorging. Die Sache funktionierte jedoch nicht immer optimal: Mal assimilierte sich ein Spiegelreferent in seinem "Gasthaus", so dass er dorthin loyal war. Mal wurde der Aufpasser im "Gasthaus" geschnitten und brachte nichts Relevantes in Erfahrung. Frau Nuhr-Meyer war sich sicher: Wäre sie Ministerpräsidentin, würde sie es mit ihren Spiegelreferenten schaffen, überall "durchzuregieren", auch in den Ressorts, die von Ministern der anderen Partei geleitet wurden.[5]

Frau Nuhr-Meyer fiel ein, dass sie einmal eine Besichtigung in einem chemischen Betrieb gemacht hatte. Hier wurde ein Produkt hergestellt, das eigentlich nutzlos war, aber die Kunden rissen sich danach. Der Umsatz brummte und die Kasse stimmte. "So muss man es auch in der Politik machen.", überlegte die Vorsitzende. "Hauptsache, die denken alle, die Chefin habe die Macht und wisse wo es lang gehe. Dann kuschen sie." So wollte sie es halten und ließ die "liebe Kollegin" Theile jetzt im Regen stehen: "Frauengeschichten hin oder her. Wir müssen heute entscheiden. Schließlich muss die Agentur rechtzeitig wissen, wer auf's Schild gehoben und auf die Plakate gedruckt werden soll". Darüber ließ sie gar nicht richtig abstimmen; das machte sie "per Akklamation": "Sieht jemand das anders?" Der Vorstand schwieg. "Gut, dann stimmen wir ab. Stein oder Neumann: Sie kennen ja die Herren. Abstimmungsberechtigt sind übrigens – das ist doch klar – nur die gewählten Vorstandsmitglieder."

Das waren 15 Personen. Es wurde mit Stimmzetteln votiert. Das Ergebnis war – zumindest für Stein und Neumann – enttäuschend. Jeder der beiden erhielt nur drei Stimmen; es hatte also neun Enthaltungen gegeben. Nuhr-Meyer hatte so etwas kommen sehen, doch nach außen erklärte sie: "Das ist ja schlimm! Was machen wir nun? Ich schlage ein Moratorium vor. In einer Woche wird entschieden. Bis dahin unterbreche ich die Vorstandssitzung." Niemand widersprach. Es war so beschlossen.

In Gedanken triumphierte Frau Nuhr-Meyer. Sie legte sich einen Schlachtplan zurecht und wollte als erstes "die Frauen" zusammen rufen. Denen würde sie vorschlagen, dass Frau Theile Ehrenvorsitzende der Partei werden sollte. Danach sollte die Frage aufgeworfen werden, ob der Frau Theile im Unterschied zu den bisherigen Optionen nicht doch besser eine Frau folgen sollte. Nuhr-Meyer war sich sicher. Natürlich würden die Frauen das wollen, und wenn sie das erst einmal beschlossen haben würden, dann war das eine Vorlage für sie. Es würde heißen: "Neue Ministerpräsidenten soll Frau Dr. Irene Nuhr-Meyer werden!"

An diesem Gedanken labte sich die Vorsitzende.

Gut gelaunt verließ sie den Sitzungssaal.

---

[5] Vergleiche Jürgen Dittberner, Berlin – Brandenburg und die Vereinigung. Und drinnen tobt das pralle Leben. Eine Innenansicht, ebenda

Vorbei

Hinkel hatte seine Dissertation schließlich eingereicht, und sie wurde sowohl von Prof. Ehlert als auch von Prof. Schweizer angenommen. Wie es die Promotionsordnung vorsah, wurden die Gutachten der beiden in der Fakultät eine Zeit lang ausgelegt. Dann fand das Rigorosum statt. Hinkel musste vor fünf Professoren seine Arbeit beschreiben und "verteidigen". Dazu hatte er Fragen der Hochschullehrer zu beantworten. Am Ende beriet die Kommission und entschied, dass Hinkel bestanden habe. Auch die Note wurde festgelegt. Der Vorsitzende plädierte für eine bessere Note, aber Ehlert und Schweizer wehrten sich dagegen.

Hinkel durfte sich noch nicht "Dr." nennen. Dazu bedurfte es der Publikation seiner Doktorarbeit. Mit der Abwicklung dieser Angelegenheit wurde Ehlert betraut.

Ehlert hatte den Eindruck, dem Jungpolitiker käme es vor allem auf die zwei Buchstaben vor dem Namen an. Wissenschaftlichen Ehrgeiz hatte Hinkel mit seinem Promotionsvorhaben ganz bestimmt nicht. Aber mit der Publikation seiner Arbeit ging es irgendwie nicht recht voran. Vielleicht wollte er, dass sich in seiner eigenen Partei der Rauch von den jüngsten Kämpfen um Führungspositionen etwas verzogen hatte, bevor er mit seinem "Werk" in die Öffentlichkeit ging, dachte Ehlert. Aber wie auch immer; er verlor die Sache etwas aus den Augen.

Monate später erhielt Ehlert einen Anruf von der Universität. Ein großes Boulevardblatt wollte die Dissertation des Herrn Hinkel sehen, aber die sei nicht auffindbar. Einem der Funktionäre aus Hinkels Partei war zugetragen worden, dass er in dessen Arbeit zwar korrekt aber doch irgendwie unsympathisch beschrieben worden sei. Dagegen wollte der vorgehen. Weil er keinen Text fand, schickte dieser Partei-"freund" das Blatt vor. Die Universität war in heller Aufregung, Ehlert noch nicht.

Natürlich wurde auch Hinkel von der Sache informiert. Nun geschah etwas Merkwürdiges. Hinkel teilte der Universität – nicht Ehlert und auch nicht Schweizer – mit, er habe seine eigene Arbeit noch einmal durchgesehen und müsse gestehen, dass diese Mängel enthalte. Mehr noch: Jetzt sei ihm aufgefallen, dass er Textstellen abgekupfert habe. Er habe aber gar nicht gewusst, dass Plagiat in der Wissenschaft verpönt und verboten sei. Jetzt aber wisse er es, und deswegen zöge er seine Arbeit zurück.

Diese Entwicklung war erstaunlich. Sie desavouierte die Universität, Prof. Schweizer und besonders den "Erstgutachter" Prof. Ehlert, denn sie hatten offensichtlich nicht gemerkt, was der wissenschaftliche Laie Hinkel bei seinem zweiten Blick auf das eigene Werk sofort erkannt habe, dass seine Arbeit nichts tauge. Die Promotionskommission trat erneut zusammen, und Hinkel wurde der Doktortitel – den er noch gar nicht führen durfte – aberkannt. Damit nicht genug: Nun wurde behauptet, Ehlert habe den Hinkel protegiert. Mit dieser Behauptung sollte Marc Stein, der Mann von Ehlert, getroffen werden. Denn ein Protegieren von Hinkel durch Ehlert hätte doch nur den Sinn haben können, das Terrain für Stein im politischen Umfeld zu glätten. Der Ausdruck für so etwas war: "Pflege der politischen Landschaft" – diesmal nicht mit Geld, sondern mit Protektion. So entwickelte sich die "Plagiatsaffäre Hinkel" zu einer weiteren Belastung für Stein. In der politischen Küche war es heiß geworden.

Hinkel indes machte sich, wie Politiker sagen, "einen schlanken Fuß". Er gab den Zerknirschten, bat aber seine Fraktion um das Vertrauen. Es wurde eine Sitzung der Fraktion einberufen, und mit großer Mehrheit wurde Hinkel das Vertrauen ausgesprochen.

Hinterher saßen wieder zwei Abgeordnete beim Bier, und einer sprach: "Ich hab's doch gesagt: Der hat seinen Doktor noch nicht in der Tasche!"

Der Deal

Stein war richtig wütend. Er schnauzte seinen Ehemann an: "Erst setzt Du Dich mit so'ner Studententussi ins Restaurant und grüßt auch noch diesen Uniheini. Dann lässt Du Dich von diesem politischen Babyface Hinkel bescheißen und Dich als sein Protektor hinstellen. Und schaden tut das alles mir. Dich trifft das nicht! Du bleibst im Amt und kriegst weiter Dein C-4-Gehalt. Mir aber geben sie im Vorstand nur drei Stimmen, und alles wegen dem Mist, den Du verzapft hast!" – "Also nun 'mal langsam.", wehrte sich Ehlert. "Erstens hat der Neumann auch nur drei Stimmen gekriegt; es muss also auch an Euch liegen. Und zweitens kann ich nun wirklich nicht dafür, dass Deiner Schwester Lina ein Verhältnis mit Sven nachgesagt wird. Die ganze Partei zerreißt sich das Maul darüber!" –"Das mit Lina und Sven ist absurd. Selbst Lina lacht darüber." – "Jetzt bist Du aber politisch naiv. Ob das absurd ist oder nicht: Euch beiden schadet es, wenn so etwas erzählt wird. Dir schadet es noch mehr als Sven, denn Deine Schwester erscheint als Person, die gegen Dich arbeitet." – Stein resignierte, beruhigte sich aber auch: "Das sind alles Lügen. Sven leidet auch darunter, die Geschichte mit dem gefälschten Bild und das Gequatsche um Lina. Vielleicht hat die Sache sogar Methode...Und wem nützt alles? Na klar: Der Nuhr-Meyer! Die hat jetzt freie Bahn. Wirkte auch irgendwie fröhlich nach der letzten Vorstandssitzung mit den popligen drei Stimmen. Ich muss mich sofort mit Sven in Verbindung setzen." – "Ruf ihn doch an.", riet Ehlert. "Kasimir, ich glaube, Du hat Recht. Ich sollte jetzt wirklich Sven anrufen. Tut mir leid, dass ich ebenso aufbrausend war." – "Schon gut, mein lieber. Ist ja auch ein fieser Job, Dein Ministeramt."

Stein rief Neumann an: "Du, wir müssen uns darüber beraten wie's weiter gehen kann. Das mit den jeweils drei Stimmen war doch ein abgechartertes Spiel." "Den Eindruck habe ich allerdings auch.", erwiderte Neumann den Wissenden markierend, schloss aber dennoch die Frage an: "Wen meinst Du?" Stein zögerte ein wenig: "Na...die Nuhr-Meyer, die hat doch die Sache gut hingekriegt." "Ja, an die hab' ich auch schon gedacht. Könnte sein, dass sie jetzt die Emanzennummer abzieht. Als Schwule sehen wir dann aber ganz schön blass aus." "Aber das lassen wir uns doch nicht gefallen, Sven?!" "Was willst' 'n machen? Eines steht jedenfalls fest: Wenn die Nuhr-Meyer rankommt, spiele ich nicht mehr mit!" – Das gefiel Stein gar nicht: "Nun aber 'mal langsam mit den jungen Pferden. Die Nuhr-Meyer hat doch im Vorstand gefragt, ob wir uns geeinigt hätten. Wenn wir ihr jetzt in die Parade fahren und erklären: Die Einigung ist da?" Neumann reagierte etwas schnippisch: "Ich weiß schon, Du machst den Ministerpräsidenten und ich den 'Superminister'. Warum eigentlich nicht umgekehrt?" "Das macht doch keinen Sinn. Ich müsste dann Wirtschaft und Umweltschutz nehmen. Das glaubt mir doch keiner. Alle würden über uns lachen. Ich bin da zu sehr auf Wirtschaft festgelegt. Es hieße sofort, der Stein mache den Umweltschutz nur als Alibi." Die folgenden Worte Neumanns klagen wie Musik in den Ohren von Stein: "Hm. Ich werd' das alles 'mal mit Fei besprechen. Ich ruf' Dich nachher an."

Die Kontrahenten legten auf. Stein wartete, Neumann setzte sich zu Freidank und erläuterte ihm die Lage. "Also mein Lieber! Du weißt doch, dass die uns – den Marc und mich – neulich im Vorstand abgebügelt haben mit den drei Stimmen. Ich habe gerade mit Marc telefoniert. Der meint, die Nuhr-Meyer habe das alles arrangiert, um sich selber ins Spiel zu bringen. Sie setzt bestimmt auf die Frauenkarte und diffamiert uns – Marc und mich – hintenrum, weil wir schwul sind." Freidank, von seiner Zeitung aufsehend, war mürrisch: "Von mir aus kannst Du den ganzen Käse auch lassen. Die Zuckermann-Intrige liegt mir im Magen. Mein Geschäft wird geschädigt, wenn von Fälschungen die Rede ist, bloß wegen Eurer blöden Positionskämpfe in der Politik. Dabei habt Ihr sowieso nichts zu sagen. Die Banken und die Gewerkschaftsbosse bestimmen. Sie regeln die Sachen, und Ihr dürft bloß tanzen. Ob Marc das macht oder Du – egal. Ist doch wahr!" Neumann ließ nicht locker: "Wenn die Nuhr-Meyer drankommt, können wir uns unsere Toleranzpolitik in die Haare schmieren. Die ist doch reaktionär bis auf die Knochen und spielt nur die Emanze, weil es ihr nützt." – "Also, was willste denn machen?" – "Ich muss mich mit dem Stein einigen, da hilft nichts. Gemeinsam müssen wir gegen die Dame vorgehen." Freidank wurde wieder ungemütlich: "Ach was? Dir hat wohl Deine wunderbare Lina den Kopf verdreht." – "Weißt Du. Fei, dass Du jetzt auch noch in dieses Horn bläst..." – "Ich kann das eben alles nicht mehr hören!" – "Wie wär's denn, wenn ich den Marc als Nachfolger von der Theile unterstütze, und der macht mich dann zum Superminister – Wirtschaft und Umwelt? Mir würden die Leute beide Ressorts zutrauen, dem Marc aber nicht. Da hätte ich am Ende doch mehr zu sagen als Stein selber." – "Dann brauchte die kleinere Partei nicht auf Finanzen verzichten. Na, Du musst es ja wissen.", knurrte der Galerist. "Macht doch, was Ihr wollt. Es ist so oder so eins. Wirtschaft und Umwelt wäre natürlich nicht schlecht, auch für meine Branche. Aber wie wollt Ihr da rankommen?" – "Wir lassen den anderen Finanzen. So kriegen wir die Nuhr-Meyer platt. Die wird sich wundern. Der Hansen kann so weiter Innenminister sein. Das möchte er gerne wie er mir neulich vertraulich gesteckt hat!", frohlockte Neumann. Sein Mann entgegnete trocken: "Freu Dich man nicht zu früh."

Neumann ging zum Telefon und rief seinen wiederentdeckten Freund Stein an. Er teilte ihm mit, dass er mit dem vorgeschlagenen "Deal" einverstanden sei, Fei gleichfalls. Marc Stein fand, dass man die Einigung schnell der eigenen und auch der kleineren Partei bekannt geben müsse. Es dürfe sich da nichts anderes verfestigen. Die Presse würde es nach den Parteien ohnehin spitz kriegen. Neumann sah es ebenso.

Da kam Freidank mit einem anderen Telefonhörer in der Hand angeschlürft. "Hier ist jemand vom 'Morgenblatt' am Apparat. Der will Dich sprechen." – "Neumann.", meldete sich der Minister. – "Schulze hier vom 'Morgenblatt'. Sagen Sie, Herr Minister, stimmt es, dass Sie sich mit dem Stein geeinigt haben? Er soll Ministerpräsident werden und Sie 'Superminister'. Ist das so?" – "Könnte sein.", knurrte der Minister. Der Journalist bohrte nach: "Wie fühlen Sie sich nun als zweiter Sieger, Herr Neumann?" Das mit dem "zweiten Sieger" ärgerte Neumann, und er sagte nun, ein "Superminister" mit den Zuständigkeiten für Wirtschaft und

Umwelt sei vielleicht mächtiger als ein Regierungschef. Der Journalist bedankte sich. Hatte er doch eine Bestätigung für den Deal zwischen Stein und Neumann und zugleich ein Statement von Neumann, das Stein bestimmt nicht gefallen würde und die Story am Laufen hielt.

Neumann indes war sauer. "Jetzt weiß es schon die Journaille. Und wir wollten es doch zuerst den Parteien gegenüber kommunizieren. Ich muss die Ministerpräsidentin informieren und Marc auch." Der Minister setzte sich an den Computer und schrieb eine E-Mail an seine Chefin ab: "Hallo MT, Stein und ich haben uns verständigt. Er macht den MP, ich Wirtschaft und Umwelt. Kl. Partei behält Finanzen. Morgenblatt weiß schon alles. Gruß, SN".

Stein erhielt eine Kopie.

Schnabels Wonnezeit

Margarete Theile fand, sie sollte die aufgefrischte Bekanntschaft pflegen und die Schnabels einladen. So kamen Anke und Prof. Dr. Peter Schnabel am Tage nach der für Stein und Neumann peinlichen Abstimmung im Vorstand der großen Partei ins private Haus der Ministerpräsidentin. Ziemlich bald waren sie am Politisieren, und Schnabel machte keinen Hehl aus seiner Freude am 3:3-Ergebnis für die rivalisierenden Minister. "Wir halten von den beiden sowieso nicht so viel. Vielleicht kommt jetzt doch noch Bewegung in die Sache. Wie ich höre, macht sich jetzt Irene Nuhr-Meyer Hoffnungen. Nach dem Motto: 'Nach der Frau wieder eine Frau' müsste sie doch durchzusetzen sein. Diese Dame macht zwar manchmal auf Emanze, aber das ist nur Getue, und im Grunde wäre sie uns recht." Margarete Theile war etwas reserviert: "Die Jungs sind beide nicht schlecht, richtige politische Talente. Sie stehen für politische Inhalte, begreifen schnell, haben einen Sinn für Bündnisse und Mehrheiten auf allen Ebenen, können sich in Szene setzen – kurz: Der alte Max Weber hätte seine Freude an ihnen – richtige Verantwortungspolitiker." Margarete Theile lächelte etwas, denn sie wusste, mit dem Hinweis auf den Altmeister der Soziologie Max Weber hatte sie Schnabel, der ja Sozialwissenschaftler war, eine kleine Freude bereitet. Und richtig – Schnabel freute sich.

"Übrigens," sprudelte es da aus dem hervor, "Anke und ich feiern in drei Wochen Goldene Hochzeit. Da sind Sie natürlich herzlich eingeladen." – "Das ist ja nett. Ich komme gern. Den Termin mache ich frei. Wie war das damals eigentlich mit Ihnen beiden? Ist doch eine Ewigkeit her." Ehe Anke das Wort ergreifen konnte, war Schnabel schon in seinem Element und legte los:

"'Arm in Arm' dürfen die nicht vor der Schule flanieren. Das wird der Schnabel noch bereuen!', teilte der Klassenlehrer seinen Kollegen mit. 'Arm in Arm' nämlich warteten und meine Freundin Anke und ich, die eine Klasse unter mir war, auf das Ergebnis einer Abiturprüfung, die ich eben abgelegt hatte. Ich war ins 'Mündliche' gekommen: Mathematik! Das war nun wirklich nicht gerade meine Stärke. Besagter Klassenlehrer ließ mich eine Gleichung mit einem 'X' an die Tafel schreiben. Ich sollte ausrechnen, welche Zahl sich hinter 'X' verbarg. Schüler der 12. Klasse – früher hätte das 'Unterprima' geheißen – durften bei den Abiturprüfungen zuhören. So saß Anke im Raum und sah, wie ihr Peter – also ich – rechnete und rechnete, eine Gleichung nach der anderen an die Tafel schrieb, aber zu keinem Ergebnis kam. Sie wusste die Lösung natürlich längst, denn in Mathematik war sie mir überlegen. Schließlich beendete der Klassenlehrer das schreckliche Spiel und ließ alle Schüler den Raum verlassen. Wir warteten also vor der Schule auf das Ergebnis. Als ich hereingerufen wurde, erklärte der Klassenlehrer: 'Das war nichts! Eine glatte fünf. Aber wir geben Ihnen noch eine Chance in Ihrem Lieblingsfach Geschichte.' Der junge Geschichtslehrer streckte sich und begann, mich zu examinieren. Die Sache lief anfangs auch ganz gut. Da kam die entscheidende Frage: 'Wie hieß der erste englische Premierminister? Ich wusste nicht, dass es Robert Walpole war, 1. Earl of Orford, der 1730 sein Amt antrat. 'Tja, dann reicht es nicht, um die schlechte Leistung in der Mathematik-Prüfung auszugleichen. Sie sind durchgefallen, Schnabel! Ich bring' Sie nach Hause.'"

"Das hätte ich auch nicht gewusst", warf Frau Theile ein. Schnabel fuhr fort "Für mich war das ein Schock damals. Aber bald stand fest: 'Ich häng' noch ein Jahr ran.' Dabei reizte es mich, dass ich nun in jene Klasse kam, in der auch meine Freundin Anke war. Sehr viel später erst zeigte sich: Wir beide, Anke und Peter, hatten einander für's ganze Leben gefunden. Meine zweite Abiturprüfung war ein Kinderspiel. Ich kam in Deutsch 'rein'. Als erstes musste ich das Versmaß eines Gedichtes von Goethe interpretieren, und dann durfte ich über den Roman 'Berlin Alexanderplatz' von Alfred Döblin parlieren, was ich mir ausgesucht hatte. Das war lange vor der Verfilmung des Stoffes. Zum Schluss der Prüfung raunte mir der Deutschlehrer zu: 'Junge, Du warst großartig!'. Großartiger noch aber war, dass Anke trotz der Schlappe vor einem Jahr zu mir gehalten hatte.

Unser erstes Treffen – das Wort 'Rendezvous' war schon veraltet – hatten wir übrigens schon vorher an einem warmen Tag im Januar gehabt. Wir waren blutjung: sie 16 und ich 17 Jahre alt. Anke trug Kniestrümpfe, und wir spazierten im 'Volkspark' in Berlin-Siemensstadt. Unter einem großen Holzpilz ließen wir uns auf einer Bank nieder und malten uns die Zukunft rosig aus. Wir würden einen knallroten Sportwagen besitzen. Damit würden wir wie auf einer Wolke durch Europa reisen, bis nach Spanien und Italien.

Berlin-Siemensstadt wurde fortan mein Paradies auf Erden. Hier wohnte Anke. Ich konnte nicht oft genug dort sein, fand die Häuser, die Bäume und überhaupt alles schöner als daheim. Meist kam ich mit dem Fahrrad, manchmal mit der Straßenbahn, gelegentlich zu Fuß. Der rote Sportwagen musste noch warten. Für mich war es ein Genuss, mit Anke in den elterlichen Garten gehen zu dürfen und ihr beim Ernten von Johannisbeeren zu helfen. 'Immer jeden Ast sauber leer pflücken!', hatte der Vater gemahnt. Während Anke darüber einen Flunsch zog, löste ich die Früchte sauber vom Holz und hatte dabei doch nur 'sie', die mir nun so nahe war, im Kopf. Die Freunde und Kameraden hatten Schwierigkeiten, uns beide einzuordnen. Über fünfzig Jahre später erinnerte sich eine Klassekameradin: 'An Anke und Peter traute sich keiner ran. Die waren damals schon ein richtiges Paar!'

Als das Abitur also endlich geschafft war, versuchte ich mich als Autor und Journalist. Für den 'Sender Freies Berlin' (SFB) hatte ich sogar ein Hörspiel geschrieben. In dieser Angelegenheit ging ich mit meiner Freundin zum Sender. Ich trug einen Mantel, sie einen Anorak. Vielleicht lag es an dieser Kleidung. Jedenfalls meldete der Pförtner uns beide bei der Redaktion mit: 'Hier is'n junger Mann mit 'm kleenet Mädchen', an. Bei Behörden und Bürokratien war es ähnlich. Wir beide reichten bei irgendeiner Krankenkasse Rechnungen ein. Die Sachbearbeiterin wandte sich Anke zu: 'Das müssen Sie aber spezifizieren!' Ratlos blickte das Mädchen die Angestellte an und schaute hilfesuchend zu mir. Auch die

Sachbearbeiterin der Krankenkasse hatte jetzt mich im Visier, so als wollte sie sagen: 'Können Sie ihr das erklären?'

Dann verließ Anke Berlin. In Hamburg studierte sie Mathematik. Sie wollte Lehrerin werden. Brav absolvierte sie dazu den Stadtschulhelferdienst und erläuterte den jungen Hanseaten unterschiedliche Schiffswimpel. Schnell lernte Anke, dass Hamburger Kinder nicht wie die Berliner das 'G' für ein 'J' hielten, dafür aber statt 'weil' gerne 'wall' sagten und schrieben. Anke war auf dem Wege, das Hamburger Platt anzunehmen. Doch ich pirschte mich wieder ran. Vorerst schlug ich meine akademischen Zelte in Münster in Westfalen auf. Die Vermieterin entsprach nicht dem Klischee einer strengen 'Frau Zimmerwirtin'. Als ich ihr ankündigte, meine Freundin aus Hamburg wolle in Münster nächtigen, erwiderte diese Frau: 'Viel Glück mit Ihrer Dame!' In Münster galt ich schon als Herr, wenn auch nur als 'der Herr Student'.

Doch mir war am wichtigsten, in der Nähe meiner Anke zu sein. Also verließ ich Münster nach einem Semester und wechselte nach Hamburg. Hier ließen sich vortreffliche Ausflüge machen. Es ging in die Lüneburger Heide, ins Alte Land, in die Wilstermarsch und auf die Nordseeinsel Sylt. So band ich meine Anke mehr und mehr an mich, und als wir beide das Studium beendet hatten, wurden wir ein Paar – in Berlin-Wilmersdorf. Vorher jedoch musste ich beim künftigen Schwiegervater um Ankes 'Hand anhalten'. Der tat, als bekäme er einen Schreck und fragte: 'Junger Mann! Können Sie überhaupt meine Tochter ernähren?' Eigentlich konnte ich das nicht, denn 'sie' wurde schnell Lehrerin im Berliner Schuldienst, während ich mit einem Job noch warten musste.

Dann wurde ich Assistent an der Universität. Aus der Schülerliebe war im Laufe der Jahre eine richtige Familie geworden. Ein Mädchen und ein Junge kamen, und sehr viel später stellten sich Enkelkinder ein. Mittlerweile sind es vier. Und noch immer frage ich mich: Was war eigentlich falsch an dem 'Arm in Arm'?"

"Das ist ja richtig romantisch.", kommentierte Margarete Theile. – "Ja. So etwas zu erzählen liegt ihm.", fügte Anke hinzu. "Aber wir sollten das Heute nicht vergessen.", brachte sich Schnabel selber wieder in die Politik zurück. "Ich kann nur versichern, wenn es auf Frau Dr. Irene Nuhr-Meyer zuläuft, hat das unsere Unterstützung." Frau Theile wusste, dass mit "unsere Unterstützung" nicht diejenige der Familie Schnabel gemeint war, sondern die der Partei Schnabels. "Gut zu wissen.", kam es von der Noch-Regierungschefin, und die Gespräche zwischen den dreien kreisten für den Rest des Abends weder um Politik noch um Schnabels frühe Liebe.

Nachdem das Ehepaar Schnabel gegangen war, ärgerte sich Margarete Theile heftig über Stein und Neumann, denn die hatten ihre Rechnung ohne den Wirt gemacht. Der "Wirt" war die kleinere Partei, und warum sollte diese Stein und Neumann bei ihren Spielchen helfen? Ob die überhaupt wieder koalieren wollen? Und kokettiert der Hansen nicht auch mit dem Spitzenamt, indem er immer wieder betont, er wolle Inneres loswerden? Nach dem Abend mit Schnabel war es für Frau Theile klar: Die kleinere Partei würden nicht überall mitspielen, wo Stein und

Neumann sich die Welt schön malten. Dass es aber so schien, als würden durch die jüngsten Entwicklungen die Chancen der "Kollegin" Nuhr-Meyer steigen, machte Frau Theile nicht gerade froh.

Freiburger Nachtleben

Loch hatte die Seinen versammelt. Otto Bamberger, der Finanzminister war da und Rosa Herbel-Liemann, die Ministerin für Familie, Frauen und Jugend. Auch einige weitere Funktionäre der kleinen Partei waren dabei. Später gesellte sich Schnabel zu der Runde. Alle hatten erfahren, dass Stein und Neumann im Vorstand der größeren Partei, dem Koalitionspartner, nur jeweils drei Stimmen erhalten hatten. Man vermutete, die beiden wären nun "weg vom Fenster". Auch Bamberger stimmte dem zu. Er berichtete – ein wenig protzig – "der Schulze vom 'Morgenblatt'" habe ihn angerufen und gefragt, was denn seine Partei dazu sagen würde, wenn Stein als Ministerpräsident auftreten würde und Neumann als Superminister. "Da war mir klar: Die haben sich geeinigt. Das ist ein Deal der beiden. Dem Schulze habe ich erklärt, dass unsere Partei dazu gar nichts sagen könne, weil wir nicht gefragt wurden. Aber – habe ich hinzugefügt, ich persönlich wäre bei so einem Deal skeptisch."

Die Nachricht vom Deal der "beiden Schwulis" – wie es hier hinter vorgehaltener Hand hieß – empörte die Versammelten der kleinen Partei. – "Wir sind doch nicht deren Hampelmänner!" – "...Fußabtreter!" – "...Abnickmaschine!" – "...Hündchen!", tönte es. Im übrigen hätten weder Stein noch Neumann in der Vergangenheit besonders Sympathie für die kleinere Partei aufgebracht, so wurde erinnert. "Ja, aber wer soll es dann machen? Es muss ja jemand von denen sein; das steht nun 'mal der großen Partei zu!", ging Frau Herbel-Liemann dazwischen, – "Wieso eigentlich? In der Verfassung steht das nicht. Ich habe einen Vorschlag: Wir nominieren einen eigenen Kandidaten und lassen die andern kommen!", schlug Bamberger vor. Loch sah sofort die aufziehenden Komplikationen und wiegelte ab: "Man muss es doch nüchtern betrachten. Das mit dem eigenen Kandidaten ist gut und schön, aber den kriegen wir nie im Leben durch. Es gibt Ärger und Gerede, und dann wird es einer von denen. Nicht gut: Den Zirkus können wir uns sparen. Wir sollten den 'Freunden' signalisieren, bei wem es mit uns leichter oder schwerer würde." – "Also Stein und Neumann, das sollten die lieber heute als morgen wissen, gehen mit uns alle beide nicht, diese Mauschler und Trickser wollen wir nicht. Und wieso wollen die jetzt eigentlich einen Mann an die Spitze setzen, wo es bisher eine Frau gemacht hat?", dröhnte Bamberger. "Da muss ich dem Bamberger direkt 'mal zustimmen.", schaltete sich Frau Herbel-Liemann ein: "Die Margarete hat es eigentlich ganz gut gemacht. Und jetzt wollen die sie plötzlich nicht mehr, und ein Mann soll ran. Wir sollten 'nein' sagen und 'Thiele for president!'" "Das wird nicht gehen.", mischte sich Schnabel, der eben gekommen war, ein: "Frau Thiele macht es definitiv nicht mehr. Anke und ich waren bei ihr zu Hause: Die hat die Schnauze voll." Frau Herbel-Liemann bestand: "Dann eben eine andere Frau!" Bamberger konkretisierte: "Dann eben Irene Nuhr-Meyer. Hinter ihrer Walpurgisnacht-Fassade scheint das 'ne ganz vernünftige Frau zu sein. Obendrein ist sie sogar Parteivorsitzende bei denen."

Diese Wendung gefiel Harry-Peter Loch. Mit Frau Nuhr-Meyer kam er ganz gut aus. Bei ihr malte er sich Chancen aus, wieder stellvertretender Ministerpräsident zu werden. Vor allem drohte kein Superminister und damit keine Beeinträchtigung seines besonderen Status im Kabinett. So verkündete er: "Wir halten uns also bedeckt, signalisieren aber zugleich, dass wir mit Frau Nuhr-Meyer leben könnten." Damit waren alle einverstanden.

Nun konnte es beschaulicher werden. Loch fixierte Schnabel und bat ihn halb ironisch, halb neugierig: "Peter, Du warst doch 'mal an der Fachhochschule, wo Nuhr-Meyer ursprünglich herkommt. Was war das für ein Laden?"

Schnabel ließ sich auch hier nicht lange bitten und legte los: "Ja, wie bin ich da hingekommen? Das war so: Meine Assistenten- und Assistenzprofessorenzeit an der Universität lief ab. Es musste irgendwie weiter gehen. Ein Kollege, der Wirtschaftswissenschaftler war, wanderte ab zu einer Fachhochschule für den öffentlichen Dienst, die gerade aufgebaut wurde. Auch ein persönlicher Freund von mir ging dahin, als Soziologe. Beide waren gute Wissenschaftler und hätten jeder Universität zur Zierde gereicht. Sie redeten auf mich ein, auch zur neuen Hochschule zu kommen. Hier würde etwas aufgebaut, und es sei reizvoll, das gemeinsam mit anderen jungen Kollegen zu tun.

Ich folgte den beiden, bewarb mich und wurde berufen. Da kam ein Anruf des Gründungsrektors: 'Ich habe Ihre Ernennungsurkunde. Sie müssen sofort kommen. Erst wenn Sie die Urkunde in der Hand halten, sind Sie nicht nur Professor, sondern auch Beamter auf Lebenszeit!' Also machte ich mich auf die Socken und wurde durch magischen Zugriff in einen neuen Stand versetzt. Ich war nun Professor an der Fachhochschule für Verwaltung und Beamter auf Lebenszeit. Mein Fachbereich hieß 'Allgemeine Verwaltung'. Natürlich gab es einen Dekan. Der lud seine Professoren zu einer Sitzung ein. Fröhlich ging ich dort hin. Schon ereilte mich ein Tadel des Dekans: 'Ich sehe einen Kollegen, der ohne Unterlagen gekomken ist!' Fortan nahm ich zu jeder Sitzung mindestens ein Stück Papier mit, da fühlte ich mich gut bewaffnet."

"Mit Unterlagen zu erscheinen, sieht auch in der Politik nach 'was aus.", warf Bamberger ein.

"Ja, das stimmt. Aber diese Fachhochschule war eine merkwürdige Einrichtung. Sie nannte sich 'intern', unterstand also der Regierung direkt. Das Hochschulgesetz galt für diese Einrichtung nicht richtig. Die Fachbereiche waren gegeneinander abgeschottet, wurden von den jeweiligen 'Ausbildungsbehörden' dirigiert. Der Rektor und der Akademische Senat waren Fassade, durch die der Eindruck einer 'normalen' Hochschule erweckt werden sollte. Die 'Studenten' waren alimentierte Beamtenanwärter für den gehobenen Dienst. An der Fachhochschule hockten sie in 'Arbeitsgemeinschaften'. Die waren nach den Ausbildungsbehörden sortiert und existierten eigentlich wie Schulklassen. Jede hatte ihren eigenen Raum und bekam einen Stundenplan vorgesetzt, auf dem die einzelnen Fächer nebst 'Dozent' genannten Lehrer vermerkt waren. Zwar gab es nicht unbedingt ins Spektrum klassischer Verwaltungsbeamter gehörende Fächer wie 'Sozialpsychologie', 'Soziologie oder 'Politikwissenschaft', aber die wurden von den Ausbildungsleitern der Behörden als 'uneigentliche Fächer' bespöttelt.

Ohnehin zogen sich die beamteten und versorgten 'Studenten' regelmäßig zu 'Praktika' in ihre Behörden zurück. Da spielte die Musik. Da waren ihre Arbeitsplätze. Die Fachhochschule war eine Durchgangsstation bei ihrer Ausbildung. An der Fachhochschule waren die meisten Lehrenden ohnehin keine Professoren, sondern 'Lehrbeauftragte', und diese waren nicht selten die Leiter der Ausbildungsbehörden. Sie konnten sich als 'Lehrbeauftragte' ein paar Mark hinzuverdienen und kontrollierten zugleich das pseudoakademische Treiben. Die Professoren der Fachhochschule durften deren Lehrpläne erarbeiten, Vorschläge für die Bestellung von Lehrbeauftragten machen, waren gehaltsmäßig in der akademischen 'C-Besoldung' eingruppiert, befanden sich aber im Stellenplan des Innenministers. Die Fachhochschule erschien nach außen wie eine Reformeinrichtung, war aber tatsächlich wie eh und je fest in der Hand der Behörden.

Anfangs hatte diese Fachhochschule noch nicht einmal ein eigenes Haus. Die Professoren hatten ihre Dienstzimmer in einem ansonsten ungenutzten Bürogebäude. Lehrveranstaltungen fanden in einem Zweckbau an anderer Stelle statt, und das Rektorat befand sich an einem dritten Ort. Später zog die gesamte Einrichtung in ein Hochhaus. Der Eigentümer dort war froh, einen solventen Mieter gefunden zu haben. Immerhin: Das Hochhaus ermöglichte bei schönem Wetter vom 18. Stockwerk aus Blicke weit in die Landschaft. Gewöhnungsbedürftig war, dass man in diesen luftigen Höhen wegen der Klimaanlage kein Fenster öffnen konnte. Diese Klimaanlage war stetes Objekt der Diskussionen und unerlaubter Manipulationen.

Zu den angenehmen Seiten dieser Hochschule gehörte, dass jede Arbeitsgemeinschaft eine 'Exkursion' genannte Reise machen musste. Dozenten – auch wir Professoren – durften uns als Reiseleiter und Planer betätigen. Geld stand zur Verfügung. Das Ziel sollte 'verwaltungsrelevant' sein. Also wurden Behörden in der Fremde angeschrieben und um Hilfe gebeten. Auch kommunale Einrichtungen in an Deutschland angrenzende Staaten wie die Schweiz oder Österreich wurden auf diese Weise 'beehrt'. Oft ging es über die Transitautobahn durch die DDR zu den Zielen. Ich staunte nicht schlecht, als meine Studentinnen den Grenzpolizisten der DDR ihre Ausweisnummern auswendig hersagen konnten. 'Beamte halt!', dachte ich.

Eine Fahrt ging nach Freiburg im Breisgau. Ich hatte diesen Ort nicht nur wegen des Rathauses dort ausgesucht, sondern auch wegen des Ruländers. Als an einem Abend eine 'Kommilitonin' nicht ins Hotel heimgekehrt war, machte ich mir Sorgen. Ich ging zur Rezeption des Hotels. Aber der Portier entwarnte: 'Herr Professor! In Freiburg geht kein Fräulein verloren!' Am nächsten Morgen saß das 'Fräulein' putzmunter im Frühstücksraum. Es war übrigens Irene Nuhr. Ob die damals nur Nuhr hieß oder schon Nuhr-Meyer, weiß ich nicht.

Überhaupt die 'Studentinnen', die ja junge Beamtinnen waren... Ein Kollege war einer offensichtlich zu nahe gekommen. Männliche 'Kommilitonen' verpetzten das den Behörden. Am Ende musste der Kollege gehen. Zum Abschied warf ihm ein Lästerer die Frage nach: 'War es denn wenigstens schön?'"

Halb belustigt, halb interessiert setzte Loch nach: "Du bist doch da auch Rektor gewesen. Wie kam denn das?" – "Na, das war recht einfach. Der abtretende Vorgänger hatte gesagt: 'Wenn ich etwas tue, ist 50% davon richtig und 50% falsch. Also tue ich gar nichts. Da komme ich mindestens auf die gleiche Relation wie ein aktiver Rektor.' So war es für mich ein Leichtes, vor dem Akademischen Senat zu erklären: 'Ich werde etwas unternehmen, damit sich etwas bewegt!' Ein anderer Kollege wäre auch gerne Rektor geworden, also kam es zu einem Wahlkampf. Die Mitglieder des Akademischen Senats bekamen Briefe, und diverse Gruppen – auch die der 'Studenten' – mischten sich ein. Am Ende wurde gewählt, und ich war neuer Rektor.

Gleich erschien der Verwaltungsleiter der Hochschule bei mir und malte ein Organigramm auf, bei dem er im Mittelpunkt stand, Rektor und Prorektor aber abgeleitete Positionen innehatten. Ich bestand auf einer hierarchischen Organisation mit dem Rektor an der Spitze. So wurde es beschlossen. Als neuer Rektor ging ich zum Innenminister. Dort hatte es einen Personalwechsel gegeben. Neuer Innenminister war der ehemalige Wissenschaftsminister. Im Wissenschaftsressort hatte der dafür plädiert, dass die Fachhochschule einen externen Status bekommen sollte wie die anderen Hochschulen auch. Ich glaubte, nun ein einfaches Spiel zu haben und freute mich darauf, gleich zu Anfang einen Erfolg vorzuweisen. Denn alle Kollegen an meiner Fachhochschule waren für die externe Lösung. Aber der neue Innenminister erklärte: 'Ich bin jetzt für den Fortbestand der internen Lösung. Mit dem Amt habe ich eben die Meinung gewechselt!'

Also war es nichts mit der externen Lösung. Ich war enttäuscht. Dann wolle ich zusätzliche Hochschullehrerstellen haben. Der neue Innenminister schwieg dazu. Ich verkündete vor der Presse: 'Wir werden zusätzliche Hochschullehrerstellen bekommen.' Die Zeitungen druckten das. Der Minister schwieg weiter.

Nichts war in Sack und Tüten. Also stürzte ich mich auf Überregionales. In Kiel fand eine Konferenz der Rektoren aller Fachhochschulen für Verwaltung in Deutschland statt. Dabei lernte ich zweierlei:

- Es gab in einigen Bundesländern interne Verwaltungshochschulen nur für die Polizei oder die Justiz. Sie waren eng an die jeweiligen Verwaltungen gebunden. Im Verhältnis dazu war unsere Struktur geradezu revolutionär.
- Viele Kollegen, wenn nicht gar die meisten, fanden den internen Status ihrer 'Hochschulen' gut. Sie sahen sich zum Teil gar nicht als Hochschullehrer, sondern als in den Apparaten verankerte Verwaltungsbeamte.

Diese Erkenntnisse freilich behielt ich zu Hause für mich.

Im übrigen gab es bei dieser Konferenz der Rektoren aller Fachhochschulen für Verwaltung in Deutschland nicht viel – eigentlich gar nichts – zu besprechen. Die Herren – Damen gab es nicht – waren angereist, um das Hotel zu genießen. So ließen sie sich mit Kaffee und Kuchen bewirten und genossen die 'geselligen' Teile ihrer Zusammenkunft. Erholt aber uninspiriert reiste ich zurück.

Einen Vorteil hatte das Amt des Rektors zweifellos gegenüber dem Dasein als schlichter Hochschullehrer an dieser Fachhochschule: Man konnte den einen oder anderen Blick über den Gartenzaun des eigenen Fachbereiches tun. Die Rechtspfleger bildeten auch für Hamburg aus, und so war mir ein kurzer Blick auf die Justizszene der Hansestadt möglich. Bei den Steuerbeamten musste man aufpassen, dass sie nicht bald nach den Prüfungen in der freien Wirtschaft verschwanden, wo sie mehr verdienten als im öffentlichen Dienst. Bei der Polizei durfte ich sogar einer Abschlussprüfung beiwohnen. Es ging um den 'finalen Todesschuss'. Der Kandidat führte eine Liste von Argumenten gegen dessen Einsatz durch die Polizei an, und ich meinte, damit sei er auf dem richtigen Wege. Doch die Prüfungskommission bewertete das anders. Sie hatte Argumente für die Anwendung des 'finalen Todesschuss' erwartet.

Was blieb? Es gab die Landeshochschulkonferenz. Von den Universitäten bis zu den Fachhochschulen waren alle Hochschulen durch ihre Leiter vertreten. Nach den Erfahrungen mit dem neuen Innenminister und den Kollegen in Kiel war ich dankbar, dass ich als Leiter der internen Verwaltungshochschule an dieser Konferenz teilnehmen durfte. Die Kollegen breiteten ihre Sorgen aus. Meistens ging es ums Geld. 'Zwischen den Zeilen' spürte ich jedoch, dass die Präsidenten der großen Universitäten sich in diesem Kreise ein wenig unter Niveau eingeordnet fühlten. Sie dachten wohl: 'Das sind doch alles keine richtigen Hochschulen. Und dann die Nörgelei dieser internen Fachhochschule mit ihren beamteten und bezahlten Studenten...' Doch sie sagten nichts.

So, nun wisst Ihr aber genug darüber, aus welchem Laden die Nuhr-Meyer kommt und dass sie eines Abends gefehlt hat in Freiburg.", schloss Schnabel.

Die versammelten Funktionäre der kleineren Partei waren zufrieden. Sie sahen die ungeliebten Minister Stein und Neumann ausgebremst und hatten eine Favoritin, von der sie meinten, einiges aus ihrer Jugend zu wissen: "Ganz schön flott muss Irene einst gewesen sein als sie in Freiburg eine Nacht durchgemacht hatte."

Überall Charaktermasken

Frank-Walther Hellersberg saß in der Mensa. Es war 14:20 Uhr, und der Andrang der Studenten war vorüber – erstens, weil um 14:15 Uhr die Lehrveranstaltungen wieder begonnen hatten und zweitens, weil die Mittagspause ohnehin vorüber war. Hellersberg hatte sich das "Menü 3" an der Ausgabe geben lassen: Hühnersuppe als Vorspeise, zwei Bouletten mit Quetschkartoffeln und Büchsengemüse als Hauptgericht und Erdbeeren als Dessert. Das kostete 4,50 €, und dazu hatte er sich einen "Pott Kaffee" für einen Euro bestellt. Hellersberg nahm an einem leeren Vierertisch Platz.

Beim Betrachten des Büchsengemüses und der Erdbeeren fiel Hellersberg ein, dass er einst als Werkstudent in England solche Erbsen eingemacht hatte. "Picking strawberrys" war damals sein Job. Den bot man für Schüler und Studenten an. In England waren die Erdbeeren gerade reif. Die Früchte mussten runter vom Feld. Dazu holten sich die Briten Studenten vom Kontinent. Die schliefen in Baracken, wurden in aller Frühe geweckt: "Englishmen like to drink a cup of hot tea in the morning!" – Sie bekamen Körbe in die Hände gedrückt und verteilten sich auf einem Feld. Überall wuchsen Erdbeehren, soweit das Auge reichte. In der Mitte des Feldes stand ein Pick-up, zu dem eine altertümliche Waage und ein Landarbeiter gehörten. Wer einen Korb mit Erdbeeren voll hatte, ging zum Landarbeiter, ließ die roten Früchte wiegen, bekam den Gegenwert in Pfund Sterling gut geschrieben und einen neuen Korb. Wieder ging es auf's Feld.

Ein Student kam auf die Idee, den Boden seines Korbes mit Steinen zu belegen und diese mit Erdbeeren abzudecken. Der Landarbeiter wog und schrieb den Gegenbetrag gut. Die Sache funktionierte, und es dauerte nicht lange, bis auch die anderen so verfuhren.

Wer bis nachmittags pflückte, dem tat mit oder ohne Steinen im Korb nachher der Rücken weh. Aber es winkte noch eine weitere Verdienstmöglichkeit. Die Erdbeeren kamen in die Fabrik. Dort wurden sie "canned", also in Dosen gefüllt, um in dem Verkauf zu gehen. Der Slogan war: "Let us do the donky work!". Die "Esel" füllten die Erdbeeren, die sie tagsüber geerntet hatten, abends in Dosen. Steine kamen jetzt allerdings nicht mehr zum Einsatz. Es waren zu viele Aufpasser da, die das verhinderten.

Es gab noch einen anderen Job. Erbsen rotierten auf einem riesigen Tablett, das sich drehte. Die "Donkies" standen am Rande und schauten mit Argusaugen nach Schnecken aus. Pro Schnecke gab es einen Sixpence, das war es der Firma wert. Als die Erbsen von Schnecken und anderem Getier gereinigt waren, kamen sie in ein Bad grasgrüner Farbe und wurden "canned". Sicher freuten sich später Hausfrauen des Vereinigten Königreiches, wenn sie in ihren Küchen schöne grüne Erbsen aus ihren Büchsen holten. Die waren sauber; Schnecken gab es nicht. Die Fabrik hatte alle eselige Arbeit bereits erledigt.

Die Briten hatten bei ihren Erntehelfern ein gutes Gefühl. Diese konnten schließlich Englisch – die Weltsprache – lernen. Nach ihren Einsätzen auf den Feldern und in den Fabriken durften die Helfer das eben verdiente Geld gerne im Land lassen. Ihnen wurde empfohlen, per "Trampen" sich auf der Insel umzuschauen. Auch der Student Hellersberg folgte dieser Empfehlung. Bei diesen Erinnerungen schmunzelte der nunmehrige Dr. und Assistent Frank-Walther Hellersberg: "Wahrscheinlich haben die cleveren Briten auch den Trick mit den Steinen vorab schon eingepreist.", sinnierte er.

Die Hühnersuppe hatte Frank-Walther ausgelöffelt. Er machte sich gerade über die Bouletten her, da holte ihn eine vertraute Stimme aus seinen Erinnerungen: "Hallo Frank-Walther, guten Appetit. Darf ich mich zu Dir setzen?" Lina Stein stellte ihr Tablett auf den Tisch und setzte sich, ohne eine Antwort abzuwarten. Dass Frank sich über ihre Gesellschaft freute, wusste sie ohnehin. Lina trug heute Jeans, einen hellblauen Pulli und eine rosa Bluse. Ihren Dufflecoat hängte sie über die Stuhllehne. Sie hatte die gleiche Vorspeise wie ihr Kollege, das gleiche Dessert; als Hauptgericht aber Spaghetti mit roter Sauce, und statt Kaffee trank sie Wasser. Mitgebracht hatte sie die aktuelle Ausgabe des "Morgenblatts" und kam gleich darauf zu sprechen: "Guck mal, was hier steht. Überschrift: 'Neumanns Stein heißt Lina'. Unterzeile: 'Absprache! Stein Chef vom Supermann?' Und dann schreiben die, nach einer innerparteilichen Doppelniederlage hätten Stein und Neumann sich auf einen Deal geeinigt, und Neumann sei Stein durch mich – seine Schwester – näher gekommen. Das ist doch gemein. Was habe ich mit den Politspielen von Marc und Sven zu tun? Jetzt liest das auch noch der Ehlert und glaubt das womöglich." Frank-Walther Hellersberg war hin und her gerissen. Einerseits begehrte er Lina, andererseits wusste er nicht, ob er auf Neumann eifersüchtig sein sollte und außerdem verachtete er den ganzen "Politzirkus" der beiden Minister ohnehin. So fragte er ziemlich spitz: "Warum sollte Ehlert das nicht glauben?" Das empörte Lina zusätzlich: "Du weißt doch, dass es nicht stimmt. Neumann ist obendrein in keinster Weise mein Typ. Das ist doch alles nur wegen dieser Scheißparteipolitik!"

Der gebremste Temperamentsausbruch Linas gefiel Frank, und er schwenkte auf seine alte Linie ein: "Das ist widerlich, wenn die jetzt über die Köpfe der Wähler hinweg so einen Deal machen wollen. Was der kleine Mann will, ist denen egal. Die kuschen vor den Vermögenden und liefern, wenn es drauf ankommt, ihre eigenen Verwandten ans Messer. Ob Dein werter Bruder oder der Neunmann die Wirtschaftspolitik machen, ist Wurscht. Beide trauen sich doch nicht, richtig nach Keynes zu verfahren und mit Konjunkturprogrammen die Wirtschaft anzukurbeln, auch Neumann nicht. Täten sie das, kämen die Bosse, ihre Vorgesetzten, und würden von 'Strohfeuern' faseln. Tut mir leid, Lina, ich bleibe dabei: Stein und Neumann, alle beide sind nichts als Charaktermasken." – "Na, nun beruhige Dich 'mal. Ich bin zwar sauer, dass die mich da reinziehen, aber immerhin ist Marc mein Bruder. Er arbeitet wirklich viel und denkt, er täte Gutes." Hellersberg wurde großzügig, schließlich wollte er sich an Lina ranmachen: "Dein Bruder kann nichts dafür. Er merkt ja nicht, wie er von anderen positioniert wird." – "Aber wir, Frank, wir wissen es?" –"Na klar, weil wir nicht drinstecken in deren Laufrad und von draußen zugucken können. Außerdem haben wir unseren Keynes gelesen, unseren Marx und auch...", er lächelte Lina zu: "...und auch unseren guten alten Auguste Comte!" Das kam Lina ebenfalls komisch vor. Sie scherzte: "Auguste Comte verschafft uns den absoluten Durchblick!"

Hellersberg hatte derweil das "Morgenblatt" an sich genommen und darin gelesen. Plötzlich schüttelte er die Zeitung glatt, um Lina auf etwas aufmerksam zu machen: "Guck 'mal, was hier steht: Dr. Irene Nuhr-Meyer macht sich selber Hoffnung, Chefin zu werden. Der Corbeau von der Opposition wertet das als Indiz dafür, dass die große Partei und ihre gesamte Koalition 'auf dem letzten Loch pfiffen'. (Schönes Wortspiel übrigens.) Was sagste nun?" – "Das täte mir leid für Marc. Aber ansonsten geht's mir am Allerwertesten vorbei. Nuhr-Meyer – ist das nicht diese Fachhochschultussi?"

Endlich ging Frank zum Angriff über: "Heute Abend kommt so'n türkischer Kabarettist in die Uni. Der macht sich über alles lustig: Nazis, Spießer, seine Landsleute und die Politik natürlich. Hast Du Lust, mitzukommen?" – "Ja, gerne." – "Also gut, wir treffen uns um neun hier vor der Mensa." Sie gaben ihr Geschirr und ihre Tabletts – streng beobachtet vom Küchenpersonal des Studentenwerks – ab und verließen das Haus. "Tschüs, bis heute Abend.", sagten beide.

Auf dem Weg zurück in ihr Institut traf Lina Roxana Vutil. Die überfiel sie mit einer Einladung: "Hast Du Lust, heute Abend mit 'ner Clique ins Kino zu kommen? Vielleicht gehen wir alle hinterher essen: Sushis." – "Ach nee.", antwortete Lina. – "Heute nicht."

Warnschuss

Margarete Theile hatte die ihren wieder einmal um sich versammelt: Hinrich Hinze – den Pressesprecher, die "Persönliche" Christiane Krause, Staatssekretär Dr. Siegfried Bernstein-Mösberger, Redenschreiber Leo Weiß und als extra gebetenen Gast Frau Dr. Felicitas Bauer, die Referatsleiterin im Wirtschafsministerium. "Ich habe Frau Bauer eingeladen, weil wir einmal direkt aus ihrer Verwaltung hören wollten, wie es weitergeht mit unserer Wirtschaftspolitik, falls es einen Ministerwechsel geben sollte. Wir wissen ja alle, dass Stein und Neumann beide gleichermaßen schlecht im Vorstand der großen Partei abgeschnitten haben und dass bisherige Überlegungen ins Rutschen gekommen sind." Christiane Krause war wieder 'mal vorlaut und bekannte: "Ich war immer dagegen, dass einer dieser beiden Machos Margaretes Posten bekommt. Dass an der Spitze eine Frau steht, haben wir schließlich erkämpft. Es sollte dabei bleiben. Ich finde, Irene Nuhr-Meyer wäre die Richtige." – "Ja, ja, ja: Nur weil Du meinen Posten willst!", entfuhr es Bernstein-Mösberger. Krause replizierte: "So'n Quatsch!"

Endlich nahm Felicitas Bauer das Wort: "Frau Ministerpräsidentin! Ich bedanke mich für die Einladung. Es ist mir eine Ehre. Ich will Ihnen gleich sagen: An Minister Stein ist wirklich nichts auszusetzen. Er hat die Gesetze des Marktes erkannt. Der Staat muss sich ökonomisch zurück halten, und den Unternehmern Freiheit lassen. Bürokratische Gängelungen bringen ebenso wie Konjunkturprogramme nichts. Wenn wir uns auf den Kern der Staatsaufgaben – innere und äußere Sicherheit sowie Bildung – konzentrieren, dann kommen viele Menschen, die heute noch arbeitslos sind, wieder in Arbeit. Das hat Stein verstanden. Sollten welche mit anderen Ansichten an die Spitze unseres Hauses gelangen, müssen wir die leider erst wieder anlernen.", spottete die Referatsleiterin. "Heißt das, mit Neumann würde es nicht auf Anhieb klappen?", wollte Frau Theile wissen. – "Genau das, Frau Ministerpräsidentin. Mit Frau Nuhr-Meyer wäre es schon einfacher, obwohl sie..." "Was?" "Na ja: obwohl sie so eine Emanzipationsmaske trägt. Doch ist das nicht nur Schein? Sie ist nämlich ansonsten sehr realistisch." Die Ministerpräsidentin fühlte sich zu einer Belehrung veranlasst: "Emanzipation und Realismus sind aber keine Gegensätze!" Christiane Krause fügte hinzu: "Wenn die Mehrheit des Volkes Frauen sind, in den Führungspositionen aber die Männer dominieren, dann ist die Forderung nach Emanzipation der Frauen sogar sehr realistisch!" Felicitas Bauer lenkte ein: "Umso besser. Auf jeden Fall trau' ich Frau Nuhr-Meyer mehr marktwirtschaftliches Verständnis zu als Herrn Neumann. Der ist durch die Umweltverwaltung infiziert – immer mehr Auflagen, immer mehr Bürokratie." Das brachte den Redenschreiber Leo Weiß in Rage: "Ja, wer entscheidet denn über die Politik in unserem Lande, die Verwaltungen oder das Volk?" "Das Volk, das Volk – ha! Das Volk schwankt dauernd in seinen Ansichten hin und her. Heute ist es für Neumann und morgen für Stein. Nee, nee!", ließ sich Hinze vernehmen. Frau Theile ignorierte diese Bemerkung. Da gab auch Bernstein-Mösberger einen Kommentar ab: "Jedenfalls erleben die Leute, wenn sie ihre Radaublätter ausgelesen haben, den lieben langen

Tag mehr als wir Paragraphenhengste." "...und -stuten!", warf die Krause schnell ein. Bernstein-Mösberger sprach weiter: "...und -stuten. Wir sitzen hier und draußen tobt das volle Leben." Die Chefin machte dem ein Ende: "Nun ist ja wieder gut. Frau Dr. Bauer, ich danke Ihnen für den Besuch. Ich denke, Ihre Verwaltung braucht Sie jetzt mehr als wir. Auf Wiedersehen!"

Nachdem die Referatsleiterin aus dem Wirtschaftsministerium die Runde verlassen hatte, sprach Bernstein-Mösberger wie vor sich hin: "Und jetzt?" – "Na, ist doch klar: Wir setzen auf Irene Nuhr-Meyer.", forderte die "Persönliche". Doch die Ministerpräsidentin war dagegen: "Ich habe mich für die Alternative Neumann oder Stein stark gemacht, und dabei bleibt es!" Der Pressereferent höhnte. "Dann zaubern Sie 'mal schön, Frau Ministerpräsidentin. Ich wette: Weder Neumann noch Stein werden es schaffen." – "Und ich wette, dass die Ministerpräsidentin nicht ihr Fähnchen in den Wind hängen wird!", entgegnete Frau Theile spröde "Ich bin auch nicht für Konjunkturprogramme. Der Stein hat es schon richtig gemacht. Aber erstens ist Neumann noch nicht der Wirtschaftsminister und zweitens muss er eben seine Meinung ändern, wenn er es doch wird. Es wäre ja nicht das erste Mal, dass ein Amt einen Menschen formt und nicht umgekehrt. Außerdem muss Neumann ganz schön kämpfen, damit er die Geschichte von dem gefälschten Bild und der zu Unrecht kassierten Staatsknete aus der Welt kriegt.", fügte Frau Theile hinzu und betrachtete versonnen "ihren Zuckermann". Nach einer Weile der Ruhe sagte sie zu ihren Mitarbeitern: "Tja, das wär's dann wohl!" Sie wusste, Frau Nuhr-Meyer würde ziemlich schnell erfahren, was sie eben gesagt hatte, und auch Stein und Neumann würde das zugetragen werden. Ob der Neumann ihren Warnschuss wahrnehmen würde?

Im Arbeitszimmer der Ministerpräsidentin befand sich hinter einer Wandtür versteckt eine Sanitärzelle. Frau Theile öffnete die Tür, prüfte ihre Frisur und den Sitz ihres Kostüms vor dem Spiegel, zog den Lippenstift nach. Sie war eine stattliche Erscheinung – eine große, elegante Frau mit vollem dunkelblonden Haar und einem gesunden Gesicht. Offensichtlich war sie mit ihrem Äußeren zufrieden. Sie schloss die Tür, drehte sich um und forderte ihre Referentin auf: "Christiane, fahren wir? Der Prosch sitzt schon im Wagen." Die beiden Frauen durchschritten das Vorzimmer. Frau Theile winkte den Sekretärinnen freundlich zu.

Es ging zu einem Empfang der Industrie- und Handelskammer. Im Auto wandte sich Frau Theile an Christiane Krause: "Stein und Neumann haben sich geeinigt. Stein soll Ministerpräsident werden und Neumann Superminister. Nun will auch Irene durchstarten. Du solltest Dir aber keine Hoffnungen auf den Staatssekretärsposten machen. Denn erstens ist Irene noch nicht gewählt und zweitens neigt sie zu großen Gesten. Es kann also sein, dass sie nach einer Wahl sagt: 'Im Büro ändere ich nichts'. Das kommt gut an und erleichtert den Einstieg. Lass also bitte den Bernstein-Mösberger in Frieden. Es kommt schließlich sowieso alles anders als man denkt." Christiane Krause antwortete. "O.k.! Du bist die Chefin. Immer noch." – "So ist es!"

Frauenpower

Die Frauengruppe der großen Partei war versammelt. Margarete Theile, Felicitas Bauer, Christiane Krause, die Ministerinnen, auch Lina Stein und viele andere waren gekommen. Die Sitzung leitete Irene Nuhr-Meyer. Sie berichtete von der 3:3-Abstimmung zwischen Stein und Neumann im Vorstand und meinte, nun müsse die Lage neu durchdacht werden, denn die bisherigen Kandidaten für das Spitzenamt seien ja leider angeschlagen. Das habe vielleicht damit zu tun, dass über beide Herren seit einiger Zeit Frauengeschichten im Umlauf seien und dass die Ehemänner der beiden auch "nicht ganz koscher" seien. Dem einen werfe man Betrug vor, und der andere sei offensichtlich ein Betrogener. Sie persönlich glaube nicht, dass an den Gerüchten etwas dran sei. Aber auch Gerüchte wären Fakten und könnten erhebliche politische Sprengkraft entfalten.

Die andere Prominente in dieser Runde, Ministerpräsidentin Theile, widersprach. Weder Neumann noch gar Stein seien aus dem Rennen. Mehr als Stimmengleichheit habe die Abstimmung im Vorstand schließlich nicht erbracht. Aus der Arbeit in der Regierung könne sie jedenfalls sagen, dass sowohl Stein als auch Neumann den "Marschall-Stab im Tornister" hätten. Die Gerüchte, die da jetzt im Umlauf seien, wären doch durchsichtig. Die Partei täte gut daran, wenn sie diese behandeln würde wie das Schwein die Rinde eines Baumes, das sich daran den Rücken wetzte. "Ich stehe nach wie vor zur Alternative Stein oder Neumann. Die beiden sind nun einmal die Besten, die wir zurzeit haben!" Die Ministerin Erika Venle stimmte ihrer Chefin "hundertprozentig" zu, was einige der anwesenden Damen als etwas opportunistisch und peinlich empfanden.

Felicitas Bauer trug sodann das Hauptargument dieser Gruppe vor: "Mit Margarete haben wir den Chefsessel erobert. Weiterhin gibt es ansonsten viel zu wenige Frauen in Spitzenpositionen. Ich kann Euch versichern: In der Wirtschaft ist das ganz schlimm. Die Bosse dort sind fast immer Männer. Warum sollten wir also unseren Platz hier in der Partei und in der Politik räumen? Gerade in der gegenwärtigen Lage müssen wir es den anderen Sektoren der Gesellschaft zeigen. Das mit Margarete war kein Zufall; sie ist keine Eintagsfliege. In der Politik haben die Frauen das Sagen!"

Da wurde es der Schwester des Ministers Stein zu bunt. Dass ausgerechnet die Bauer, die es doch bei ihrem Bruder "supergut" hat, jetzt auf die Frauenkarte setzte, regte sie auf: "Für wie blöd haltet Ihr die Wähler eigentlich? Denen ist es doch egal, ob ein Politiker 'nen Rock trägt oder 'ne Hose. Arbeitsplätze, sichere Arbeitsplätze wollen die und Gehälter, von denen sie leben können. Wir ziehen hier 'ne Show ab. Marc oder Neumann oder doch lieber eine Frau? Und dann welche? Ich sage Euch, den Leuten ist das alles piepschnurz. Die wollen eine gute Regierung, sehen aber niemanden, der eine solche stellen könnte." – "Das ist nun aber wirklich sehr aufbauend!", brauste da Christiane Krause auf. "Wenn es nach Dir gehen würde, Lina, dann könnten wir Frauen alle zusammen einpacken. Dabei ist es gesellschaftspolitisch schon relevant, wie weit wir Frauen vorankommen.

Schließlich taugen wir zu mehr als nur zu Gespielinnen irgendwelcher Bosse und Minister."

Lina Stein hatte die Anspielung verstanden, aber sie hatte sich vorgenommen, darauf nicht einzugehen. Das waren hier alles kundige Thebanerinnen. Die wussten schließlich, dass man Politik auch mit Gerüchten macht.

Alsbald erklärte sich die Vorsitzende: "Ich finde, wir sollten das alles fair austragen. Für Stein oder Neumann spricht in der Tat 'ne Menge. Aber ein Signal wäre es schon, wenn wir verkünden könnten, dass auf Margarete wieder eine Frau folgen soll. Viele Frauen – da bin ich sicher – würden uns allein deswegen wählen." – "Aber welche Frau sollte unserer so erfolgreichen Ministerpräsidenten folgen?", erkundigte sich Ministerin Erika Venle und tat ziemlich ahnungslos. "Da würde sich schon eine geeignete Persönlichkeit finden", lavierte die Vorsitzende. "Ja, zum Beispiel Du, Irene! Du könntest es machen.", entfuhr es wie bestellt der Bauer, und die Angesprochene tat als ziere sie sich: "Vielleicht gibt es ja noch Bessere. Aber ich würde mir das zutrauen, wenn die Partei es wollte."

Damit war es 'raus. Irene Nuhr-Meyer hatte erreicht, was sie mit dieser Versammlung beabsichtigt hatte. Lina Stein fand, sie sei in diese Runde ohnehin eine Außenseiterin und könnte daher frei sprechen. So sagte sie: "Allein Frau zu sein und von Emanzipation reden, genügt nicht. Emanzipation ist ein politisches Programm und kein Karrieremittel. Das sollte unsere Linie sein!" Alle wussten, wie das gemeint war: Irene Nuhr-Meyer benutze die Emanzipation nur als Karrieremittel, unterscheide sich ansonsten aber nicht von ihren vielen männlichen Politikerkollegen. Die meisten der Anwesenden teilten diese Einschätzung. Unter diesen aber waren viele, die glaubten, so etwas würden die Wähler nicht durchschauen, und deswegen solle man auch gar nicht daran rühren.

Frau Theile will keinen Fouché

Friedrich Hansen, der Innen- und Polizeiminister, war sportlich. Er war von drahtiger Gestalt, trug die Haare kurz geschoren, war immer gut rasiert und machte stets den Eindruck, er warte auf eine Einladung zum nächsten Tennismatch. Sein dunkler Anzug mit der dunklen Krawatte und dem hellen Hemd schienen seine zweite Haut zu sein. Bei der Polizei legte Hansen jährlich das Sportabzeichen ab und erzielte dabei in seiner Altersgruppe – nächstes Jahr würde er fünfzig werden – immer wieder überdurchschnittliche Leistungen.

In der Öffentlichkeit galt er als der "harte Hund" der Regierung. Mit Polizeieinsätzen gegen die "linke Szene" – ob bei allgemeinen Demonstrationen, Gebäudebesetzungen oder gegen "Neonazis" – war er schnell bei der Hand. Er hinderte die Polizei nicht. Da flogen die Knüppel, da erfüllte Tränengas die Luft, da schossen die Wasserwerfer, und auf Plätzen und Straßen kehrte Ruhe ein. Aber Hansen betonte auch, man dürfe "auf dem rechten Auge nicht blind" sein. Allerdings gäbe es "rechts" weniger zu tun als "links", und die "Gewaltbereitschaft" sei links nun einmal größer als rechts. Vor dem Gesetz seien jedoch alle gleich, und für Hansen hieß das: Die Staatsmacht ist wichtiger als individuelle Bedürfnisse einzelner Bürger. Viele Anhänger der großen Partei liebten ihn wegen dieser Einstellung, und er selber fand, es sei die wichtigste Aufgabe des Staates, die "innere Sicherheit" zu garantieren. Dabei war er sehr gesetzestreu. Ihm war es noch nie passiert, dass er wegen übermäßiger Härte seiner Beamten angeklagt oder gar verurteilt worden wäre. Der Grundsatz der Verhältnismäßigkeit einzusetzender Mittel war ihm in Fleisch und Blut übergegangen. Dabei ging er allerdings bis an die zulässige Höchstgrenze. Dieser Hansen hatte "draußen im Lande" viele treue Anhänger.

Friedrich Hansen wusste natürlich, dass Stein und Neumann einen Deal planten, dass die Nuhr-Meyer in den Startlöchern steckte, dass Frau Theile das nicht mochte und auch, dass die kleinere Partei von Stein und vor allem von Neumann wenig begeistert war. Um solches zu wissen, brauchte er keine Zeitungen, seine "Leute" trugen es ihm zu – jeweils brühwarm. Auch die Gerüchte um Klara Zimmermann und Professor Ehlert, um Lina Stein und Sven Neumann und um den gefälschten Zuckermann kannte er, und im Unterschied zu den meisten wusste er sicher, dass in Gerüchten immer ein Körnchen Wahrheit steckte.

Kollegen gegenüber hatte Hansen oft getuschelt, er habe keine Lust mehr, "Polizeiminister" zu sein. Aber das war geflunkert. Hansen liebte solches Versteckspielen, fand es lustig. Und immer war es auch ein wenig "fishing for compliments". Wenn er zum Beispiel seinem Freund Harry-Peter Loch etwas von seiner Amtsmüdigkeit vortuschelte, hoffte er, eine Antwort zu hören wie: "Aber Friedrich, wir alle brauchen Dich doch!" Eine solche Reaktion kam auch meist, und sie tat Hansen jedes Mal richtig gut.

Jetzt telefonierte Friedrich Hansen mit seiner Chefin Margarete Theile, die ihm mitteilte, sie habe erfahren, Frau Nuhr-Meyer, "die Irene", habe Ambitionen auf den Chefsessel. Hansen tat, als sei ihm das neu: "So? Dann kehrt sie wohl jetzt die Emanze 'raus. Aber eigentlich spielt sie diese Rolle doch bloß, oder?" Margarete Theile, war vorsichtig, denn sie wusste, dass Hansen alle Sprüche und Redewendungen behielt und zu einem ihm genehmen Zeitpunkt darauf zurückkam. "Ich weiß das nicht so genau. Aber spielt das eine Rolle? Du musst doch zugeben, dass alles auf Stein oder Neumann zuläuft. Das sind die Stars in unserem Kabinett." Hansen ging in Reserve: "Meinst Du? Die beiden mit ihrer Veranlagung... Und dem Neumann, kann man dem stets trauen?" – "Warum denn nicht?" – "Das teile ich Dir bestimmt zu gegebener Zeit mit. Was aber die famose Frau Nuhr-Meyer angeht: Frag doch 'mal Deinen Freund Schnabel, was damals in Freiburg genau los war mit dem 'verlorenen Fräulein'." Frau Theile ärgerte sich über den Polizeiminister, dass er Schnabel als ihren "Freund" bezeichnet hatte und auf die Geschichte mit Schnabels früherer Exkursion nach Freiburg anspielte. Wusste er etwa, was neulich abends zwischen ihr und Schnabel geplaudert wurde? Spionierte er ihr – seiner Chefin! – nach? Das wäre ungeheuerlich. So ging sie auf Distanz: "Solche alten Geschichten interessieren mich überhaupt nicht!" – "Wie Du meinst."

Neugierig war Frau Theile schon geworden, und sie nahm sich vor, Schnabel bei der nächsten Gelegenheit zu bitten, genauer zu erzählen, was damals mit dem 'verlorenen Fräulein' im Breisgau geschehen war. Falls er überhaupt Genaueres wusste...

Sie legte auf. Dann fiel ihr ein, dass Hansen auch eine Andeutung über Neumann gemacht hatte. Was wollte er ihr über Neumann "zu gegebener Zeit" mitteilen? Frau Theile begann zu ahnen, dass nicht nur Stein und Neumann und neuerdings auch Irene Nuhr-Meyer auf ihren Posten aus waren, sondern auch Hansen. Auf den wollte sie ganz besonders aufpassen, denn einen Fouché als Nachfolger mochte sie überhaupt nicht haben.

Die Gerüchteküche wird heiß

Frank-Walther Hellersberg hatte seinen Platz auf einem Schreibtisch der Universitätsbibliothek ("UB") vollgestapelt mit Büchern; aus denen viele gelbe Zettel hervorlugten. Diese gelben Zettel hatte der Assistent an Seiten eingelegt, auf denen Texte standen, die ihm wichtig vorkamen. Er hatte sich gerade erhoben, war zu einem Regal gegangen und suchte unter "Co" Werke von Auguste Comte, die er noch nicht kannte. Da stand Lina Stein, seine persönliche Favoritin und berufliche Kollegin, neben ihm und spottete leise – in der "UB" durfte nicht laut geredet werden: "Na, suchste 'was Neues?" Frank-Walther freute sich, dass sie da war und wandte sich ihr zu: "Hallo Lina! Wie geht es Dir? Bist Du auch auf der Suche nach Originellem für unsere Lehrveranstaltung?" Doch Lina wich aus: "Ich hab' mir schon gedacht, dass Du hier bist. War lustig gestern Abend mit dem Kabarettisten, nicht wahr?" Frank-Walther strahlte Lina an: "Und nicht nur das!" Frau Dr. Stein warf ihm einen langen und vieldeutigen Blick zu. Da schaltete der Assistent um und spielte auf eine Geschichte an, die an der Universität "rum" war: "Dass der Ehlert sich von so 'nem Hinkel bescheißen lässt, ist doch 'n Ding." – "Da hast Du leider Recht. Aber ich weiß nicht, ob wir etwas gemerkt hätten. Schließlich hat Schweizer auch mitgezogen und die anderen Professoren der Prüfungskommission ebenfalls. Hinterher ist man immer schlauer." – Damit hätte das Thema abgehakt sein können, doch Frank-Walther bohrte weiter: "Man erzählt sich jetzt, dass der Hinkel auch mit Deinem werten Bruder Marc auf der Parteischiene gemauschelt hätte. Marc soll ihn an Ehlert vermittelt haben und Hinkel habe Marc im Gegenzug Unterstützung bei seiner Kandidatur versprochen. Aber beweisen kann man das alles natürlich nicht."

Lina Stein war etwas blass geworden, sagte aber nur: "Der Ehlert hätte ruhig etwas gründlicher sein können bei seiner Korrektur." "Ja, auf jeden Fall.", fügte Frank-Walther hinzu und beendete diese Unterhaltung, indem er fragte: "Du Lina, hast Du Lust, nachher mit mir essen zu gehen? Direkt gegenüber der UB haben sie so'n spanisches Restaurant aufgemacht. Da soll es tolle Tapas geben." "Ja gerne.", antwortete die Kollegin.

Lina Stein hatte gute Nerven. Fröhlich aß sie mit Hellersberg Tapas; sie tranken je ein Glas Rioja "Avior Reserva 2007", dazu Mineralwasser. Die beiden Assistenten ulkten über die "Profs" an der Universität, über die Kollegen – besonders über Roxana, die zu ihrem Lehrstuhl gehörte – und über die Studenten, die ihren Scheinen hinterher jagten. Hellersberg legte seine Hand auf die von Lina, doch die zog ihre zurück. Es hätte ja sein können, dass sie hier – so dicht bei der Universität – beobachtet würden. Auf Ehlert und Hinkel kam die Unterhaltung der beiden nicht noch einmal. Offenbar wollte keiner die angenehme Stimmung durch ein unangenehmes Thema verderben.

Abends saß Lina Stein in der Wohnung ihres Bruders. Sie waren allein, Lina und Marc. Der Minister betonte jedoch, dass er noch einmal los müsse, "so gegen acht". Da käme der Fahrer, und wenn Lina Lust habe, könne der sie ja nach Hause fahren. Er, Marc Stein, würde vorher bei "Krauses Festsälen" aus dem Wagen springen, denn eine Parteiveranstaltung warte dort auf ihn. Lina musterte ihren Bruder Marc und fand, er sei ziemlich gehetzt. Sie war froh, nicht in seiner Haut zu stecken, denn sie hätte keine Lust, sich vor irgendwelche wichtigtuerische "Parteifreunde" zu stellen und um deren Sympathie zu buhlen. Genau das jedoch musste Marc tun – jetzt im Kampf um den Chefsessel besonders. Ihr Bruder Marc tat Lina leid. Nun kam noch die Sache mit Ehlert und Hinkel hinzu. Lina fragte vorsichtig: "Sag', Du musst doch Hinkel kennen. Der ist doch in Eurer Partei und nicht bloß einfaches Mitglied." – "Na klar kenn' ich den. Hab' aber nichts weiter mit ihm zu tun. Irgendwann hat er mich auf so einem Parteitag angesprochen: Ob ich ihm bei seinem Promotionsprojekt helfen würde. 'Nee', sagte ich da. 'Aber geh' doch 'mal zu Kasimir Ehlert. Der ist Professor an der Uni und für so was zuständig.' Hinkel führte sich ziemlich servil auf und versprach mir ohne Aufforderung, mich als Kandidat für die Nachfolge der Theile zu unterstützen. Das war mir natürlich recht, und ich verabschiedete mich: 'Gut so!' – Das war meine Begegnung mit Hinkel. Kasimir habe ich später beiläufig davon erzählt, und er hat das mit einer wegwerfenden Handbewegung abgetan. Dann hab' ich ihn 'mal zufällig in der Oper getroffen. That's all, Sister!" – "Du erinnerst Dich aber ziemlich genau." Marc wurde unwirsch: "Na, weil die Geschichte jetzt wieder hochgekocht wird wie gerade auch von Dir." – "Ist schon gut."

"Gut" war nichts. Ehlert war nach Hause gekommen, noch bevor Marc zu seinem Termin fuhr. – "Hallo Kasimir! Du, Lina ist gerade hier.", begrüßte ihn sein Mann. – "Das ist aber schön. So können wir ein wenig schnacken. Wie geht es Dir denn, Lina?" Marcs Schwester sagte, ihr ginge es ganz gut und dass sie eigentlich gleich gehen wollte. Ehlert bat sie, noch zu bleiben, was sie dann auch tat. – "Was macht denn Euer Comte-Seminar?", wollte der Professor wissen. – "Och, das läuft ganz gut. Ist ziemlich überfüllt, und die Studies wollen alle Scheine mindestens mit 'ner zwei. Mein lieber Kasimir, da kommt 'was auf Dich zu, wenn die alle Examen machen wollen." – "Ist halt mein Job. Manche Kollegen sind sich für Prüfungen zu fein. Die Uni ohne lästige Studenten – das ist ihr Traum. – Was sagt man übrigens in Assistentenkreisen zum Fall Hinkel?" – Lina zögerte: "Du hast damit angefangen. Als Ruhmesblatt wird das gerade nicht gehandelt. Aber nun kommt noch hinzu, dass geraunt wird, Marc hätte Dich gebeten, Hinkel bei seiner 'Diss.' zu helfen, damit er in der Partei etwas für ihn tue. 'Eine Hand wäscht die andere.', sagen nicht nur die Kollegen." – "Ja, ich hab' auch schon so etwas gehört.", antwortete der Professor: "Aber das ist nicht so. Als Herr Hinkel zu mir in die Sprechstunde kam, hatte ich die Bemerkung vom Marc gar nicht mehr präsent." – "Aber getäuscht hat er Dich schon!" – "Hinkel, der Strolch, hat plagiiert. Das ist eine Sauerei! Und ich Idiot habe es nicht gemerkt." Lina versuchte, den Professor zu trösten: "Komm Kasimir: Irren ist menschlich." Doch der beharrte: "Ich hätte es merken müssen. Und jetzt soll ich das alles getan haben, um Marc zu helfen. Das ist ungeheuerlich. Für wen halten die mich eigentlich?" – "Kasimir, ich glaube, diejenigen, die jetzt die Geschichte vom Gefallen für Marc erzählen, denen bist Du ziemlich schnuppe: Sie wollen Marc ausbremsen." – "Das sehe ich auch so, aber ich werde dabei zum Hampel gemacht, weil man Marc schaden will. Das ist ziemlich blöd."

Während Prof. Ehlert sich so bedauerte, hatte er eine Flasche Rotwein entkorkt, einen 2010er "Chianti Classico" mit Namen "Contado del Grifo". Er hatte sie bei "Lidl" für 4,99 Euro gekauft, und nun wollte er den Wein testen. "Mal sehen, ob auch ein Wein, der weniger als fünf Euro kostet, trinkbar ist." Ehlert goss sich und Lina ein, erhob sein Glas. Dann ließ er das Rote über seine Zunge gleiten, schmeckte mit dem Gaumen nach, machte einen spitzen Mund und sagte schließlich: "Nicht schlecht für den Preis." – "Tatsächlich trinkbar.", kommentierte die Assistentin.

Frau Dr. Lina Stein und Herr Professor Kasimir Ehlert berieten noch eine Weile über das Comte-Seminar. Ehlert berichtete von einem Förderantrag bei der "Deutschen Forschungsgemeinschaft" ("DFG"), den er stellen wollte, und dann zogen sie mit viel Freude über abwesende Professoren und Assistenten der Universität her. Etwas angeheitert verließ Lina die Wohnung.

Kurz nachdem sie gegangen war, kam Marc Stein zurück, schloss die Wohnungstür auf, hängte sein Sakko über einen Bügel, öffnete die Krawatte, zog Hausschuhe an und fläzte sich in einen Sessel. Als er Kasimir sah, entfuhr es ihm: "Es ist zum Kotzen: Die in der Partei wollen gar nichts von Wirtschaftspolitik hören, sondern fragen, wie ich Sven aufs Kreuz gelegt habe, was mit Nuhr-Meyer sei und ob jetzt noch Hansen seinen Hut in den Ring werfe. Dann werden sie immer frecher, fangen mit dieser Studentin an, wollen Lina und Sven 'was anhängen, suhlen sich in der Geschichte vom angeblich gefälschten Zuckermann und behaupten schließlich, ich hätte Dich gebeten, diesen Hinkel zu promovieren. Es ist widerlich. Soll es so weiter gehen?" – Kasimir legte seine Hand auf Steins Schulter: "Jetzt bist Du mitten drin im Auge des Taifuns. Auch mich ziehen sie in den Dreck, damit auch Du da hinein fällst. Du kannst jetzt nicht aufgeben Wer 'A' sagt, muss auch 'B' sagen. Wenn sie Dir ein Bein stellen: 'Steh auf, wenn Du ein Kämpfer bist!'"

Ziemlich müde und leise gähnend antwortete der Minister: "Ja. – Gute Nacht."

Eine nicht vergessene Begebenheit

Dr. Irene Nuhr-Meyer, die Vorsitzende der großen Partei und Abgeordnete, besuchte ihren Parteifreund Friedrich Hansen, den Innen- und Polizeiminister. Sie wusste vom Einfluss dieses Mannes. Er war so etwas wie eine "graue Eminenz" in ihrer Partei. Bei ihm wollte sie für ihre Kandidatur als Nachfolgerin von Frau Theile werben. Vor Hansen würde es allerdings nichts nützen, sich als Emanzipationspolitikerin darzustellen; das war ihr klar. Deswegen wollte sie jetzt ihre Verwaltungserfahrungen herauskehren und darlegen, dass sie sich in der Partei immer auf die Seite jener geschlagen habe, die für "Recht und Ordnung" kämpften. Sie wollte Hansen bitten, im Falle ihrer Wahl doch weiterhin als Innen- und Polizeiminister "zur Verfügung zu stehen".

Dass er weiterhin "zur Verfügung stehen" wolle, bestätigte Hansen gerne. Im übrigen habe er von der "Frauenversammlung" gehört und freue sich, dass Frau Nuhr-Meyer nun ebenfalls "nach den Sternen greife". Auch störe ihn nicht, wenn Frau Nuhr-Meyer die "Emanzenkarte" ziehe. Schließlich "sind wir alle Politiker und wissen, was von solchen Sachen zu halten ist." Irgendeinen Einstieg müsse ja jeder haben, und der Rest ließe sich finden.

Die Parteivorsitzende wurde stutzig: "'Ließe'? Warum sagt er nicht 'lässt'?", dachte sie, sagte jedoch: "Ich bin sicher, dass die Sache läuft. Stein und Neumann sind noch jung und können ruhig ein wenig warten." Hansen schien zu grübeln, machte ein ernstes Gesicht und meditierte vor sich hin: "Das Alter der beiden ist nicht das Problem..." – "Was denn?" Der Polizeiminister hatte schließlich den Geheimdienst "unter sich" und wusste einiges, was seine Kollegen nie erfahren. Zögerlich begann er: "Können Sie sich noch an die Exkursion mit dem Schnabel nach Freiburg erinnern?" – "Das ist aber arg lange her! Und was hat das mit meiner Kandidatur zu tun?". – "Alte Geschichten sind wie Flaschengeister: Sie kommen immer wieder hoch.", orakelte Hansen. – Frau Nuhr-Meyer wurde ungeduldig: "Was für alte Geschichten denn, Hansen? Wenn ich an Freiburg denke, dann fallen mir das Münster, das Rathaus und der Ruhländer ein." – "Weiter nichts?" – "Nee!". – "Na dann ist es ja gut.", merkte der Polizeiminister an.

Doch Frau Nuhr-Meyer wollte es jetzt wissen. "Sie haben doch nicht ohne Grund Freiburg angesprochen!" Hansen zögerte: "Erinnern Sie sich doch: Sie waren eine Nacht lang weg." – "Na und?" – "Manche Leute sprechen heute noch davon." Irene Nuhr-Meyer entrüstete sich: "Mann: Ich war jung! ... Jetzt fällt mir ein: Ich war mit 'ner Clique in so 'ner Kneipe mit dröhnend lauter Musik. Deutschrock, wenn ich mich nicht täusche. Da kam ein Typ an meinen Tisch, der hat mir gefallen und viel erzählt. Plötzlich waren meine Kumpels weg. Das hat mich aber nicht gestört. Ich hatte nur Augen für den Typ. Die Kneipe machte zu, und der Typ nahm mich mit in eine Kellerwohnung. Das war ein richtiges Studentenloch. Dort saßen noch fünf oder sechs andere – Weiblein und Männlein. Die redeten politischen Stuss; dass Hitler von der Judenvernichtung nichts gewusst habe, dass die Amerikaner deutsche Waffen hätten usw.. Das fand ich alles blöd, und ich zog wieder ab. Es muss wohl vier gewesen sein, als ich vor dem Hotel stand. Einer kam raus, und ich bin hinein gehuscht. Beim Frühstück war ich da. Schnabel staunte nicht schlecht."

Der Polizeiminister kannte die Geschichte auch und sogar noch etwas genauer: "Wissen Sie, was das für Leute damals waren? Rechtsradikale! Drei von denen sind später in den Untergrund gegangen, um Ausländer zu töten. Die wussten – weiß der Teufel woher! – wer Sie waren und vor allem, was Sie wurden. Diese Leute haben Sie niemals aus den Augen gelassen. Die wissen genau, wo sie leben und welche Positionen Sie heute bekleiden. Eines Tages wollten diese Gangster Sie anzapfen!" Irene Nuhr-Meyer war empört: "Warum erfahre ich erst heute davon?" Hansen sagte trocken, fast wie zu sich selbst: "Die Observation war noch nicht beendet. Aber wenn Sie jetzt Kandidatin werden, kommt die Geschichte bestimmt vorzeitig auf den Markt." Genüsslich wandte er sich seiner Parteivorsitzenden zu: "Wollen Sie sich das antun?"

Irene Nuhr-Meyer schwieg und nahm sich vor, mit Hansen über die Kandidatur nicht weiter zu sprechen. Sie war aufgewühlt. Da kursierten schlimme Sachen über sie im Hintergrund, und ihr hatte man nichts gesagt! Diesen verdammten Hansen wollte sie eben noch als Verbündeten gewinnen. Jetzt musste sie erkennen, dass er gegen sie arbeitete. Das hätte sie ihm niemals zugetraut.

"Übrigens," merkte Hansen zum Ende der Unterredung an: "Stein und Neumann müssen trotzdem nicht die einzigen Kandidaten bleiben..."

"Du intrigantes Schwein!", dachte die Parteivorsitzende. Doch sie sagte nichts.

Zuckermann kopiert Zuckermann

Sven Neumann und Fei Freidank saßen zusammen. Beider Tag war vorbei, und heute wollten sie Zwischenbilanz ziehen über Neumanns politische Ambitionen, aber auch über Freidanks geschäftliche Entwicklung. Die Zinsen fielen und fielen, und Freidank hatte gehofft, dass diese Entwicklung seiner Galerie zugutekommen müsste. Denn immer mehr Kapital wurde frei, und dieses bei der Bank anzulegen, lohnte sich immer weniger. Wer hatte, konnte nicht sein gesamtes Vermögen in Immobilien oder Gold anlegen. Mithin – so hatte Freidank bis vor kurzem spekuliert – würden einige "Krösusse" auf die Idee kommen, ein Teil ihres Geldes für Kunst auszugeben. Obendrein sollte es moderne Kunst sein. Damit würden besonders die Reichen imponieren wollen. Also müsste die Nachfrage nach Gemälden und Skulpturen steigen – so die Spekulation Freidanks, die Neumann teilte. Freidank nahm mehr und mehr Bilder und Statuen bekannter moderner Künstler in Kaution und bot sie in seinen weitläufigen Räumen an. Auch veranstaltete er zahlreiche Ausstellungen. Zu den Vernissagen erschienen immer Prominente aus Politik, Wirtschaft, Kultur und neuerdings auch vom Sport.

Dazu war Freidank eigens dem ansässigen ersten Fußballclub beigetreten. Das war ein "Fahrstuhlverein": Er spielte Jahr um Jahr 'mal in der Ersten und dann wieder in der Zweiten Bundesliga. Dieser Verein, mit dem es zum Verzweifeln war, brachte grandiose Siege zustande, aber sobald es einen Titel zu gewinnen gab, verlor er. Konnte der Verbleib in der Ersten Liga mit einem klitzekleinen Pünktchen gesichert werden, so ließ dieses Pünktchen so lange auf sich warten, bis der Abstieg in die Zweite Liga endlich "gesichert" war. Dann ging es wieder um den Aufstieg. Weil das immer so weiter ging, wechselte dieser Club panisch und permanent das Spitzenpersonal, was die Situation zusätzlich verschlimmerte. Die dennoch reichlich vorhandenen Großverdiener dieses Clubs kamen zwar regelmäßig und gerne zu den Vernissagen, labten sich dort an Champagner und Häppchen, kauften aber keine moderne Kunst. Sie hatten nur Mannschaftaufstellungen, Prämien und Transfers im Kopf. Aber sie gehörten zur "Gesellschaft".

Die Fußballer kauften nicht – oder zu wenig. Das war auch bei den Politikern, den Wirtschaftsbossen und den etablierten Künstlern nicht anders. Letztere standen ohnehin meist auf der anderen Seite und wollten bei den Treffen ihre Produkte – seien es verfasste Texte, Rollen, Bilder, Skulpturen oder sonst etwas – "an den Mann" bringen. Auch für Transfers, die sie "Preise", "Stipendien" oder "Auszeichnungen" nannten, waren sie empfänglich. Die Wirtschaftsbosse waren schon eher die richtige Klientel für eine Galerie, doch sie bevorzugten konservative Ware, also gegenständliche und weniger aktuelle Bilder oder Figuren. Damit konnte Fei Freidank, der sich ja auf die Moderne kapriziert hatte, nicht dienen. Die Politiker schließlich, die zu ihm in den – wie er sagte –"Laden" kamen, waren zu sehr vom Laufrad des politischen Karrierismus gefangen, als dass sie Zeit fanden, sich für irgendetwas zu entscheiden. Selbst wenn sie gekauft hatten, so wurde berichtet, konnten sie sich in ihren Chefetagen für den Standort der Kunstwerke nicht entscheiden: Diese standen provisorisch und heimatlos oft jahrelang an eine Wand irgendeines Arbeitszimmers gelehnt.

Bei Fei – das musste dieser zugeben – liefen die Geschäfte nicht so, wie er es sich einst erhofft hatte. Dafür machte er auch die Lage seiner Galerie verantwortlich. Diese befand sich nämlich nicht in der hippen Mitte der Stadt, sondern an deren Rand. Das Viertel war exklusiv mit gepflegten Villen und Gärten, auch durch die Stadtbahn verkehrstechnisch gut erschlossen. Aber Kunstliebhaber mit Geld in der Tasche lockte das nicht gerade in Scharen an. Jedenfalls war in der Galerie nach den Vernissagen und vor den Finissagen nichts los. Wenige verirrten sich in den "Laden", und Käufer waren viel zu selten darunter. Freidank spielte mit dem Gedanken, seine Galerie in der Mittel der Stadt anzusiedeln. Schwierig würde es allerdings sein, geeignete Räume zu finden, und ob er die zu erwartende hohe Miete würde aufbringen können, wusste er nicht.

Bei der Schilderung der wirtschaftlichen Probleme mit seiner Galerie wurde, wie Sven Neumann merkte, Fei Freidank immer kleinlauter. "Tja.", kam der Galerist schließlich mit der Sprache heraus: "Das einzige richtige Ding war das Geschäft mit dem famosen Volker Zuckermann, dem Mitglied der Akademie der Schönen Künste. Das hast Du doch vermittelt. Aber Zuckermann meinte damals, Frau Theile und niemand würde es merken, wenn er eine Replik seines eigenen Werkes herstellte und wir diese der Ministerpräsidentin andrehen. Gesagt, getan. Zuckermann brauchte nicht lange, und wir drehten Margarete Theile tatsächlich die Replik an. Das Geld dafür habe ich kassiert, wie Du weißt. Zuckermann bekam seinen Anteil. Das Original wollte er in den USA gut verkaufen. Daher kommt das Gerücht von der Fälschung. Das kursiert natürlich nicht nur in der Politik, sondern auch in der Galeristenszene. Der Zuckermann hat schon kalte Füße. Schöner Mist!"

"Mann o Mann!", stöhnte Neumann. "Das ist ja höchst unerfreulich. Und ich steck' mit drin. Bestimmt weiß mindestens der Hansen genau wie die Sache gelaufen ist. Der wird alles tun, damit ich das Rennen gegen Stein nicht gewinne. Ich kann froh sein, wenn ich überhaupt wieder Minister werde: alles Deinetwegen. Fei, Fei, Fei!" – "Es tut mir leid!" – "Das nützt jetzt gar nichts. Wo ist eigentlich das restliche Geld?" – "Weg! Ich habe es in den Ausbau der Galerie investiert." Der Minister konnte es noch immer nicht fassen. Er murmelte vor sich hin. "Ist das Spiel jetzt aus? Aber warum hat Hansen noch nicht zugeschlagen?" Und: "Frau Theile darf das nicht wissen."

Neumann war gewiss, dass der Wettlauf um die Nachfolge der Margarete Theile für ihn gelaufen war – negativ. Er würde als Verlierer vom Platz gehen und müsste noch froh sein, wenn er seinen derzeitigen Job behalten könnte. Aber dass auch sein unmittelbarer Konkurrent Stein längst auf der "Abschussliste" von Hansen stand, das wusste er noch nicht.

Wieder siegt die Umweltpolizei

Wieder einmal tagte die Fraktion der großen Partei. Diesmal ging es um die Lage der Wirtschaft. Den Abgeordneten lag ein Bericht vor. Danach war die Situation nicht rosig. Das Bruttosozialprodukt ("BSP") war im Vergleich zum Vorjahr nur auf 103 % gestiegen. Die allgemeine Arbeitslosigkeit war mit 9 % hoch. Dabei wussten die Abgeordneten, dass diese Zahl geschönt war, denn viele eigentlich Arbeitslose "steckten" in Beschäftigungsprojekten oder künstlich verlängerten Ausbildungsgängen. Erschreckend war, dass 33 % der Jugendlichen, die eigentlich mit dem Berufsleben anfangen wollten, keine Arbeit fanden. Sogar die Gleichung "Gute Bildung gleich gute Arbeit" ging nicht auf, denn viele Universitätsabgänger mit glänzenden Examensnoten fanden keine Jobs, wurden arbeitslos, gingen auf den Bau oder machten ähnliches.

Derartiges würde der Fraktion berichtet werden. Noch war die Sitzung nicht eröffnet, doch die wartenden Parlamentarier stimmten sich informell auf das Thema ein. Ein Abgeordneter empörte sich: "Ist doch kein Wunder. Die Betriebswirte sind schuld. Sie gehen überall hin zu den Firmen und 'rationalisieren' die einfachen Jobs weg. Der Staat macht das nach. In der Stadtbahn beispielsweise gibt es keine Schaffner mehr und keine Fahrkartenverkäufer. Denen hat man zwar wenig Geld gegeben, dafür aber eine Uniform, und sie waren stolz. Heute stehen solche Leute Schlage im Arbeitsamt. Zahlen muss der Staat sowieso immer." Ein Kollege ergänzte: "Bei uns sind einfach die Löhne zu hoch. In Fernost schuften sie für ein Zehntel. Da wandert natürlich die ganze Produktion ab. Klamotten, Fotoapparate, Handys; Kühlschränke – alles wird in Asien hergestellt, und hier gibt's keine Arbeit. Wenn die Chinesen nicht so blöd wären, ihr vieles Geld für unsere teuren Benzinschlucker auszugeben, dann wäre hier gar nichts mehr zu tun." – Ein dritter Parlamentarier gab noch einen drauf: "Wir in Europa haben ja auch diese bescheuerte Gemeinschaftswährung mit was weiß ich wie vielen anderen Staaten. Immer wenn einer Mist macht, müssen alle anderen helfen. Die Welt lacht sich kaputt über uns. Früher galt der Grundsatz, dass die Währung die Spiegelung einer Volkswirtschaft sei. Es gab den Warenkreislauf und den Finanzkreislauf. Die liefen simultan. Doch heute ist so etwas viel zu simpel. Wir sind ja auf der Höhe der Zeit, modern und schicken die Leute zum Stempeln. Das ist keine soziale Marktwirtschaft mehr!"

So ging es zu zwischen den Abgeordneten. Da erklang die Glocke des Fraktionsvorsitzenden, unter großem Stühlegescharre nahmen die "Volksvertreter" Platz. Der Vorsitzende sprach: "Die Sitzung ist eröffnet. Heute steht die Wirtschaftslage auf der Tagesordnung. Sie haben einen aktuellen Bericht aus dem Hause Wirtschaft bekommen. Marc Stein, unser Wirtschaftsminister, ist hier, um mit uns zu diskutieren. Doch zunächst ein paar Worte des Ministers. Bitte, Herr Stein!"

Stein dankte artig für die Einladung. Im Augenblick, kam er gleich zur Sache, gebe es in der Tat einige Probleme bei der Wirtschaft. Aber das sei nicht dramatisch. Man müsse die Wirtschaft jetzt in Ruhe lassen. Staatliche Maßnahmen seien Gift. Unternehmer bräuchten Freiheit – gerade gegenwärtig. Der größte Fehler wäre, "flächendeckend" Mindestlöhne zu verordnen. Das würde die Konkurrenzfähigkeit einschränken. Auch Konjunkturprogramme taugten nichts. Durch sie würden Strohfeuer entfacht. Man wolle aber eine "nachhaltige" Verbesserung der wirtschaftlichen Struktur. Der Staat sollte sich zurückhalten. Beim öffentlichen Haushalt sei es wichtig zu sparen. Alle Ausgaben müssten "auf den Prüfstand", und besonders für Umweltprojekte sei es nicht die Zeit. Der Staat habe beispielsweise überhaupt kein Recht, einzelnen Unternehmen den CO_2-Ausstoss vorzuschreiben. Das letzte in der augenblicklichen Lage wäre es, mit der "Umweltpolizei" zu kommen.

Da war es wieder, das Wort "Umweltpolizei". Stein hatte während der gesamten innerparteilichen Kampagne gegen Neumann damit Erfolg gehabt und das Bild immer wieder benutzt. Auch heute hatte es Wirkung. Jeder verstand sofort, was gemeint war. Einer der ersten Redner der Fraktion warnte: "Wir sollten nicht den Leuten hinterher laufen, die meinen, sie könnten unsere Probleme mit der Umweltpolizei lösen." Stein freute sich. Es gab zwar den Deal mit Neumann, aber solange offiziell nicht entschieden war, wer auf's Podest soll – Neumann oder er – war jeder Hieb gegen Neumann für ihn gut.

Stein fand, die Sache lief prima für ihn. Seine wirtschaftspolitische Linie fand Zustimmung. Das würde sich auszahlen. Da erhielt der Landtagsabgeordnete Hinkel das Wort: "Ich fand die Worte von Herrn Minister Stein sehr erhellend. Wir dürfen die Wirtschaft in der Tat nicht gängeln. Die wissen schon, was zu tun ist. Schließlich kennen die Manager die Weltmärkte besser als wir. Minister Stein ist da ganz prinzipientreu. Deswegen sollten wir ihn auch als Nachfolger von Frau Ministerpräsidentin Theile unbedingt unterstützen!"

Die Stimmung drehte sich. Ein Kollege von Hinkel brachte es auf den Punkt: "Mensch Hinkel! Haste's nicht ein bisschen kleiner? Du schleimst hier den Stein voll. Dabei wissen wir alle, dass dessen Lover Dir nur geholfen hat, damit Du den Stein favorisierst. Nun ist das Ding mit Deiner Arbeit aber geplatzt. Jedermann weiß es. Da solltest Du 'mal ruhig sein und nicht dem Stein in den Allerwertesten kriechen."

Stein warf Hinkel einen Blick zu als wollte er sagen: "Er hat recht." Und Hinkel beschloss bei sich: "Ich werde nie wieder für Stein plädieren."

Professor Schweizer doziert

Die Hochschullehrer der Fakultät hatten eine Versammlung. Die Zusammenkunft begann um 16 Uhr, und sie zerbröselte gegen 20 Uhr. Die Sitzung wurde geleitet von der Dekanin. Das war eine Frau, die vor acht Monaten an die Universität berufen worden war. Auf der Liste der Fakultät hatte sie zwar den Platz zwei inne, das Ministerium hatte sie dennoch berufen, weil "Gender Mainstreaming" zu ihren Forschungs- und Lehrgebieten gehörte. Auf Platz eins der Liste hatte ein Mann gestanden, der "Politische Theorie" als spezielles Arbeitsgebiet hatte. Die Fakultät wollte ihn holen, weil in der Grundausbildung der Politischen Wissenschaft gerade in der Theorie eine Lücke klaffte. Die Fachabteilung des Ministeriums unterstütze wie die Universitätsleitung das Votum der Fakultät und hatte eine entsprechende Vorlage gefertigt. Die wurde bis hinauf zum Staatssekretär abgezeichnet und landete beim Minister. Doch der wollte – wie er sagte: "ein politisches Zeichen setzen" und eine Frau an der Universität "implantieren", die sich mit zeitgemäßen gesellschaftspolitischen Themen auskannte. Bei den Änderung der Vorlage hatte der Minister zu seinem Staatssekretär gesagt: "Nun werden viele behaupten, ich hätte die Dame berufen, weil sie in meiner Partei ist. Doch damit hat das überhaupt nichts zu tun!" Die Dame wurde berufen. Die Fakultät gehorchte und wählte die "Neue" sogleich zur Dekanin. Die Herren Professoren liebäugelten dabei ein wenig mit dem Gedanken, dass man nun auch ihre Fakultät als "fortschrittlich" einstufen würde, denn man hatte ja nun eine Frau als Dekanin und noch dazu eine, die sich auf einem modernen Gebiet ausgezeichnet hatte.

Nun leitete diese Dekanin eine Versammlung, die sich "Professorium" nannte. Weder die Satzung der Universität, noch das Hochschulgesetz sahen eine derartige Zusammenkunft vor, doch die Hochschullehrer der Fakultät wollten einmal im Monat unter sich sein. Das Protokoll führte die Dekanatsassistentin. Die durfte nur schreiben aber nicht reden. Rederecht hatten hier nur Professoren. Als erster berichtete einer, der als Hochschullehrer in den "Akademischen Senat" ("AS") der Universität gewählt worden war, über die letzte Sitzung dieses Gremiums. Es sei ihm dort gelungen, aus einem umkämpften "Topf für Forschungsmittel" einen beträchtlichen Betrag für diese Fakultät zu ergattern. Schon während des Berichtes meldeten sich etliche Professoren, die – was sie dann schnell bekundeten – wie hungrige Wölfe nach den Mitteln gierten. Die Dekanin war etwas hilflos, aber da kam ihr die rettende Idee, eine Kommission aus drei Kollegen einzusetzen, und die sollte einen Vorschlag für die Aufteilung der Mittel erarbeiten.

"Uff!" – Dieser Punkt war nach einer Stunde vom Tisch. Dann sprachen die Wissenschaftler über zusätzliche Räume, die fertig gestellt wurden. Wieder gebärdeten sie sich wie Wölfe. Jeder wollte für sich und seine Mitarbeiter mehr und schönere Räume bekommen, und wieder setzte die Dekanin eine kleine Kommission ein. Diese sollte in ein paar Wochen vorschlagen, wie die Räume am

Ende aufgeteilt werden sollten. – Diese "Raumarie" hatte neunzig Minuten in Anspruch genommen.

Sodann berichtete ein Kollege über sein Forschungsprojekt. Er ging dabei sehr detailliert vor, denn er wollte die Zustimmung der Fakultät bekommen für einen Antrag bei der "Deutschen Forschungsgemeinschaft" ("DFG") auf finanzielle Unterstützung. Dazu brauchte er das Votum des Fachbereichsrates der Fakultät und des "AS" der Universität. Aber ohne die Professoren vor Ort ging gar nichts. So wurde die Präsentation im Professorium wichtig. An der Debatte über das Projekt beteiligten sich bis auf zwei alle Professoren mit teilweise sehr ausschweifenden Erörterungen. Am Ende billigten die Kollegen, nachdem einige Änderungen zugesagt wurden, das Projekt.

Anschließend informierte Prof. Ehlert über die "Promotion Hinkel". Er sagte, die Arbeit sei zwar nicht überragend gewesen, aber im empirischen Teil so ergiebig, dass er durchaus die Annahme empfehlen konnte. Prof. Dr. Alfred Schweizer, der Zweitgutachter, hatte zugestimmt. Nun sei alles geplatzt. "Ich verstehe nicht, warum Leute wie Hinkel überhaupt auf die Idee kommen zu promovieren.", kommentierte die Dekanin.

Da hob Schweizer zu einem kleinen Referat an: "Es gibt halt Menschen, die brauchen ein paar Buchstaben, die an ihren Namen kleben, damit sie sich in der Öffentlichkeit sicher fühlen. In feudalen Zeiten hatte ein 'von' vor dem Familiennamen gesellschaftliche Exklusivität signalisiert. Kaiser und Könige aber sind weg. Dennoch ist auch heute noch ein Adelstitel nicht schlecht. Unter sich sorgen die Adeligen für genügend Differenzierungen. Die Zahl der Könige hat sich im Laufe der Zeit vermehrt, so dass es immer mehr Prinzen und Prinzessinnen gibt. Im deutschsprachigen Raum existierten am Ende gleich zwei Kaiser. Doch in der Republik kann niemand Adelsbriefe austeilen. Diese Titel sind erblich, was ihren Trägern Exklusivität verschafft. Das breite Publikum benutzt den konservierten "Adel" gerne als Projektionsfeld, auf dem es sich in seinen Fantasien ausleben kann – besonders dann, wenn das Feld der 'Promis' gerade 'mal langweilig ist.

Aber neben der glamourösen ist es oft dienlich, eine seriöse Auszeichnung präsentieren zu können. Da eignen sich die von uns verliehenen Buchstaben 'D' und 'r', abgeschlossen mit einem Punkt, besonders gut. Es macht auch außerhalb der Universität etwas her, wenn auf der Visitenkarte 'Dr. Müller' statt einfach 'Müller' steht. Noch besser ist es, wenn es nicht nur heißt 'Paul Graf von Soundso', sondern 'Dr. Paul Graf von Soundso'. Dieser Paul kann von 'den Menschen' erwarten, dass sie meinen, er hätte seine Auszeichnungen nicht nur ererbt, sondern zum Teil auch erworben, was die Zeichenkombination 'Dr.' belege. Nun ist es allerdings so, dass der 'Dr.' eigentlich Ausweis wissenschaftlicher Befähigung sein soll. Deswegen ist es ja den Universitäten vorbehalten, diesen Titel zu verleihen. Ein Wissenschaftler soll in der Lage sein, in Alternativen zu denken, denn anstelle des für wahr Gehaltenen kann auch das Gegenteil richtig sein. Gleichzeitig soll er nur behaupten, was er im Augenblick nach bestem Wissen und Gewissen beweisen kann.

Wieso ist die Zeichenkombination 'Dr.' aber in der Politik so begehrt, wo es doch zum Handwerk der Politiker gehört, simple Annahmen treuen Herzens selbst dann als Wahrheiten auszugeben, wenn sie nicht verifiziert sind? Niemand will einen Politiker haben, der sagt: 'Die Rente ist sicher – vielleicht aber doch nicht. Wir werden das untersuchen.' In der Politik, in der Wirtschaft, in der Verwaltung und vieler Orten noch sind akademische Titel begehrt, nicht, weil sie ihre Träger als gute Wissenschaftler auszeichnen, sondern weil sie von der 'Masse' separieren. Darauf haben sich viele eingestellt. Es gibt doch längst außeruniversitäre Institute, die Ehrgeizigen helfen, die begehrte Zeichenkombination zu erlagen. Berichtet wird sogar, man könne den Doktortitel kaufen.

Und es wird 'geklaut'. Geklaut werden nicht die Zeichenkombinationen anderer, sondern deren Gedanken und Methoden. In der akademischen Welt nennt man das bekanntlich 'Plagiat'. Es ist eine der Todsünden der Wissenschaft. Aber wie es mit Todsünden ist: Sie werden begangen. Dass akademische Titel gekauft oder die dafür notwendigen Leistungen gestohlen werden, beweist zweierlei. Einmal, dass akademische Grade außerhalb der Universitäten andere Funktionen haben als bei uns selber und zum anderen, dass wir Gutachter mit unseren Benotungen oft überfordert sind, denn wir sind Wissenschaftler und keine Polizisten. So bleibt uns nur, an die Öffentlichkeit zu appellieren, nicht zu kujonieren, wenn ein Politiker einen Doktorgrad trägt und an uns, sich der Anti-Plagiatsprogramme zu bedienen, die es im Internetzeitalter mittlerweile gibt. Das Vertrauen des 'Mein Doktorand betrügt doch nicht.', ist leider nicht zeitgemäß.

Nun wissen wir obendrein, dass 'Dr.' nicht gleich 'Dr.' ist. Es ist aber klug, dieses Thema der Wertigkeiten von Promotionen an unterschiedlichen Fakultäten zu ignorieren. Denn der begäbe sich in eine Schlangengrube, der versuchte, den Gehalt etwa medizinischer, juristischer oder ingenieurwissenschaftlicher Promotionen gegeneinander abzuwägen.

Jedoch bewerten wir die Arbeiten mit Noten. Dabei ist bekanntlich 'summa cum laude' das höchste. Es ist mehr als die Schulnote 'Eins', praktisch eine 'Null'. Warum aber, liebe Kollegen, wird diese Bewertung nicht jenen Personen vorbehalten, die mit ihren Arbeiten in neue Dimensionen des Wissens vorstoßen? Dann wäre klar, dass die Verfasser solcher außergewöhnlichen Schriften sofort an ein renommiertes Forschungsinstitut oder an eine Eliteuniversität kommen müssen. Jedenfalls sollten sie nicht auf Abgeordneten- oder Ministersesseln versauern, denn in der Wissenschaft können sie mehr für die Menschheit tun.

Im übrigen wird die Universität wohl damit leben müssen, dass sie Lieferant für Symbole der Eitelkeit in vielen Gesellschaftsbereichen geworden ist. Vielleicht handeln wir unsere Symbole selber unter Wert.

Wie jeder Titel, ist auch jede Arbeit zunächst eine Zeichenkombination. Buchstaben und Satzzeichen werden aneinander gereiht und ergeben einen Sinn. Existieren die gleichen oder ähnliche Zeichenkombination bereits anderswo, sollte man in der akademischen Welt Einhalt gebieten. Wo aber eine solche Zeichenkombination dem Wissen Bahn bricht, sollte die Wissenschaft den

Verfasser nicht mehr loslassen. Nur in solchen Fällen dürfte es 'summa cum laude' heißen. Das ist schließlich eine Kategorie, die den jungen Einsteins aller Disziplinen vorbehalten bleiben muss!"

"Gut gebrüllt, Löwe!", unterbrach die Dekanin den Kollegen. "Aber was nützt uns das alles im Falle Hinkel?" – "Hinkel?", stellte sich Schweizer dumm: "Ist das nicht der, der seine Arbeit zurückgezogen hat? Was haben wir damit zu tun? Soll der feine Herr doch in der Politik sehen, wie er zurecht kommt!"

Ehlert hörte diese Worte mit Erleichterung. Im übrigen war das Professorium zuende. Wie bei einer Abschiedssymphonie hatte ein Professor nach dem anderen den Raum verlassen, bis die Dekanin endlich die Sitzung schloss.

Beobachtungen

Die Ministerpräsidentin Margarete Theile, ihre Minister Harry-Peter Loch und Friedrich Hansen saßen zusammen. "Ende der Woche muss unsere Partei endlich sagen, wer sie künftig in der Regierung an meiner statt vertreten soll. Dann sind es nur noch fünf Monate bis zur Wahl. Es ist höchste Zeit. Die Leute wollen wissen, wo es lang geht. Auch im Wahlkampf muss das rechtzeitig klar sein.", begann die Chefin und fügte hinzu: "Ich finde, wir als Regierung sind verpflichtet, einen Vorschlag zu machen. Das gehört zu unserer Verantwortung." – "Aber Margarete," warf Hansen ein: "ich verstehe das nicht: Warum machst Du nicht weiter und verkündest das den lieben Parteifreunden?". – "Lieber Friedrich! Stell Dich bitte nicht dümmer als Du bist. Du weißt genau, dass die Partei jeden, nur mich nicht, weiter in diesem Büro sehen will. Wenn ich es richtig sehe, mein Herr, dann hast Du zu dieser Stimmung ja auch Deinen Teil beigetragen. Aber wie auch immer: Jeden Tag einen Terminzettel von acht bis Mitternacht. Andere Leute bestimmen ständig, wo ich zu sein habe. Ich mache das nicht mehr mit! Schon gar nicht für das bisschen Geld, das man uns beim Staat zahlt. Wenn ich erst 'mal frei bin, dann kann ich auch ans Geldverdienen denken. Du siehst, Friedrich, bei mir beißt Du auf Granit, wenn Du Süßholz raspeln willst. Ich höre auf, basta!" – "Für uns wäre es natürlich auch leichter, wenn Du weiter machen würdest.", mischte sich Loch ein. "Wir jedenfalls wollen Dich nicht weghaben, das ist wahrlich nicht unser Problem. Aber wir können Dich natürlich auch nicht im Amt anbinden. Dann aber darf in der Öffentlichkeit nicht der Eindruck entstehen, dass Eure liebe Partei alles unter sich ausmacht. Wir wollen schon ein Wörtchen mitreden, wenn Ihr unsere Stimmen wollt." "Ja, ja. Ist doch klar!", entfuhr es der Chefin: "Sofern wir weiter mit Euch koalieren. Aber ich glaube, das wollen unsere lieben Freunde noch immer?" Sie sah Hansen fragend an. "Was denn sonst?", entgegnete der.

Die drei erörterten die Lage. Drei Kandidaten gäbe es mittlerweile für die Nachfolge: Stein, Neumann und Irene Nuhr-Meyer. Loch merkte an, dass alle von der großen Partei kämen, obwohl doch die besseren Leute bei ihm säßen. Das bestritten die anderen sofort. In einem Punkte waren alle wieder einig: Eigentlich seien die Parteien Hochstapler, denn in den Regierungen vollbrächten sie nichts Besonderes, und die führenden Personen kochten auch nur mit Wasser. Es sei nicht zu erwarten, dass sich daran etwas ändern würde. Das sei merkwürdig, denn die gleiche Meinung herrsche "draußen im Lande bei den Menschen" vor. Dennoch funktioniere das System, dass die Parteien Personen aufs Schild heben, sie "Spitzenkandidaten" nennen und dass sie mit diesen führende politische Positionen besetzen. Das System sei zwar verrückt, zeitige aber rationale Resultate.

Unter der Prämisse der Hochstapelei müsse er aber mosern, erklärte Loch. Stein und Neumann wären für ihn "Karrierebubis", erklärte er, und die Nuhr-Meyer sei erstens als Parteivorsitzende schon ziemlich exponiert, zweitens eine nur scheinbare Feministin und habe sich drittens bei den Kollegen seiner Partei noch gar nicht vorgestellt. "Die steht eigentlich auch gar nicht auf meinem Zettel.", merkte Frau Theile dazu an. "Aber sowohl Marc Stein als auch Sven Neumann haben sich bisher als tüchtige Minister erwiesen, und ich wäre beruhigt, wenn einer dieser beiden meine Nachfolge antreten würde." Loch zwinkerte Hansen zu: "Schwul sind die alle beide, und obendrein mit Schwulies verheiratet. Also ich bin ja tolerant, aber ob die Wähler so etwas hinnehmen, weiß ich nicht. Dann soll noch der Lover vom Stein ein Verhältnis mit 'ner Studentin haben und der Neumann gleich mit der Schwester vom Stein. Ist das nicht etwas viel?"

Friedrich Hansen fühlte sich sicher nicht ganz zu Unrecht angesprochen, denn als Herr über die Geheimdienste war er nun einmal in vielem der bestinformierte Politiker in dieser Runde. "Die Bettgeschichten über Steins Ehlert und der Studentin Klara Zimmermann sowie über Neumann und Steins Schwester sind erfunden. Unsere Minister sind sauber. Niemand wird durch sie irgendwelche Dienstgeheimnisse erfahren. Dafür lege ich meine Hand ins Feuer. Ich bin jederzeit bereit, das öffentlich zu erklären." – Frau Theile sah sich bestätigt, hatte sie doch immer geahnt, dass die "Weibergeschichten" in Umlauf gesetzt worden waren, um Stein oder Neumann oder am besten alle beide "abzuschießen". So triumphierte sie: "Na bitte. Dann lasst uns jetzt Stein oder Neumann favorisieren und diesen dann gegen die Nuhr-Meyer setzen! Was sagt denn unser Partner – lieber Stein oder lieber Neumann?", ging sie etwas übermütig Loch an. Der fühlte sich im Innersten geehrt, sagte aber: "Zuerst müsst Ihr Euch entscheiden. Dann sagen wir 'ja' oder 'nein'. So sind die Spielregeln." Sicherheitshalber fügte er hinzu: "Also der Neumann liegt uns ja nun eigentlich gar nicht. Ich glaube auch nicht, dass er jemals ein Feeling für uns entwickeln wird." – "Warum denn nicht? Du unterschätzt ihn!", verteidigte die Ministerpräsidentin ihren Minister Neumann. "Aber wenn es die Sache einfacher macht: dann eben Stein."

Nun setzte Hansen sein Sorgengesicht auf. Theile wie Loch wussten zugleich, dass er etwas in der Hinterhand hatte. "Der Stein lässt sich vom Hinkel bejubeln, und Hinkel hat – wie Ihr wisst – dem Ehlert eine gefälschte Dissertation vorgelegt, die der passieren ließ. Das nenne ich Kumpanei. Wenn das 'rauskommt..." Die beiden anderen begriffen sofort: Stein würde nicht "laufen", wenn Hansen die Journaille spickte. Selbst wenn es in den Medien zunächst gar keine Kampagne geben würde, könnte Hansen nachhelfen nach dem Motto "Der Stein des Anstoßes". Also eruierte Frau Theile weiter: "Bleibt Neumann." – "Na ja," zögerte Hansen: "Der ist doch mit diesem Galeristen Freidank verheiratet. Und Freidank – ich muss es Dir jetzt leider sagen, Margarete – hat zusammen mit dem wunderbaren Maler Volker Zuckermann der Staatskanzlei eine Kopie seines eigenen Bildes angedreht, das er in den USA verhökern will." – "Das kann nicht sein! Wusste denn der Neumann das?", empörte sich Margarete Theile. Hansen, nun ganz der "korrekte" Untergebene, gab Auskunft: "Neumann hat erst vor kurzem davon erfahren, und da der Freidank mit ihm verheiratet ist, weiß Neumann natürlich, was das politisch für ihn bedeutet. Gemein ist das schon." Hansen schaute eines der beiden Bilder im Zimmer von Frau Theile genauer an: "Das ist das Bild? Gefällt mir eigentlich ganz gut. Weiß doch keiner, dass das Original beim Zuckermann im Atelier liegt und demnächst in Amerika verscheuert werden soll."

Aber Frau Theile war wütend: "Ich verstehe! Es wird auch keiner erfahren, weil der Neumann ja nicht antritt. Denn er weiß, dass sonst die Sache mit dem Bild 'rauskommt!" Hansen lächelte: "So ist es!" Nun begriff auch Loch den Gang der Ereignisse, und er seufzte: "Dann steht also doch diese Irene Nuhr-Meyer vor der Tür. Schrecklich!" Wieder war es jedoch Hansen, der auch hierzu eine Information beisteuern konnte: "Irene Nuhr-Meyer wird es sich sehr gut überlegen, ob sie nach vorne geht. Denn sie riskiert, dass ihre frühen Kontakte zur rechtsextremen Szene in Freiburg ausgebuddelt werden." – "Ist ja prima!", schimpfte Margarete Theile. "Gibt es solche Infos auch über mich? Wer bestimmt eigentlich, was hier läuft? Und wer soll denn nun den Chef machen?" Hansen spielte wieder den unschuldigen Zuarbeiter: "Über Dich liegt – soweit ich weiß – nichts vor."

Und es schien, dass er sinnierte.

Kiezprobleme

Schnabel fuhr wieder einmal zu seinen Kommunalpolitikern. Er war Repräsentant der kleineren bürgerlichen Partei im Kommunalparlament. Dort war er nunmehr der einzige seiner Art, denn die Partei hatte nur 3,8 % der Stimmen erhalten. Zwar hatte ein Gericht für die Kommunalpolitik die 5-%-Sperrgrenze gestrichen, aber für drei Prozent gab es nur ein Mandat. Auch die linke Partei hatte nur ein Mandat erzielt, und so saß Schnabel mit dem Vertreter der linken Partei bei Sitzungen des Kommunalparlamentes auf einer gemeinsamen Bank in der letzten Reihe. Persönlich verstanden sich der bürgerliche Schnabel und der vereinsamte Repräsentant der Arbeiterklasse gut. Der war in den parlamentarischen Gebräuchen noch etwas ungeübt, und Schnabel half ihm, wo er konnte. Einmal hatte der Linkspolitiker eine "Kleine Anfrage" an den Gemeindevorstand ausgearbeitet. Es ging um die soziale Lage der Mitarbeiter. Der Frager unterstellte, dass diese Mitarbeiter kaum Rechte hätten und dass ihre soziale Lage miserabel sei. Er wurde vom zuständigen Dezernenten derart "abgebügelt", dass er auf weitere Wortmeldungen verzichtete und zu seinem Kollegen von der kleinen bürgerlichen Partei sagte: "Eigentlich habe ich noch ein Statement vorbereitet. Aber ich verzichte jetzt darauf."

Dann war ein Antrag dran, am "Christopher-Street-Day" – dem Feiertag der Homosexuellen und Lesben – eine Regenbogenfarbe vor dem Rathaus zu hissen. Eine emotionale Debatte tobte. Schnabel versuchte, sich darüber lustig zu machen, dass ausgerechnet die Schwulen- und Lesbenbewegung einer Fahne – "einem Fetzen Stoff" – hinterherlaufen wollte, wo sich die Schwulen und Lesben ansonsten wenig aus den offiziellen Fahnen des Bundes, des Landes oder der Kommune machten. Auch erinnerte er daran, dass es zur alternativen Tradition gehöre, den Fahnenkult der Nazis abzulehnen. Er steigerte sich zum Satz: "Wenn der Bauernverband protestiert, kommt ja auch niemand auf die Idee, den 'Bundschuh' zu hissen." Doch diese Rede imponierte nicht. Besser kam da eine ältere Kollegin der großen bürgerlichen Partei an, die unverblümt erklärte: "Das geht gar nicht: Draußen hissen sie die 'Schwuchtelfahne' und drinnen sitzt die große Partei!" Die Frau erntete Gelächter und Beifall. Doch der Antrag wurde am Ende angenommen, und der zuständige Dezernent musste sehen, wie er eine Regenbogenfahne besorgt.

Der nächste Punkt auf der Tagesordnung war der Stadtpark. Im Sommer okkupierten Vietnamesen diesen Ort. Sie brachten Decken, Tischlein sowie Höckerchen mit und ließen sich mit ihren Familien auf der Wiese nieder. Die Kinder tobten, die Älteren saßen auf den Decken und parlierten. Bald bekamen alle Durst und Hunger. Flaschen, Kochgeschirre, kleine Tischtücher und Besteck waren zur Stelle. Die Asiaten labten sich an Gerichten aus ihrer Heimat. Die Sache war allgemein bekannt, und ein Touristenführer warb für den Besuch dieses originellen "Vietnamesen-Viertels". Der Gemeindevorstand fand das alles gar nicht komisch. Es fing damit an, dass die Vietnamesen einfach den Rasen betraten und endete damit, dass sie sich nicht an die Öffnungszeiten des Parks hielten. Auch hinterließen sie Pappgeschirr, und überhaupt sei es nicht gestattet, einfach Lebensmittel öffentlich auszuteilen. Außerdem hätten sich Anwohner über Lärm beschwert, denn die Vietnamesen liebten offensichtlich nicht nur heimische Kost, sondern auch Musik von zu Hause. Kurzum: Der großen Partei gefiel das Ganze nicht. So brachte sie im Kommunalparlament einen Antrag ein, den "Vietnamesen-Treff" zu schließen. Schnabel war in dieser Frage wie die Mehrheit der Versammlung liberal, sprach und stimmte gegen den Antrag.

Sodann war das Thema "Ordnungsamt" an der Reihe. Schnabel hatte den Eindruck, der Gemeindevorstand hätte gerne eine richtige Polizei, und in einem Antrag mit dem Titel "Kein Staat mit Kiezpolizei" polemisierte er dagegen: "Die Lage ist fatal. Das Sicherheitsbedürfnis in der Gesellschaft steigt, die öffentlichen Haushalte schmelzen. Nach dem Siegeszug betriebswirtschaftlichen Denkens scheinen zwei Auswege wohlfeil zu sein: Privatisierung und Dezentralisierung. An die Privatisierung hat sich das Publikum bereits gewöhnt. 'Schwarze Sheriffs' tauchen auf in Einkaufszonen, vor Nobelherbergen, in öffentlichen Verkehrsmitteln. Ihr Erscheinungsbild ist martialisch, und wem fällt auf, dass der Rechtsstaat ein Stück seiner Substanz – altmodisch formuliert seiner 'Hoheit' – dem Kommerz verscherbelt hat? Die Unternehmensberater jubeln, denn die 'private Polizei' ist billiger als die staatliche. Dass der soziale Status der bei den privaten Sicherheitsdiensten Beschäftigten auch billig ist, interessiert niemanden. Auch die Dezentralisierung ist Praxis. In vielen Gemeinden Deutschlands gibt es die 'Kiezpolizei'. Schlechter als richtige Polizisten ausgebildete, ausgestattete und bezahlte Angestellte der Kommunen sollen den Landesbeamten Ordnungsaufgaben abnehmen – zur Beruhigung der Bürger ..." Es nützte dem Professor Schnabel nichts, dass er auf den guten alten Max Weber angespielt hatte, – der Antrag "Kein Staat mit Kiezpolizei" wurde abgelehnt.

Dann ging es ums "Café Hmm". Eine "Unternehmerin" hatte eine Wohnung in einer feinen Gegend umfunktioniert. Die Frau kam aus dem ältesten Gewerbe der Welt. Diese "Unternehmerin" war eine eloquente Person und Liebling der Medien. In ihrem Gewerbe gehe es sauber zu, erklärte sie. Ihre Damen wären Angestellte ohne Zuhälter. Sie würden über alle Arbeitnehmerrechte verfügen. Der Gemeindevorstand hatte etwas gegen dieses Unternehmen. Die Anwohner fühlten sich gestört. Ob der Jugendschutz rund um diesen Ort gewährt sei, war nicht klar. Also versuchte die Gemeinde, der "Unternehmerin" ihr "Handwerk" zu legen. Die fiel immer wieder durch freche und witzige Interviews in den Medien auf. Aber die Gemeinde wollte ernst machen, und das Gewerbe zum Verlassen des Wohnhauses zwingen. Das Kommunalparlament hatte seine Freude daran, diesen Fall zu diskutieren.

Aufreger des Tages jedoch war die Parkraumbewirtschaftung. Schon lange konnte niemand mehr an zentralen Orten der Stadt gratis parken. Die Gegner dieses Zustandes behaupteten, die Parkraumbewirtschaftung diene der kommunalen Kasse als "Abzocke". Befürworter sahen sie als Mittel gegen die Verstopfung der Innenstadt – eine "verkehrliche Maßnahme" sei das. Beide Positionen standen sich unversöhnlich gegenüber. Die Gemeinde hatte vor, das Gebiet der Parkraumbewirtschaftung auszuweiten. Dagegen entlud sich ein Sturm des Protestes. Ladenbesitzer, Kirchengemeinden und die "bürgerlichen" Parteien protestierten. Es kam zur Volksabstimmung, und eine Mehrheit der Bewohner sprach sich gegen eine Ausweitung der Parkraumbewirtschaftung aus. Die unterlegenen kommunalen Dezernenten erklärten, die Bürger hätten über ihre Geldbörsen abgestimmt. Die Stimmung war erregt, und im Parlament gab es eine Debatte darüber, ob sich die Gemeinde an das Votum der Bürger halten müsse. Am Ende hielt sich die Kommune an das Votum, allerdings ungern. Das war Futter genug für weiteres parteipolitisches Geplänkel.

Der auch überregional interessierte Linkspolitiker sagte zu seinem Banknachbarn: "Ist doch merkwürdig. Wir diskutieren hier über Vietnamesen, Kiezpolizei sowie Parkraumbewirtschaftung und derweil kungeln die von der großen Partei unter sich aus, wer der Frau Theile folgen soll." – "Ja, ist merkwürdig.", gab Schnabel zur Antwort. Er fand übrigens, dass dieses Spiel um die Theile-Nachfolge gar nicht so schlecht lief.

Doch an dieser Einschätzung ließ er seinen Nachbarn nicht teilhaben.

Platz 1!

Dr. Frank-Walther Hellersberg hatte sich an die Westfälische Wilhelms-Universität in Münster auf eine C-4-Professur beworben. Ehlert – der ein Gutachten angefertigt hatte – und Lina Stein wussten davon. Vor Monaten schon hatte Hellersberg nach Westfalen reisen müssen, um dort "vorzusingen". Der Bewerber selber, Ehlert und Lina betrachteten schon das als Erfolg, denn nicht jeder Bewerber wurde zu einer Probevorlesung eingeladen. Man musste mithin in Münster Interesse an Hellersberg haben. Er war jetzt 31 Jahre alt, seine Promotion lag drei Jahre zurück, und seine Assistentenstelle an der Heimatuniversität lief noch ein Jahr. In dieser Zeit gedachte er seine Habilitation zuende zu führen. Ein Ruf nach Münster wäre zwar etwas schnell gekommen, hätte aber gut in die persönliche Planung gepasst. "Vielleicht", so dachte Hellersberg, "würde sogar Lina nach Münster folgen, wenn die Sache klappt."

Aber so weit war es noch lange nicht. – In Münster hatte er am Schlossplatz vor der Berufungskommission und vor etwa dreißig weiteren Zuhörern über "Die frühe Soziologie des Auguste Comte" gesprochen. Hierzu hatte er ein Manuskript ausgearbeitet. Darin ging er auf die soziale Stellung und die Interessenlage Comtes ein, erläuterte die Bedeutung des Begriffes "Soziologie" bei Comte, skizzierte die wesentlichen Erkenntnisse des Autors und überprüfte diese im Lichte der modernen Soziologie. Sein Vortrag dauerte 45 Minuten. Dann musste er sich den Fragen der Zuhörer stellen. Hierfür waren ebenfalls 45 Minuten angesetzt. Damit war sein Auftritt beendet. Der Vorsitzende der Berufungskommission dankte ihm für sein Kommen, stellte eine Benachrichtigung in "absehbarer Zeit" in Aussicht und wünschte ihm eine gute Heimfahrt.

Das war alles etwa drei Monate her. Zwischenzeitlich hatte er von einem Assistentenkollegen informell erfahren, dass er gar nicht so schlecht läge, mehr aber nicht. Da kam Post von der Universität Münster in Westfalen. Hellersberg öffnete den Umschlag und sah die Berufungsliste der Universität, die an das Wissenschaftsministerium ging. Auf der Liste waren drei Namen vermerkt, und auf Platz eins stand "Dr. Frank-Walther Hellersberg"! Dem Assistenten klopfte vor Freude das Herz. Er entwickelte ein Glücksgefühl wie er es bisher nicht gekannt hatte. Voller Glück und Stolz griff er zum Telefon, um Lina anzurufen. Doch die war nicht da. Hellersberg sprach ihr auf's Band: "Du, Lina! Stell Dir vor: In Münster haben sie mich auf Platz eins gesetzt. Ist das nicht toll? Weißt Du 'was? Ich lad' Dich ein. Ruf doch bitte zurück." Dann rief er seine Eltern, seine Freunde und auch Ehlert an. Hellersberg hätte platzen können vor Glück und Freude. Später rief Lina zurück: "Das sind ja tolle Nachrichten, Herr Professor! Ich gratuliere. Das müssen wir feiern. Ich hab' es Marc schon erzählt. Er gratuliert auch. Ehlert wusste es ja schon von Dir. Er freut sich auch, schließlich bist Du 'sein Mann'. Und nachher gehen wir aus, das ist doch klar!"

So war das damals. Nun lag die Liste im Ministerium und weder Hellersberg noch irgendein anderer Bewerber wurde tatsächlich berufen. Der Kanzler der

Universität war darüber gar nicht unglücklich, denn solange niemand berufen war, sparte die Universität Geld – das Gehalt für den Professor, die Gehälter für seine Mitarbeiter sowie die an die Professur gebundenen Sachmittel. Im Ministerium selber ging es derweil hin und her mit der eingereichten Liste. Die Fachabteilung holte zwei "externe" Gutachten ein. Eines davon bestätigte die Liste der Universität, und das andere gab zu bedenken, ob man nicht lieber auf Platz eins eine Frau setzen sollte. Der Minister Hinnerk Federlein erklärte immer wieder, er habe das Recht, von der Liste abzuweichen und die zweit- oder drittplatzierte Person zu berufen. Er tat aber gar nichts. Bei einer Tagung der "Kultusministerkonferenz" ("KMK") nahm ihn ein Kollege beiseite und steckte ihm die Dreiecks-Geschichte von Ehlert, Stein und Hinkel und dass der Hellersberg Assistent beim Ehlert sei. Da legte Hinnerk Federlein die Akte mit dem Berufungsvorgang an der Universität Münster unter den Stapel der Vorgänge, der auf seinem Schreibtisch lag und zu bearbeiten war.

Das Getuschel der "KMK" hatte auch Sachbearbeiterohren im Ministerium erreicht. Ein Kollege dieses Sachbearbeiters kannte Hellersberg persönlich und unterrichtete diesen über die Lage im Ministerium. Diese Information machte Hellersberg melancholisch. Er verfluchte das ganze Getue um die Theile-Nachfolge. "Jetzt kommt es noch so weit, dass wegen dieser Politposse mein Ruf nach Münster platzt. Was habe ich damit zu tun? Und warum hat der Ehlert bloß diesen Hinkel promoviert? Er hätte doch merken müssen, dass das eine Flachpfeife ist!" So beklagte er sich bei seiner Freundin Lina, denn die beiden waren mittlerweile ein Paar geworden. Sie erwiderte: "Was der Hinkel da abgeliefert hat, kannst Du überhaupt nicht beurteilen, weil Du es nicht kennst." – "Aber ich habe möglicherweise Nachteile dadurch, dass Ehlert hereingefallen ist." Beide schwiegen.

Auch die Universität Münster schwieg, selbst das Ministerium. Hellersberg hatte ja seinen "Draht" in das ferne Ministerbüro. So erfuhr er, dass der Minister Hinnerk Federlein eines Tages seine Sekretärin gerufen und die Liste mit einem kurzen Schreiben versehen an die Universität zurück gegeben hatte mit der Bitte, noch einmal auszuschreiben. Da wusste Hellersberg, dass er ein Opfer war. Zwar wurde die "Ehlert-Stein-Hinkel-Geschichte" nie mehr erwähnt, aber für den einst Erstplatzierten war klar: Er, der mit der ganzen Angelegenheit nun wirklich nichts zu tun hatte, war über eine politische Intrige fallen gelassen worden.

In einem Wutanfall verfluchte Hellersberg Münster. Er erinnerte Lina an die dortige Lambertikirche, wo drei eiserne Körbe im Kirchturm hingen. Das waren die "Wiedertäufer-Käfige". Einst hatte ein gewisser Jan van Leiden mit anderen "Wiedertäufern" in der Stadt ein religiöses Regiment errichtet, wofür sie am Ende ihr Leben in den martialischen Körben lassen mussten. Kein Geringerer als Heinrich Heine empörte sich darüber so sehr, dass er Rache an den heiligen drei Königen empfahl:

> *"Folgt meinem Rat und steckt sie hinein*
> *in jene drei Körbe von Eisen,*
> *die hoch zu Münster hängen am Turm*
> *der Sankt Lamberti geheißen."*

"Heine hatte Recht. Es ist ein böser Ort. Darüber kann auch der Westfälische Frieden nicht hinwegtäuschen!", schimpfte Hellersberg. Denn in Münster wurde auch des Westfälischen Friedens gedacht, mit dem 1648 der dreißigjährige Krieg beendet wurde.

Lina erinnerte ihren Freund daran, dass Münster für sein Pech wirklich nicht könne, denn der Minister Hinnerk Federlein sei es gewesen, der ihn nicht berufen hatte, und der säße schließlich nicht in Münster, sondern in Düsseldorf.

Umwelt geht nicht mit Wirtschaft

Sven Neumann war wieder einmal Redner auf einer Parteiversammlung. Er wollte seinen Zuhörern erklären, dass die Atomenergie längst nicht mehr zumutbar sei und dass andererseits etwas getan werden müsse gegen die globale Klimaerwärmung. Gegen die Atomenergie spräche zweierlei. Es gäbe keine sichere Lagerung des anfallenden Atommülls, und die Atomkraftwerke selber wären nicht sicher. Bei Unfällen oder Naturkatastrophen könnten jederzeit Strahlungen freigesetzt werden, die alles Leben deformierten oder zerstörten. Pflanzen, Tiere und Menschen würden erkranken oder gar sterben. "Die Endlager sind nicht sicher und die Atomkraftwerke auch nicht.", stellte Neumann fest. Seine Zuhörer wussten das schon. Also ging Neumann zum anderen Thema über: "Durch den ständig steigenden CO_2-Ausstoß erwärmt sich das Klima der Erde permanent. Wir müssen diesen Prozess stoppen." Hier begannen die Diskussionen, und Einwände kamen zu Hauf: "Alle reden von Klimaerwärmung, dabei wird es jeden Winter kälter." – "Was können wir denn tun, wenn China und die USA ständig die Luft verpesten?" – "Wenn wir auf Atomstrom verzichten, ballern wir über die Braunkohle CO_2 in die Luft." – "Der Emissionshandel ist eine Schweinerei. Die Reichen kaufen sich frei, und die Armen werden gegängelt." Neumann ging auf alle Einwände ein: "Die Klimaerwärmung muss langfristig und global gesehen werden. – Wenn wir mit gutem Beispiel voran gehen, können selbst China und Amerika nicht mauern. – Statt Braunkohle brauchen wir erneuerbare Energien. – Der Emissionshandel ist keine moralische Veranstaltung: Es geht allein um die Öko-Bilanz."

Wenn das alles so wichtig sei, argumentierten jetzt einige, und Neumann so sehr in den Themen "drin" stecke, dann wäre es doch falsch, neben dem Umweltressort weitere Verantwortlichkeiten zu übernehmen. Neumann dachte an seine Absprache mit Stein und ging darauf ein. Dass er auf seinem Posten wichtig sei, das sei schon so, erwiderte er, aber das Gewicht würde noch größer, wenn er etwas dazu bekäme, "zum Beispiel Wirtschaft". "Um Gottes Willen nur das nicht.", kam es spontan aus dem Publikum: "So kommen wir ja nie zu einer Klimaverbesserung. Wenn der Umweltminister die Atomkraftwerke dicht macht, wird der gleiche Mann in Gestalt des Wirtschaftsministers den Stromkonzernen Braunkohle in den Rachen werfen, damit die überhaupt mitspielen. Das geht überhaupt nicht." – "Ja, Schuster bleib' bei Deinen Leisten!", war zu hören.

Neumann kam in Bedrängnis. Da setzte einer nach: "Der Presse war zu entnehmen, dass Du mit dem Stein so einen Deal geschlossen haben sollst. Ich weiß nicht, ob das stimmt, aber das wäre eine Kungelei, die wir auf keinen Fall absegnen." Neumann war klar, dass es klug war, den Wahrheitsgehalt der zitierten Pressemeldung dahingestellt sein zu lassen. Und während er weiter über umweltpolitische Themen dozierte, überlegte er, ob er die Geschichte mit dem Bild vom Zuckermann zum Besten geben sollte. Er unterließ auch das, weil Frau Theile dabei ziemlich blass aussah – allerdings er – Neumann – noch mehr. "Freund" Stein mit der "Geschichte Ehlert-Hinkel" anzupieken, wäre wohl auch nicht ratsam gewesen.

Die hier würden ihn ohnehin nicht auf den Thron des "Superministers" hieven, soviel war klar. Allerdings gefiel ihm der Gedanke an den Doppelposten nach wie vor gut. Er sah gar nicht ein, warum Stein jetzt Chef werden sollte, während er selber auf der Stelle treten würde. Darum versuchte er, die Sache auf die lange Bank zu schieben und sagte. "Noch ist nichts entschieden." – "Aber Wirtschaftsminister wirst Du nicht. Fahnenflüchtige können wir nämlich nicht brauchen.", drohte es von der Basis her.

Später grübelte Neumann, wie die Sache mit dem Superminister doch noch gehen könnte. Wenn er alles Fei und dem Zuckermann in die Schuhe schieben und die Theile als unbedarftes Opfer darstellen würde? Dann hätte er Fei verraten. Dieser Preis war zu hoch.

Neumann wurde plötzlich klar, dass Hansen es war, der die ganze Sache gesteuert hat. Er bekam einen Schreck.

Die neue Wohnung: Frank-Walthers Rettung

Lina Stein und Frank-Walther Hellersberg hatten andere Probleme. Sie waren auf Wohnungssuche. Der fast schon sicher geglaubte Ruf nach Münster hatte einiges in Bewegung gebracht. Frank-Walther hatte sich ein Herz gefasst und Lina gefragt, ob sie mitkommen wolle nach Westfalen. Er als künftiger C-4-Professor – also "Ordinarius", wie es einst hieß – würde genug Einfluss haben, Lina in Münster irgendwie "unterzubringen", vielleicht sogar an seinem Lehrstuhl. Bevor er Lina fragen wollte, hatte Frank-Walther bei Roxana Vutil vorgefühlt. Frau Vutil war eine zierliche Person mit einer randlosen Brille, immer etwas nervös. Sie kam aus der Ukraine und sprach deutsch mit einem zauberhaften Akzent. Stets war sie wie aus dem Ei gepellt. Weder Lina noch Frank-Walther wussten, ob sie die deutsche Staatsbürgerschaft hatte oder noch die ukrainische oder beide. Sie hatte eine kleine Wohnung in der Nähe der Botschaft der Ukraine und reiste ziemlich oft nach Kiew. Was sie da tat, wussten die anderen Assistenten nicht, aber sie war manchmal für längere Zeit fort. Es war auch nicht bekannt, wo sie in ihrer Heimat politisch stand. Sie sprach nie darüber. So kam es, dass ihr auch nachgesagt wurde, sie arbeite für einen Geheimdienst. Lina und Frank-Walther glaubten nicht daran. Sie fanden einfach, dass "die Roxana" eine nette Kollegin sei, mit der sie gerne auch ihre private Zeit teilten.

Als Hellersberg bei ihr vorfühlte, ob er Lina nach einer gemeinsamen Wohnung in Münster fragen sollte, reagierte diese belustigt: "So weit ich weiß, sind die Münsteraner schwer katholisch, da werdet Ihr dann wohl heiraten müssen." Das meinte sie jedoch nicht ernst. Eigentlich konnte Roxana Hellersberg keinen richtigen Tipp geben. Sie wisse nicht, wie Lina ticke, erklärte sie, und nach Münster wäre es ein großer Schritt. Aber der Herr Kollege solle kein Hasenfuß sein und Lina einfach selber fragen.

Das tat Hellersberg denn auch. Lina spielte die Erstaunte. "Nach Münster? Was soll ich denn da? Ich habe gehört, die haben jede Menge Kirchen und Kneipen. Beide sind nicht gerade mein Ding." Aber Hellersberg blieb dran: "Münster hat nicht nur Kneipen und Kirchen, sondern auch eine respektable Uni." – "Da ist ja sehr attraktiv. Ich, Lina Stein lebe nur noch mit Auguste Comte, Max Weber und Niklas Luhmann." Lina strahlte, und Frank-Walther wusste, dass sie "ja" sagen würde. "Na ja, die haben da auch einen Hauptbahnhof, von dem aus man nach Düsseldorf oder Hamburg fahren kann, einen Flughafen haben sie auch und sogar Autobahnen." – "Wirklich? Das ist ja toll. Dann wollen wir es probieren." – "Whoo!". Noch ein Glücksgefühl bemächtigte sich Hellersbergs.

"Du, zur Einweihungsparty laden wir Marc, Sven, Ehlert, Freidank, Schnabel und natürlich Roxana ein. Auch meinen anderen Bruder Jan.", schlug Lina vor: "So kommen sie 'mal 'raus aus ihrem Politikgeschacher und den anderen Jobs." – "Das ist richtig, aber erst einmal müssen wir eine Wohnung finden." – "Das wird sich schon machen lassen. Da wird die Uni Dir bestimmt helfen."

Doch aus der Sache war ja nichts geworden. Zwar hatte die Universität eine wunderschöne und bezahlbare 3-Zimmerwohnung gefunden, aber der Minister in Düsseldorf wollte es anders. Lina und Frank-Walther waren deprimiert, und es war Roxana, die sie aufrichtete. "Dann sucht Ihr Euch eben hier eine Wohnung und zieht als Kollegen ein. Ist sowieso besser, wenn Mann und Frau beruflich gleichgestellt sind." Der leicht emanzipatorische Fingerzeig erheiterte Lina etwas, während Frank-Walther diesen Hinweis auf die soziale Korrektheit nach außen hin völlig richtig fand. Im Innern jedoch empfand er ein gewisses Wohlgefallen bei der Vorstellung, dass er – der Mann – beinahe ordentlicher Professor geworden wäre und sie – die Frau – "nur" Wissenschaftliche Assistentin. Aber das war der Schnee von gestern, und so bequemte sich nach Lina auch Frank-Walther zu dem Plan, ohne die Professur "hier" eine gemeinsame Wohnung zu suchen.

Richtig etabliert hatten beide bisher ohnehin nicht gewohnt. Lina war zwar Mieterin einer 35 Quadratmeter großen Wohnung mit zwei Zimmern und einem Balkon, aber das war sehr klein. Zudem standen in der Wohnung Ölöfen, und die hatten den Nachteil, dass sie unangenehmen Geruch verbreiteten, wenn man sie in Betrieb nahm. So "pennte" – wie sie es nannte – Lina oft mehrere Tage hintereinander bei ihrem Bruder Marc. Da war Platz genug. Wenn aber Marc und Kasimir einen Abend zusammen verbringen wollten – was bei der Terminbelastung von Marc selten genug vorkam – war sie das fünfte Rad am Wagen. Leider kam sie auch mit der – ebenfalls Originalzitat Lina – "Klamottenlogistik" nicht richtig nach, denn die Mehrheit ihrer Sachen hatte sie in ihrer Wohnung, einen kleineren Teil aber in einem Kleiderschrank bei Marc. Immer das, was sie an einem Tage gerade anziehen wollte, war in der anderen Wohnung.

Frank-Walther wohnte sehr altmodisch zur Untermiete bei einer alten "Wirtin", die Frau Grienowski hieß. Er hatte ein großes Zimmer und durfte Bad und Küche benutzen. Dafür musste er sich von seiner Zimmerwirtin "Franki" nennen lassen. In seinem Zimmer – früher sicher einmal ein Salon – stand ein prächtiger Kachelofen. In der kalten Jahreszeit musste dieser mit Holz oder besser mit Kohlen gefüttert werden und nahm sich fünf Stunden Zeit, bis das Zimmer geheizt war. Es war höchste Eisenbahn, dass Hellersberg trotz der lächerlich geringen Miete auszog. Das traf sich mit den Interessen Linas, die das – noch ein Originalzitat – "Wohnungspendeln" satt hatte.

Also machten sich zwei junge Leute, beide Beamte, wenn auch auf Zeit und in der Einkommensgruppe "A 13" auf Wohnungssuche. Sie wollten eine Dreizimmerwohnung mieten mit Bad, WC und Küche. Dass die Küche dazugehörte, war in dieser Stadt vorgeschrieben. Die Doktoren Lina Stein und Frank-Walther Hellers-berg ließen Auguste Comte Auguste Comte sein und besorgten sich volkstümliche Tageszeitungen. Hier lasen sie nicht die Titelgeschichten, nicht die politischen Kommentare, nicht die Sozialreportagen, nicht die Kulturrezensionen. Frank-Walther überblätterte sogar die Sportberichte. Sie stürzten sich sofort auf die Anzeigenteile, suchten die Rubrik "Immobilien/Vermietung" und unterstrichen die dort angezeigten Dreizimmerwohnungen. Dann machten sie sich auf Besichtigungstouren. Die erste

Wohnung war bereits weg, als sie ankamen. Die zweite war ziemlich renovierungsbedürftig und gefiel ihnen nicht. Die dritte Wohnung hatte miserable Verkehrsanschlüsse und kam daher nicht infrage. Die vierte hatte Kachelöfen und befand sich im Obergeschoss eines sechsstöckigen Hauses ohne Fahrstuhl. Kohlen sechs Treppen aus dem Keller schleppen und frühestens um 15 Uhr eine warme Wohnung haben mochten Lina und Frank-Walther aber nicht. Die fünfte Wohnung wäre ganz gut gewesen; der Vermieter verlangte aber "unter der Hand" zusätzlich zu der einen erlaubten drei weitere Monatskautionen Miete. Die sechste Wohnung sagte den beiden zu; sie erhielten diese aber nicht, weil die Vermieter nicht an zeitlich begrenzt Beschäftigte abgeben wollten.

Die Wohnungssucher drohten depressiv zu werden, da rief Jan, der ältere Bruder von Marc und Lina Stein an. Jan war Architekt, und er wusste von einem Bauherrn, der gerade ein Mietshaus in guter Lage fertig stelle. Bruder Jan sprach bei dem Bauherrn vor, und die jungen Assistenten bekamen in einem neuen Haus eine modern ausgestattete Dreizimmerwohnung, so wie sie es sich gewünscht hatten. Sie waren glücklich.

Als sie ein paar Wochen später in diese Wohnung einzogen, sagte Lina halb spöttisch, halb im Ernst: "Jetzt müsste einer von uns beiden noch eine Professorenstelle in dieser Stadt bekommen, dann wäre alles perfekt." Frank-Walther antwortete lakonisch: "Wenn das nicht klappt, gehen wir in die Politik!" Lina behielt das letzte Wort: "Bloß das nicht!"

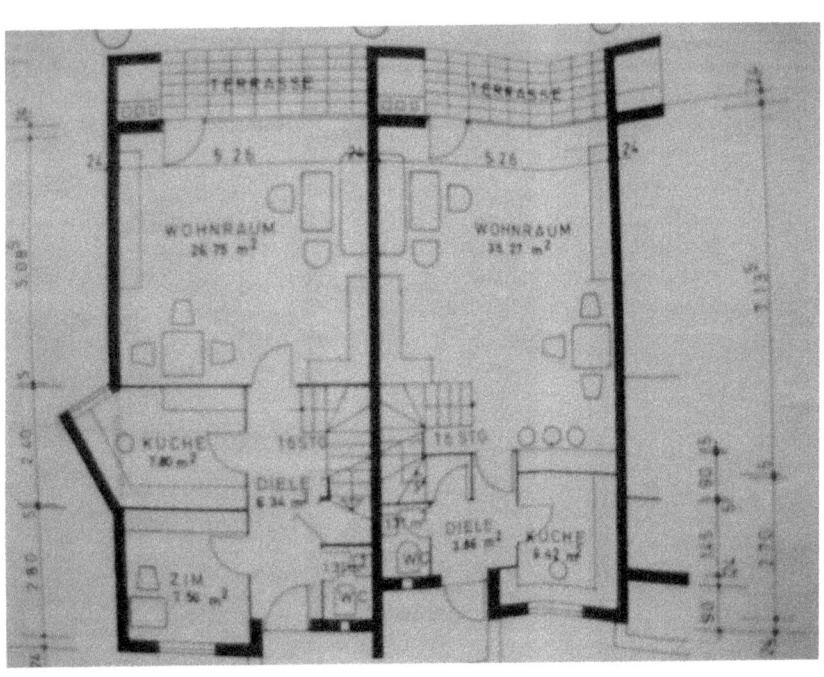

Weltsichten der Geschwister

Lina ging vor ihrem Umzug noch einmal in Marcs Wohnung, um ihre dort deponierte Kleidung zu ordnen, damit sie diese halbwegs sortiert in ihr neues Heim überführen konnte. Sie zählte die Kleider, Röcke, Hosen, Pullover, Blusen und Wäsche und stapelte sie auf kleine Häufchen. Eine Jacke, ein Winter- und ein Übergangsmantel, ein Hut, eine Mütze, ein Schal, ein Paar Handschuhe und Schuhe waren dabei. Lina war guter Laune und summte vor sich hin. Dabei schaute ihr Bruder Marc zu, freute sich über Linas Glück und war zugleich etwas traurig darüber, dass sie von nun an seltener zu Besuch kommen würde. Ohne aufzuschauen sagte sie zu ihrem Bruder eher beiläufig: "Du, stell' Dir vor: Frank-Walther hat neulich verkündet, dass er in die Politik gehen würde, wenn er keine Professorenstelle bekäme." –"Na, da wird er wohl angetrunken gewesen sein." – Lina sah ihrem Bruder ins Gesicht: "Du weißt doch ganz genau, dass Frank-Walther nicht trinkt. Er war stocknüchtern als das gesagt hat." Doch Marc wehrte ab: "Ach, Lina, die Politik ist nichts für Frank-Walther. Das weiß er selber am besten. Da muss er taktieren und finassieren, um die Mehrheit zu gewinnen, und er darf auf keinen Fall frei heraus sagen, was er für die Wahrheit hält. So etwas hält Frank-Walther nicht aus. Er würde scheitern."

Diese Einschätzung gefiel Lina überhaupt nicht, und sie empörte sich: "Das ist genau unser Problem, dass die meisten unserer Politiker sich nicht an die Wahrheit halten und ständig herumeiern." Das Gespräch wurde allmählich grundsätzlich. Der Minister erklärte: "Ach, Lina! Wenn die Politiker stets verkünden müssten, was sie für wahr halten, dann müsste ich zum Beispiel öffentlich zugeben, dass ich die meisten unserer Wähler für politisch unmündig halte. Täte ich das aber, käme das einem Selbstmord gleich, denn so etwas wollen die Leute nicht hören. Wenn ich aber wirtschaftspolitisch etwas erreichen will – zum Beispiel, dass der Staat mehr spart und das Geld in der Wirtschaft bleibt – muss ich die Menschen umschmeicheln, damit sie mich wählen. Also äußere ich mich gar nicht zur politischen Kompetenz unserer Wähler. Das ist das Mindeste. Die Wähler kriege ich dann, wenn ich behaupte, unser Spitzenkandidat wüsste, wo es lang geht. Und wenn ich selber Spitzenkandidat bin, sage ich, das Beste für unsere Wirtschaft sei, wenn der Staat spart. Ich behaupte das einfach und füge hinzu, das sei das kleine Einmaleins der Wirtschaftspolitik, obwohl ich weiß, dass das auch falsch sein kann. Denn wer wählt mich denn noch, wenn ich ausführe, der Staat müsse sparen oder vielleicht doch lieber nicht?" Lina wollte das nicht akzeptieren: "Wenn Du nicht ganz sicher bist, dass Sparen das Beste sei, dann darfst Du so etwas eben nicht behaupten, solange es – oder das Gegenteil davon – nicht bewiesen ist:" – "Bis vielleicht irgendein Volkswirt irgendetwas bewiesen oder falsifiziert hat, drehen wir Däumchen, wie? Nee. Nee: Dann kommt so ein Verrückter und hetzt die Leute auf. Und wir haben Chaos. So geht das nicht, Lina. Wir müssen schon Ziele vorgeben, auch wenn wir innerlich Zweifel daran haben. Hinterher kommen sowieso die schlauen Historiker und sagen, was wir falsch gemacht haben!"

Doch Lina beharrte: "Die Wahrheit kann niemals falsch sein!" – "Aber gefährlich!", konterte Marc: "Es ist zum Beispiel wahr, dass eine gewisse ökonomische Ungleichheit leistungsfördernd ist. Es wäre jedoch gefährlich, daraus den Schluss zu ziehen, Ungleichheit müsse hergestellt werden, damit die Leistung stimme. Ein Politiker jedenfalls kann das nicht fordern, dann verliert er die Mehrheit." Nun frohlockte Lina: "Die Wissenschaft hingegen kann das sagen: 'Es muss einige Privilegierte geben, damit die Mehrheit sich anstrengt, so wie diese zu sein'." Der Minister relativierte: "Im Hörsaal kann man dergleichen vertreten; im Plenum aber rührt sich keine Hand zum Applaus, wenn man mit solchen Aussagen kommt. Die Wahrheit taugt halt des Öfteren nicht für die Politik." Etwas gekränkt beharrte Lina: "Für die Wissenschaft jedenfalls ist die Mehrheit absolut unbrauchbar. Man kann ja schließlich nicht darüber abstimmen, ob eine moderate Ungleichheit leistungsfördernd ist. Nur durch Experimente und Beobachtungen bekommt man die Wahrheit heraus."

Marc lenkte ein: "Es stimmt schon: Was die Mehrheit beschließt, hat oft mit der Wahrheit nichts zu tun. Der Politiker umschifft manchmal die Wahrheit, um Mehrheiten herzustellen. Wenn er ein guter Politiker ist, weiß er das und fühlt sich durch seine – nenne es wie Du willst: 'Religion, Moral, Ethik oder Philosophie' – dazu berechtigt. Frank-Walther würde niemals etwas umschiffen wollen, und deswegen kann er auch kein erfolgreicher Politiker sein." – "Ich glaube, das weiß er auch. Das mit dem Politiker hat er eben 'mal gesagt. Aber bestimmt sieht er es so, dass die meisten Politiker überhaupt keine – wie hast Du es genannt? – 'Religion, Moral, Ethik oder Philosophie' – haben, von der sie sich leiten lassen könnten. Für Frank-Walther haben fast alle Politiker keinen inneren Kompass, und sie sind daher pure Opportunisten." Nachdenklich beendete Marc Stein das Gespräch: "Da hat Frank-Walther wahrscheinlich sogar recht. Deswegen gibt es ja so viel Politikverdrossenheit. Aber soll z.B. ich deswegen von der Politik lassen? Dann gibt es wieder einen Opportunisten mehr, oder es kommt gleich ein Verrückter." – "Du Weltenretter!"

Lina konzentrierte sich wieder auf ihre Garderobe: Kleid auf Kleid, Bluse auf Bluse, Pullover auf Pullover... Sie sah kommen, dass Frank-Walther all diese Kleidungsstücke als überflüssig empfinden würde und bereitete sich in Gedanken auf Diskussionen mit "ihrem Mann" darüber vor, wo "das viele Zeug" in der neuen Wohnung deponiert werden sollte. Das war ihr jetzt wichtig.

Keine Pappe

Marc Stein war hin- und hergerissen. Einerseits war er froh, dass seine "kleine Schwester" ihr eigenes Leben begann. Andererseits war er traurig darüber, dass sie künftig wohl nicht mehr so häufig in seine Wohnung kommen würde.

So ging er in einer ambivalenten Stimmung zum "Bunten Abend" seines Stabes. Einmal im Jahr trafen sich die Mitarbeiter des Ministers zu fröhlichem Beisammensein im Restaurant "El Mondo". Dort ging es informell zu. Alle tranken und aßen ohne Rangunterschiede. Dienstgrade schienen keine Rolle zu spielen. Der Minister achtete trotzdem darauf, mit möglichst vielen "Mitarbeitern" mindestens ein paar Worte gewechselt zu haben. Er meinte, das würde man von ihm erwarten. Die Organisation dieses Festes lag übrigens auch diesmal wieder in den Händen der Sekretärin des Ministers. Er selber bezahlte alles – auch das hatte Tradition.

Stein fuhr zum "El Mondo". Dem Fahrer seines Dienstwagens hatte er frei gegeben. Auch dieser sollte den Abend genießen können. So benutzte Stein sein privates Auto – nicht ungerne übrigens, denn er liebte es, selber am Lenkrad zu sitzen. Als er die Gaststube betrat, waren die meisten "Kollegen" schon versammelt. Sie standen aufgeräumt mit Gläsern in der Hand und in kleine Gesprächsgruppen verteilt im Restaurant, taten, als nähmen sie keine Notiz von ihrem Chef, beobachteten ihn mit versteckten Blicken in Wirklichkeit sehr genau. Stein begrüßte jede und jeden mit Handschlag, lachte vernehmlich zu noch so albernen Scherzen, stellte sich in Positur und sprach zu allen: "Liebe Kollegen! Heute machen wir es uns wieder einmal nett. Wir lassen die Wirtschaftsdaten Wirtschaftsdaten sein und genießen dafür eine richtige Wirtschaft in vollen Zügen. Ob die Frau Theile tatsächlich geht, was der Hansen macht oder der Neumann, das ist uns heute alles egal. Heute ist nur wichtig, dass das Essen schmeckt und dass Wein und Bier nicht ausgehen. In diesem Sinne: Viel Spaß!" Die Runde spendete höflich Beifall, und dann setzten sich die Versammelten an die Tische, die den Gastraum füllten. An einer Stelle war ein mediterranes Büfett aufgebaut, und ein Ober – unterstützt von einer jungen Kellnerin – fragte die Gäste nacheinander ab: "Was wünschen Sie zu trinken?"

Der "gemütliche Abend" begann. Stein setzte sich ebenfalls an einen Tisch, tauchte ein in die "Basis". Da wurde anfangs gelästert über abwesende Mitarbeiter des "Hauses", vor allem die "Höheren". "Der Dr. Chur benimmt sich als wäre er der Minister. Dabei ist er nur Referent. Er läuft die Flure entlang als habe er einen Besen verschluckt. Doch auf seinem Schreibtisch sieht es aus wie Kraut und Rüben. Ordnung kann der nicht halten. Spielt den korrekten Beamten und ist doch ein Chaot." – "Eitler Fatzke!" – "Und im Ministerbüro buckelt er!" Stein sagte nichts. Chur war nicht der einzige, der an diesem Abend in Abwesenheit durch den Kakao gezogen wurde.

Die ersten machten sich auf zum Büffet. Es gab reichliche Vorspeisen wie Oliven, Auberginen, Sardellen, Garnelen, getrocknete Tomaten oder Schinkenröllchen – alles getränkt in Olivenöl. Als Hauptspeisen lockten Braten, gegrillter Lachs und Hühnchenteile. Für den Nachtisch waren diverse Käsesorten, Weintrauben, Feigen, Muscheln und unterschiedliche Brotsorten da. Nachdem die "Pioniere" unter den Büffetgängern sich die Teller gefüllt hatten, entstand ein Gedränge, und endlich hatten sich alle mit Speisen versorgt und saßen wieder an den Tischen.

"Typen wie den Chur gibt's viele bei uns: Alle sind aufgeblasene Gockel, aber jeder ist zu dumm, ein Loch in den Schnee zu pinkeln. Zu verständlich, dass Sie da weg wollen, Herr Stein." – Damit hatte einer die Kurve gekriegt, und Stein wurde – "mal unter uns!" –aufgefordert, etwas aus dem Nähkästchen zu plaudern und zu berichten, wie es denn stände zwischen ihm, der Frau Theile, Neumann, der Frau Nuhr-Meyer, dem Hansen und all den anderen.

Und er plauderte: "Also, die Theile hört wirklich auf. Die hätte sowie keiner mehr gewählt. Der Neumann ist froh, wenn er wieder Minister wird, dann lässt er mich auch vor. Die Nuhr-Meyer ist 'ne falsche Emanze und wird daran scheitern. Hansen ist ein Schlitzohr. Wenn der 'was gegen einen Kandidaten findet, spielt er es gnadenlos aus. – Ich kann Euch nur sagen: Wer wie ich in dieser Schlangengrube bestehen will, muss ganz schön cool sein und immer auf der Hut. Manchmal sehne ich nach Ruhe und Harmonie. Prosit!" Stein hatte keine Lust, über den Machtkampf nachzudenken und davon zu erzählen. Heute wollte er entspannen, harmlos plaudern, etwas Gutes essen und gemütlich einen Schoppen trinken.

Bei dem einen Schoppen blieb es nicht. Stein atmete durch und trank, ohne es zu merken, mehr als er vertrug. Jedoch verlor er nicht gänzlich den Überblick und verabschiedete sich aus der "netten" Runde nach drei Stunden. Als Minister und Chef könnte er da nicht die ganze Nacht hocken, fand er.

Stein verließ das Lokal und schlingerte zu seinem Wagen. Er drehte den Zündschlüssel und fuhr ab. Doch er hatte Pech. Ein vor dem Lokal wartender Taxifahrer hatte ihn erkannt und bemerkt, dass er nicht mehr ganz nüchtern war. Er folgte ihm und rief bei der Polizei an.

Ein Polizeiwagen stoppte Stein. Ein höflicher Polizist beugte sich zu seiner Fahrertür herunter. "N'abend, Polizei. Machen Sie doch bitte den Motor aus und zeigen Sie mir die Fahrzeugpapiere." Während er offensichtlich die Papiere prüfte, fragte der Beamte beiläufig: "Haben Sie etwas getrunken?" Bei der Antwort verhaspelte sich Stein. Er musste sein Auto abstellen und dem Polizisten folgen.

"Schrecklich!", dachte Stein und stellte plötzlich fest, dass man ihn zu einer Polizeidienststelle gebracht hatte. Da hörte er aus einem Nebenzimmer eine Stimme: "Das ist ja 'n Minister!" Ein ranghöherer Polizist erschien und erklärte ihm, dass er die zulässige Promillegrenze überschritten habe und dass ihm die Fahrerlaubnis entzogen werde. Er könne gehen.

Da stand der Minister wie ein begossener Pudel auf der Straße und hielt Ausschau nach einem Taxi. Als er nach Mitternacht zu Hause ankam, klingelte schon das Telefon. Stein nahm ab: "Schulze hier vom 'Morgenblatt'. Herr Minister, Ihnen haben Sie heute Nacht den Führerschein entzogen. Was sagen Sie dazu?" – Stein sagte nichts und legte auf.

Diese Nacht schlief Stein schlecht, und er träumte, Hansen stünde grinsend vor ihm, wedelte immerfort mit einem Dokument und spottete permanent: "Die Pappe ist weg! Die Pappe ist weg!"

Am folgenden Morgen hatte Minister Stein die Schlagzeilen für sich: "Blauer Stein", – "Stein: Führerschein weg", – "Suffkopp als Ministerpräsident?" – oder – "Blaue Stunde in der großen Partei".

Im Parlament war eine Ausschusssitzung angesetzt, bei der die Anwesenheit Steins erwartet wurde. Er ging hin. Als er erschien, kam ihm der Ausschussvorsitzende entgegen und raunte ihm zu: "Ham'se Dir die Pappe weggenommen? Is' mir auch schon passiert. Sogar einer Bischöfin. Also: 'Kopf hoch, alter Junge!'" – Da kam der Sprecher der Opposition auf ihn zu: "Also, Herr Minister Stein. Wir schlachten das nicht aus."

Die Welt reagierte sybillinisch. Zu Hause war Ehlert verschnupft, sagte aber nichts. Lina schien sogar stolz zu sein auf ihren nun etwas anarchistisch anmutenden Bruder. Frau Theile rief an und bemerkte: "Das war aber nicht gerade förderlich für Deine Bewerbung." – Die Konkurrenten – Neumann, Nuhr-Meyer und Hansen – schwiegen beredt. Der Presse gab Stein keine Auskunft mehr. Aber er konnte sich ausmalen wie sie sich hinter seinem Rücken amüsierten oder empörten, wie sie ihn verhöhnten – in der Politik, in der Verwaltung, an der Uni – eigentlich überall.

Er bekam Angst vor dem "Moloch Öffentlichkeit". Und er bangte um seine Karriere.

Die Entscheidung

Große Runde. Margarete Theile war da, Stein und Neumann, natürlich Frau Nuhr-Meyer, Friedrich Hansen und andere Minister. Auch Harry-Peter Loch, der Repräsentant der anderen Partei im Kabinett, war gekommen. Margarete Theile hatte darauf bestanden, dass auch Prof. Dr. Peter Schnabel, den sie als "meinen alten Freund" bezeichnete, anwesend war. Der erzählte allen, die es hören wollten und einen Kreis um ihn bildeten, erst einmal von der Türkei-Reise, die er einst gemeinsam mit Frau Theile gemacht hatte.

"Also Anfang der 80er Jahre kamen mehr und mehr Türken in unser Land. Sie wurden 'Gastarbeiter' genannt. Nach dem Nazi-Desaster wollten wir Deutsche alles richtig machen, und fanden, die Türken müssten in die Gesellschaft 'integriert' werden. Ob sie dazu ihre hergebrachte Kultur aufgeben sollten, war uns nicht klar. Margarete, ich und einige andere wollten beispielhaft voraus gehen und gründeten einen 'Ausländerausschuss'. Vorsitzender wurde ich. Wir fanden bald, dass wir in das Herkunftsland der vielen 'Gastarbeiter' reisen sollten, um uns dort vorzustellen und die Kultur dieses Landes besser zu verstehen. Wir machten uns auf den Weg, besuchten Ankara, Anatolien und Istanbul. In Kleinasien herrschten damals die Militärs. Sie hatten den zivilen Ministerpräsidenten Bülent Ecevit inhaftiert. Ecevit war Sozialist, und die sozialdemokratischen Mitglieder unserer Reisegruppe besuchten ihn. Nichtsozialisten waren nicht zugelassen. Dann hockten wir in einem Hotel in Ankara. Margarete verstand es auf wunderbare Weise, unentwegt Witze zu erzählen und uns zu unterhalten. Doch vor dem Hotel fuhren Panzer auf und umstellten das Gebäude. Das wirkte bedrohlich. Etwas erleichtert waren wir, als sich herausstellte, dass die Drohgebärde nicht uns galt, sondern Petra Kelly und ihrem General Gert Bastian, die ebenfalls in dem Hotel weilten.

Wir mussten uns bei späteren Gesprächen mit türkischen Offiziellen anhören, dass die Türken in Deutschland schlecht behandelt würden. Dem widersprach Margarete heftig. Als wir ein Verwaltungsgebäude besuchten, gingen wir einen langen Gang entlang, an dem alle Bürotüren geöffnet waren. In den Amtstuben standen Staatsdiener und verneigten sich vor uns. Wir betraten das Büro des Bürgermeisters von Istanbul – auch er ein General. Er saß hinter einem überdimensionierten Schreibtisch wie auf einem Thron. Zu seinen Füßen hatten wir unsere Sitzplätze. Die Gastarbeiter in Deutschland waren diesem General nicht wichtig; er hatte anderes im Kopf: 'Wir bauen eine U-Bahn in Istanbul. Berlin hat schon eine U-Bahn. Der Chef der Berliner U-Bahn soll kommen und uns beraten, wie wir das hier machen sollen. Sagen Sie ihm das!' Per Befehl wollte der Militär die U-Bahn am Bosporus bauen, ganz ohne Bürgerbeteiligung! Die Finanzierung stellte er sich einfach vor: 'Wenn die Leute geradeaus gucken, müssen sie zahlen. Wenn sie nach rechts oder links gucken, müssen sie zahlen. Und wenn sie sich umdrehen, müssen sie auch zahlen!'

In Anatolien besuchten wir ein Dorf. Wir waren gekommen, weil uns gesagt worden war, die meisten der Türken in Deutschland kämen aus dieser Gegend. Als wir vor Ort erschienen, teilte einer mit: 'Der Imam ist fort. Er will nicht mit Ungläubigen zusammen sein.' Dann umringten uns viele fröhliche Kinder. Wir sahen, wie groß das menschliche Reservoir war. Die türkische Presse berichtete über die Reise ausführlich. Wir konnten Fotos von uns in den großen Zeitungen sehen. Nur die Texte daneben, die konnten wir nicht lesen. Vielleicht war das besser so! Zum Abschluss der Reise wurden wir zum Schmaus am Bosporus eingeladen. Es gab Köstlichkeiten aus dem Meer. Dass die türkische Küche gut ist, stand damit fest. Die offiziellen türkischen Begleiter informierten darüber hinaus, dass die Türken nicht nur den Kuppelbau, sondern auch das Flugzeug und die Demokratie erfunden hätten. Das mit der Demokratie glaubten wir allerdings nicht ganz..."

Da wurde Schnabel in seinen Erzählungen unterbrochen, denn mittlerweile hatte der "CdS" mit diversen Mitarbeitern den Raum betreten. Das Wort führte nun Frau Theile, was Frau Nuhr-Meyer nicht passte. Schließlich war sie Parteivorsitzende und potentielle Kandidatin, während "die Theile" gerade an ihrem Untergang bastelte! Aber die meisten der Anwesenden schienen die Federführung der noch amtierenden Regierungschefin zu akzeptieren. Wahrscheinlich waren sie daran gewöhnt. Margarete Theile machte noch einmal klar, dass sie ihr Amt aufgeben wolle. Sie habe genug geleistet und sei im übrigen ausgebrannt. Dass sie mit ihrer Partei anderenfalls Schwierigkeiten hätte, erwähnte sie nicht.

Die Ministerpräsidentin war dafür eingetreten, die Wirtschaft mit Konjunkturprogrammen zum Laufen zu bringen. Frau Theile war eine Keynesianerin. Doch dafür fand sie seit einiger Zeit selbst in ihrer Regierung keinen ausreichenden Rückhalt mehr. Ihr eigener Wirtschaftsminister Marc Stein war bei Konjunkturprogrammen zunehmend skeptisch geworden. Die Partei driftete mehr und mehr in Richtung Monetarismus. Schließlich waren die programmatischen Gegensätze zur eigenen Regierungschefin unübersehbar geworden. In der Partei und darüber hinaus wurde die Gruppe derjenigen größer, die zudem fanden, dass Frau Theile irgendwie alt und verbraucht war, jedenfalls "nicht dynamisch rüberkam".

Es sprach für diese Frau, dass sie diese Zeichen verstand und ihren Abgang vorbereitete. Politiker kleben oft gerne an ihren Posten. Die eigenen Leute hatte Frau Theile auf ihren Abgang eingeschworen, und so blieb ihr das Schicksal vieler Politiker erspart, denen die Berater dauernd sagten, wie gut sie wären, obwohl das in der Öffentlichkeit anders wahrgenommen wurde. Solche Politiker sind dann regelmäßig entsetzt, wenn sie eines Tages scheinbar "wie aus heiterem Himmel" gestürzt werden. Sie reden dann von "Verrat" und "Intrigen". Dabei haben sie während ihrer Amtszeit einfach ihr Charisma verloren. Heute fragten sich einige der Anwesenden allerdings, ob Frau Theile trotz allem bereits den optimalen Zeitpunkt für einen Abgang verpasst hatte, zu dem sie ihre Nachfolge hätte eindeutig regeln können.

Die Ministerpräsidentin tat in zweierlei Hinsicht Ungewöhnliches:
- Erstens mischte sie im Kampf um ihre eigene Nachfolge mit. Eine ungeschriebene Politikerregel besagte jedoch, das solle man so offen nicht tun.
- Zweitens favorisierte sie als Nachfolger Personen mit unterschiedlichen politischen Visionen. Das verwirrte. Einer – Neumann – vertrat insgesamt eher ihre eigene Linie, und der andere – Stein eben – eine modern gewordene wirtschaftspolitische Linie, die nicht die ihre war, die des Monetarismus. Beide Minister hielt sie gleichermaßen für geeignet. Dass sie Stein bislang eine leichte Favoritenrolle eingeräumt hatte, steigerte die Verwirrung noch, führte sogar bei manchen zu der Einschätzung, dass sie eine ziemlich "schlaue Füchsin" sei. Dabei musste sie aufpassen, dass alles im Lot blieb, denn das Bild der "schlauen Füchsin" durfte sich nicht verfestigen, da sonst der Ruf aufkommen könnte, dass "die Theile" doch am besten bleiben sollte.

Vor dieser Gefahr bewahrten sie jedoch die Kandidaten selbst und zur Not auch ihr Minister Friedrich Hansen. Aber erst einmal ergriff der "CdS" Dr. Siegfried Bernstein-Mösberger das Wort. Er hatte nicht die Absicht, irgendeine Lösung vorzuschlagen, sondern er sprach nur, damit ihn möglichst viele hörten. Schließlich wollte er nicht vergessen werden und auch zukünftig eine Rolle spielen. Also machte er die Vergangenheit zum Thema. Er habe gut mit der "Frau Ministerpräsidentin" und "mit allen Ministerinnen und Ministern" zusammen gearbeitet. Ursprünglich seien ja alle mehr oder weniger Keynes-Anhänger gewesen, aber die Wissenschaft schreite voran, und so biete sich nun, nachdem "Frau Ministerpräsidentin" ihren Abgang angekündigt habe, die Chance für einen "Reset". Weiter wollte dieser Chef der Staatskanzlei nicht gehen.

"Schleimer!", dachte Christiane Krause. Aber sie schwieg. "Die Margarete" aber nahm nach diesen Darlegungen ihres "CdS" wieder das Kommando. Sie fand, dass es an der Zeit wäre, zur Sache zu kommen. So klopfte sie auf den Busch: "Die Kollegen Stein und Neumann sollen sich untereinander verständigt haben, wie man hört." Neumann betonte daraufhin, es wäre auch im Sinne von Frau Theile, wenn er Wirtschaft bekäme, denn ein Monetarist sei er ja wirklich nicht. Stein spürte, dass er am Zug war: "Obwohl es ein großes Erbe wäre, würde ich gerne in Deine Fußstapfen treten, Margarete, wenn auch mit neuen Ideen. Doch hätte ich nicht gerne, wenn behauptet würde, ich hätte mir die Nominierung durch Manipulationen über meine Ehe erkauft." Jeder der Anwesenden wusste, dass das mögliche "Geschäft Stein-Ehlert-Hinkel" gemeint war, und Stein hoffte zu hören, dass dies doch keine Rolle spiele. Aber er hörte es nicht. Stattdessen vernahm er eine Erklärung von Irene Nuhr-Meyer, die darauf verwies, dass sie als Parteivorsitzende eine gewisse Verantwortung dafür trage, dass ein Ergebnis zustande käme. Sie wolle aber auch nicht, fügte sie sybillinisch hinzu, dass die Partei nun mit "alten Geschichten" behelligt würde. Wieder wusste jeder der Anwesenden, was gemeint war: die alte "Freiburg-Geschichte."

Frau Theile sah zu Schnabel hin, dann zu Hansen und zwinkerte zuerst dem einen und dann dem anderen zu. Neumann hielt sich weiterhin bedeckt. Er war froh, dass die Sache mit dem nachgemachten Bild im Büro der Ministerpräsidentin nicht zur Sprache kam. Stein erkannte, dass seine Chancen geschwunden waren, nachdem ihm für das angedeutete "Geschäft" keine Absolution erteilt wurde. Irene Nuhr-Meyer fürchtete derweil, die alte "Freiburg-Geschichte" könne doch wieder hochkommen, falls sie sich zu weit vor wagen würde. Margarete Thiele spielte die Unschuld vom Lande: "Was machen wir denn jetzt? Wir haben immer noch keinen Kandidaten für meine Nachfolge."

Unüberhörbar trötete Harry-Peter Loch, der Mann von der kleineren Partei in die Runde: "Dann nehmt doch den Friedrich! Ist 'n solider Mann. Auch privat: Treibt viel Sport, trinkt und hurt nicht. Wir würden ihn mittragen." Auf diesen Zwischenruf hatte die Ministerpräsidentin insgeheim gewartet. Eigentlich hatte sie Loch allein deswegen eingeladen. Ihr ging es heute vor allem darum, Nuhr-Meyer zu verhindern, nachdem leider weder Neumann noch Stein durchsetzbar waren. Eilig schaute sie in die Runde: "Na?" Schon kam prompt das Echo von einem Parteifreund: "Ich schlage Friedrich Hansen als Nachfolger von Margarete Theile vor!" Die Versammlungsleiterin wandte sich an den Vorgeschlagenen: "Friedrich, würdest Du es überhaupt machen?" Der stand auf und sagte: "Wenn Ihr mich unbedingt wollt, muss ich wohl ran!"

Die Nominierung folgte per Akklamation. Friedrich Hansen wurde Spitzenkandidat, fünf Monate vor der Wahl. Stein verfluchte innerlich den "bunten Abend". Zugleich verkündeten es Rundfunk und Fernsehen: Tags darauf meldete eine Boulevardzeitung: "Stillgestanden! Jetzt kommt Hansen!" Zu lesen war zudem, dass Heinz-Peter Corbeau, der Vorsitzende und erneue Spitzenkandidat der anderen großen Partei kommentiert hatte: "Der Regierung will Ruhe und Ordnung."

Der Wettlauf zwischen den Parteien begann.

Wesselmänner und Events

Es war die Stunde der Organisatoren. Endlich hatte "die Politik" entschieden, wen die große bürgerliche Partei als Kandidaten für die Nachfolge von Margarete Theile präsentiert: Friedrich Hansen, den Innen- und Polizeiminister. Dem Wahlkampfleiter Fritz Dunkelfrau mitsamt seinem Team war es egal, ob Stein, Neumann, Frau Nuhr-Meyer oder wer sonst aufs Schild gehoben wurde. Die Hauptsache war, dass entschieden wurde und zwar möglichst früh vor der Wahl. Nun war es endlich Hansen, gut. Die "Politiker" hatten ja keine Ahnung, welche Maschinerie angeworfen werden musste, damit die Partei eine gute Kampagne hinlegen würde. Es waren Umfragen notwendig, um herauszufinden, wo die Partei gesellschaftlich und regional stark war. Sodann mussten die Stärken und Schwächen des Kandidaten und seiner Gegner erfragt werden. Überhaupt wollten möglichst viele in der Partei wissen, wie viel Zulauf man gerade hatte, denn das Ziel war die Macht zu behalten. Würde man das schaffen und brauchte man dazu wieder einen "Partner", und wenn "ja": welchen? Sodann mussten – zugeschnitten auf den Kandidaten – Spots fürs Fernsehen, Anzeigen für die Zeitungen, Flugblätter und Plakate sowie Handzettel vorbereitet und verteilt werden, und die mussten die Botschaft einer Kampagne der Geschlossenheit erkennen lassen. Da die Partei zudem das Bedürfnis hatte, "Inhalte" zu produzieren, mussten das Wahlprogramm "broschiert" und Themenblätter erstellt werden. Sodann war es wichtig, all die Wahlkampfmaterialien – zu denen auch "Schnickschnack" wie Fähnchen, Kugelschreiber oder Luftballons gehörten – an die "unteren Gliederungen" zu geben, damit die etwas auf ihre Wahlkampftische legen konnten. Außerdem war es notwendig, mit dem Spitzenkandidaten "Events" aller Art und Pressekonferenzen vorzubereiten, am besten an jedem Tag mindestens eine.

Verantwortlich für die Kampagne der einen großen Partei war Irene Nuhr-Meyer. Da sie die Vorsitzende war, musste sie für Hansen den Wahlkampf organisieren, obwohl er eigentlich ihr Rivale war. Sie wollte sich nicht nachsagen lassen, dass sie eine unfaire Verliererin sei. Irene Nuhr-Meyer unterschrieb brav Aufträge an das Umfrageinstitut "VoEr" ("Volkserforschung") nach dem Profil Hansens: Wer beurteilte die Sicherheitspolitik des Kandidaten wie; sollte der Mann mit Konjunkturprogrammen hausieren gehen oder den Sparfuchs spielen; war es besser, Hansens Familie zu zeigen oder sie zu verstecken? Der "neue" Mann sollte dem Volke so positiv wie möglich präsentiert werden. Alle in der Geschäftsstelle und im Vorstand begeisterten sich für das Plakat der Werbeagentur "Allgeh" ("Alles geht"), das Hansen als markigen, aber huldvoll lächelnden Typen zeigte. Hinter seinem Brustbild im feinen Zwirn standen zu seiner Rechten angetretene appetitliche Polizisten – politisch korrekt natürlich auch Polizistinnen – und zu seiner Linken rauchten – ebenfalls in Reih und Glied – Industrieschornsteine. Das Plakat war farbig, und in roter Schrift war darüber geschrieben: "Mit neuer Kraft für Ordnung und Wohlstand: Friedrich Hansen". Das Logo der Partei fehlte. Das hatte seinen Grund, denn "Allgeh" hatte die Partei vor politischem Streit gewarnt. Harmonie sollte der Schlüssel zum Erfolg sein.

Gegenspieler von Hansen war Heinz-Peter Corbeau, der Vorsitzende der anderen großen Partei. Die hatte das Wort "Gerechtigkeit" auf die Fahne geschrieben, und das wichtigste Plakat dieser Partei zeigte ein schwarz-weißes Foto von Corbeau im Profil. Darunter stand geschrieben: "Endlich Gerechtigkeit". Name und Logo der anderen großen Partei waren zu sehen.

Diese Bilder der Rivalen von den beiden großen Parteien beherrschten die Straßen des Landes – herab von den Bergen bis hinunter zur See. Dazwischen leuchteten immer wieder wie wilde Blumen die Selbstdarstellungen der kleineren Parteien. Auf den Gehwegen sah man viele Tapetentische, flankiert von Sonnenschirmen in den Farben der jeweiligen Parteien. Manchmal standen nur zwei traurige Gestalten hinter diesen Tischen, manchmal Trauben von Menschen. Auf den Tischen lagen Broschüren und der unvermeidliche "Schnickschnack" – auch der in allen Farben. Unter den Tischen standen unansehnliche Pappkartons, in denen die Parteigänger ihr "Material" verstauten, wenn sie ihre Einsätze beendeten. Die roten, grünen, gelben, schwarzen oder blauen Parteigänger kannten einander – aus Kommunalparlamenten, Ausschüssen oder von früheren Wahlkämpfen. Sie plauderten gerne von Tisch zu Tisch: "Wie geht's? Heute ist nicht viel los. Wollen wir eine Stunde früher aufhören?" Sie wollten fast immer und hatten alle zusammen das Gefühl, dass sie eine Gruppe sind, die "Politiker" eben, und die anderen, das sind die "Leute".

Das Wichtigste für die Partei – wie auch für ihre Konkurrenz – war das Fernsehduell. Die Funktionäre waren überzeugt: Ein "Duell" der Kandidaten im Fernsehen kann eine Kampagne entscheiden. Diese Weisheit stammt aus den USA.

Dabei ist es nicht so, dass sich die Politiker wie Wildwest-Helden auf einer staubigen Dorfstraße gegenüberstehen und mit Pistolen beschießen. Vielmehr geht es um ein "Duell" in Worten und Gesten, und die Wähler sind Schiedsrichter. Sie entscheiden, wer ihnen besser gefallen hat. Jeder Parteifunktionär in Deutschland hat es im Kopf. Einst trafen in den USA die Kandidaten John F. Kennedy und Richard Nixon vor den Fernsehkameras aufeinander. Nixon, der Republikaner, wirkte unsicher und linkisch. Der Demokrat Kennedy bestach durch Selbstsicherheit, rhetorische Brillanz und politischen Witz. Vor dieser Debatte schien das Rennen offen. Danach war Kennedy der Favorit. Er wurde tatsächlich zum 35. Präsidenten der USA gewählt. Auch 2000 gab es ein Kopf-an-Kopf-Rennen in Amerika. George Bush jun. und Al Gore lagen gleichauf. Die Berater des Demokraten erhofften sich vom mittlerweile obligatorischen Fernsehduell eine Wiederholung des Kennedy-Effektes. Doch der stellte sich nicht ein. Gore war eben kein Kennedy. Es blieb ein Kopf-an-Kopf-Rennen. Am Ende mussten Richter entscheiden, wen das Volk gewählt hatte. So wurde George Bush jun. der 43. Präsident der USA.

Alle Welt beobachtet stets die Präsidentschafts-Kampagnen in den USA. Experten aus aller Herren Länder studieren und analysieren diese Ereignisse. So war auch Irene Nuhr-Meyer in Amerika und natürlich auch der Parteivorsitzende Heinz-Peter Corbeau. Sie studierten an der anderen Seite des Atlantik die Tricks und Finessen der dortigen Parteien. Alle großen Parteien in Deutschland tun mittlerweile so, als ginge es auch bei den Wahlen hier um den Regierungschef und nicht um das Parlament. "Spitzenkandidaten" personalisieren den Wahlkampf. Obwohl noch jedes Mal das Parlament gewählt wird, signalisieren die Werbestrategen den deutschen Parteien: "Auf den Chef kommt es an".

Als der frisch gekürte Kandidat der großen bürgerlichen Partei, Friedrich Hansen, der anderen großen Partei das "Duell" nach amerikanischem Vorbild vorschlug, schickte diese ihren Heinz-Peter Corbeau in die "Schlacht". Corbeau war ein netter kleiner Herr mit einer schwarzen Brille und einem Schnauzbärtchen. Er hatte schon zweimal für seine Partei an erster Stelle kandidiert und sagte immerzu: "Aller guten Dinge sind drei." Diesmal war er sicher, dass er den "eitlen" Hansen in die Ecke drängen würde. Zusätzlich bekam Hansen Probleme mit seinem Koalitionspartner. Dort waren Bedenken laut geworden. Die kleine bürgerliche Partei verwies auf die Verfassungslage. Hierzulande würde eben kein Präsident und auch nicht der Regierungschef direkt vom Volke gewählt, sondern das Parlament. Dieses erst setze den "Chef" der Regierung ein. In der Verfassung sei gar kein "Spitzenkandidat" vorgesehen. Es war Harry-Peter Loch, der stellvertretende Ministerpräsident, der in die Kameras sagte: "Ein Spitzenduell kann es in Deutschland nicht geben. Da befinden wir uns mit den anderen kleinen Parteien in einem Boot."

Da das "Duell" der Großen dennoch drohte, wehrten sich die kleinen Parteien gegen die personelle Polarisierung des Wahlkampfes. Die Großparteien hatten damit schon seit langem keine Probleme und stellten wie selbstverständlich "Spitzenkandidaten" auf. Bis dahin waren auch nur aus den Reihen der "Großen" die tatsächlichen Chefs rekrutiert worden. Die kleineren Parteien befürchteten lange, sich lächerlich zu machen mit eigenen personellen "Spitzen".

Aber diesmal geriet alles ins Wanken, weil die kleinen Parteien das "Duell der Giganten" im Fernsehen nicht mehr wollten. In einem Bundesland war schon ein Mann einer kleinen Partei Ministerpräsident geworden. Vor allem die bürgerliche unter den kleinen Parteien wollte diesmal versuchen, den "Zweikampf" zu verhindern und stattdessen die Allparteiendiskussionen anstreben. Die Kleinen hatten die dazu in der Mediengesellschaft erforderlichen Personalisierungen geschaffen.

Doch die Gerichte spielten nicht mit. Hansen war eine große Sorge los. Das Duell kam, und am Wahlabend sollte es eine Allparteiendiskussion geben. Im Duell selber bestimmten nicht die Parteien, sondern die Fernsehanstalten den Verlauf. Hansen und Corbeau waren in einen blauen Käfig gesperrt worden. Ihnen standen vier "Moderatoren" gegenüber. Jeder von ihnen durfte zwei Fragen stellen – eine an jeden Kandidaten. Die Kandidaten hatten jeder dreißig Minuten Redezeit; sie durften nicht überziehen. Die Politiker standen sich an Bistrotischen gegenüber und lächelten freundlich, weil ihre Berater gesagt hatten, das sollten sie tun. Sie redeten sich mit "Verehrter Herr Hansen" und "Sehr geehrter Herr Corbeau" an, obwohl

Corbeau den Minister Hansen in Gegenwart von Parteigenossen eben noch eine "Ratte" genannt hatte und Hansen in Corbeau einen "Heuchler" sah.

Doch solche Ausdrücke hätten dem Fernsehpublikum nicht gefallen. Die ersten beiden Fragen waren wirtschaftspolitisch. Corbeau sprach für mehr Mitbestimmung und Teilhabe, Hansen verkündete, er wolle mehr und bessere Arbeitsplätze schaffen, dann würde es allen besser gehen. "Blitzumfragen" zeigten ein "Pari-pari"-Ergebnis bei den Zuschauern. Es folgte das Thema innere Sicherheit. Hansen betonte, auch auf den Straßen und Bahnhöfen müssten Recht und Gesetz herrschen, und im Zweifel sei es Sache der Polizei, dies durchzusetzen "...auch mit Gewalt." Corbeau sprach sich dafür aus, auch die Ursachen für Gesetzesverletzungen zu erforschen. Die "Blitzumfragen" ließen Hansen nach vorne schnellen. Der Komplex "europäische Einigung" wurde aufgerufen. Corbeau nannte sich einen "glühenden Europäer", forderte aber, dass sich "alle Europäer" an die Spielregeln hielten. Hansen polterte dagegen, Deutschland sei nicht der "Zahlmeister" Europas. Die "Blitzumfragen" zeigten wieder "Pari-pari". Schließlich wurde nach der Kulturförderung gefragt. Hansen sah darin keine staatliche Aufgabe, aber eine, die private Sponsoren leisten müssten. Corbeau jedoch beklagte, dass die staatliche Kulturförderung "überall im Lande zurückgefahren werde, und "der Trend" müsse gestoppt werden. Nun hatte Corbeau in den Blitzumfragen die Nase vorn. Das Duell war unentschieden ausgegangen!

Hinterher beim Abschminken schimpfte Corbeau: "Das ganze Theater hätten wir auch lassen können. Nur für die Quoten der Fernsehanstalten war das gut." Hansen stimmte zu: "Der Loch hat eigentlich recht: Bei dieser Show fehlte er richtig." Doch der Wahlkampfleiter der großen bürgerlichen Partei fand das Fernsehduell aufschlussreich. "Wir müssen Hansen als Law-and-Order-Mann penetrieren. Dann zieht er Corbeau davon und unsere Partei mit ihm.", erklärte Dunkelfrau. In der Wahlkampfkommission wandten sich ausgerechnet die Minister Stein und Neumann gegen die Änderung. Stein wollte nicht akzeptieren, dass mit dem Wort "Wohlstand" zugleich die Bedeutung der Wirtschaft gestrichen würde, denn: "Die Wirtschaft ist nicht alles, aber ohne die Wirtschaft ist alles nichts." Neumann war aus ideologischen Gründen gegen die Law-und-Order-Linie. Alle anderen in der Kommission stimmten der Verkürzung zu. Die Zentrale gab neue Plakate heraus, auf denen Hansen nur noch mit Polizisten und Polizistinnen zu sehen, und der Spruch auf die Worte "Mit neuer Kraft für Ordnung" reduziert worden war.

Als diese Plakate an der Basis bei den Tapetentisch-Leuten ankamen, waren einige der regionalen Bewerber sauer: "Ich bin doch Sozial-Politiker und kein Law-and-Order-Mann!", stöhnte ein Kandidat, und eine Bewerberin klagte: "Noch'n Ordnungs-Macho. Die Frauen entscheiden doch die Wahl, und die wollen Arbeitsplätze und keine Polizisten." Trotz solcher Zurückhaltung in der Partei erwies sich die Maßnahme von Fritz Dunkelfrau als richtig, denn Friedrich Hansen zog in den Beliebtheitsumfragen Heinz-Peter Corbeau davon.

Friedrich Hansen selber bekam von alledem wenig mit, denn er war von morgens bis abends "auf Achse". Früh am Morgen besichtigte er eine Polizeikaserne, dann folgte ein Gespräch mit Gewerkschaftsfunktionären, mittags war eine Kundgebung auf irgendeinem Rathausmarkt angesetzt; es ging danach zur Eröffnung einer Internationalen Bootausstellung. Fünfzehn Uhr war eine Podiumsdiskussion mit den Vertretern der anderen Parteien, anschließend stand eine Betriebsbesichtigung auf dem Programm. Abends fand ein Empfang des Maklerverbandes statt. Die Speisen und die Getränke dort waren üppig. Zwischendurch musste Hansen mit dem Ministerium telefonieren, denn er war ja immer noch der Innen- und Polizeiminister.

Im übrigen hatten auch Fritz Dunkelfrau und seine Helfer alle Hände voll zu tun. Broschüren waren überall im Lande zu verteilen, Standorte für "Wesselmänner" genannte übergroße Plakate mussten gefunden, Aufnahmen für Rundfunk- und Fernsehspots hergestellt, Zeitungsanzeigen "geschaltet", und immer wieder musste zu Pressekonferenzen eingeladen werden. Auch Einwohnerlisten wurden besorgt, Briefsendungen verschickt und Verteilerdienste auf die Spur gesetzt. Dann waren die Wahlkreiskandidaten zu "bedienen" – aussichtsreiche und aussichtslose. Die meisten von ihnen wollten Plakate mit eigenen Portraits gedruckt bekommen, um diese an Bäumen oder Laternenpfählen in ihren Wahlkreisen aufhängen zu können. "Liebe Nachbarn! Seht her, ich kandidiere auch!"

Das alles kostete viel Geld, und wie eine Spinne im Netz saß bei allen Beratungen der Schatzmeister Knast Güldenpfennig dabei. Er war die Graue Eminenz der Wahlkampfkommission und hatte – keiner verstand genau, wie – einen Wahlkampfschatz zusammengetragen. Dafür beanspruchte er aber auch das Recht, jede einzelne Ausgabe im Wahlkampf zu genehmigen. Stets stimmte er den Maßnahmen zu. Allerdings stöhnte er vorher: "Das ist aber teuer! So viel Geld und so wenig Nutzen, Oh, oh!" Dunkelfrau kam es vor, als sei Güldenpfennig sein Schattenmann, und die Parteivorsitzende Nuhr-Meyer hatte es schon lange aufgegeben, Güldenpfennig zu durchschauen. Die Partei bestätigte ihn regelmäßig mit großartigen Wahlergebnissen in seinem Amt, und seltsamerweise erklärte Dunkelfrau bei jeder Gelegenheit: "Die Wahl des Schatzmeisters ist immer wieder eine Sternstunde der Partei. Ansonsten beschließt sie ja viel Mist." Friedrich Hansen, der Spitzenkandidat, wusste von alledem, und er behandelte den Schatzmeister mit großer Höflichkeit.

Die kleine bürgerliche Partei machte natürlich auch Wahlkampf. Viel anders als bei der "großen Schwester" ging es nicht zu. Einmal interviewte eine Rundfunkstation Minister Harry-Peter Loch. Der Journalist wollte wissen, ob die Partei die alte Koalition auch unter Hansen fortsetzen wollte. Loch zierte sich etwas, denn die kleine Partei hatte beschlossen, dass sie sich der großen nicht sofort an den Hals werfen wollte. Da kam die Frage des Journalisten: "Minister Hansen tritt jetzt als Law-and-Order-Mann auf. Ist das der richtige Partner für Sie?" Am liebsten hätte Loch geantwortet, "der Friedrich" sei doch ein Pfundskerl, und mit dem käme er prima aus. Aber das konnte er hier nicht sagen; es ging schließlich um Parteien und Wähler. Also antwortete Loch: "Wir werden – sollten wir überhaupt in die Regierung gehen – dafür sorgen, dass in diesem Land die Politik nicht mit dem Polizeiknüppel gemacht wird!"

Als Hansen dieses Interview las, reagierte er trocken: "Der Harry-Peter muss halt schauen, wo er mit seinen Leuten bleibt."

In die Schublade mit der Wahrheit!

Prof. Dr. Kasimir Ehlert war in letzter Zeit in der großen bürgerlichen Partei zwar als etwas mysteriöser Doktorvater des Nachwuchspolitikers Hinkel aufgefallen, genoss aber ansonsten dort großes Ansehen. Man hielt ihn für einen tüchtigen Wissenschaftler. Gerne holte die Partei sich bei ihm Rat, wenn sie wissen wollte, wie ihre Anhängerschaft sich entwickelt, welche "Inhalte" sie herausstellen sollte, wie gefährlich die Konkurrenten werden könnten und welche Politiker beim Publikum gut ankämen. Ehlert betonte immer, die Partei dürfe sich keine Flügelkämpfe leisten, müsse geschlossen auftreten, solle "Vorfeldorganisationen" unterhalten und bedürfe einer starken Jugendorganisation. Öffentliche Personaldiskussionen seien zu unterlassen, und Vorsitzende seien zu stützen oder zu stürzen. Außerdem müsse die Partei eine politische "Legende" haben. Mit "Legende" meinte Ehlert "Ziel", und das sollte eindeutig, aber auch abstrakt sein. "Bewahren", "Gerechtigkeit", "Fortschritt" oder "Wissen" wären solche Ziele, von denen sich eine Partei aber nur eines "schnappen" dürfe.

Dass Ehlert Mitglied der Partei war, steigerte sein Renommee in den Augen der Funktionäre. Sie waren sich sicher, dass dieser Professor kein "linker Spinner" war und dass man mit seinen Thesen in der Öffentlichkeit hausieren könne.

Diesmal hatte Ehlert seine Assistentin Roxana Vutil herangezogen und mit ihr zusammen einen Forschungsauftrag bei der Stiftung der Partei beantragt. Diese Stiftung betonte ihre Unabhängigkeit von der Partei, obwohl in ihrem Aufsichtsrat ausschließlich ehemalige Politiker dieser Partei saßen.

Ehlert und Vutil schlugen der Stiftung vor, beim aktuellen Wahlkampf die politische Einstellung der Besucher von Tapetentischen – auch "Info-Stände" genannt – zu untersuchen und zu erforschen, ob diese Menschen ihr Wahlverhalten von den Besuchen an den Tischen beeinflussen lassen würden. Insbesondere wollten die Wissenschaftler herausfinden, ob die Bürger wegen der Broschüren, der Parteizeitungen, des "Schnickschnacks" oder warum sonst an die Info-Stände gingen. Sie entwickelten die Hypothese, dass die Besucher der Stände vor allem deswegen kamen, weil sie besonders kommunikativ waren und das Gespräch mit den Parteienvertretern einfach des Schwätzchens wegen suchten. Dies alles sollte Wochen vor der Wahl und dann wieder in der Wahlwoche selber erhoben werden; die Wissenschaftler sprachen von einer "Panel-Untersuchung". Beantragt für dieses Projekt wurden 200.000 €. Dass die Stiftung das finanziell "reißen" könnte, war Ehlert klar, denn sie war wie die Stiftungen der anderen Parteien auch reichlich mit staatlichen Mitteln ausgestattet. Jedenfalls wurde der Antrag der beiden Wissenschaftler ohne Änderungen bewilligt, und der großen bürgerlichen Partei angehörende Professor bekam von der partei-"fernen" Stiftung eben dieser Partei 200.000 € Forschungsgeld überwiesen.

Die Parteimitglieder an den Ständen begründeten ihre Aktivitäten unterschiedlich: "Ich tu's für Gaby. Die kandidiert hier und hat so schöne blonde

Haare.", oder: "Hier komm' ich mir vor wie Onkel Pelle: Ich kann lauter Sachen verschenken." Es gab aber auch einige, die bekundeten: "Ich will hier meine Partei und ihre Leistungen präsentieren.", oder: "Wir wollen der Parteispitze zeigen, dass es uns auch noch gibt." Roxana Vutil leitete aus alledem drei Aussagen ab:

1. Die Aktivisten an den Info-Ständen der Parteien haben oft unpolitische Motive für ihr Engagement.
2. Die unteren Gliederungen der Parteien erzeugen einen – auch gegenseitigen – Zwang, sich in Wahlkampfzeiten auf der Straße zu zeigen.
3. Häufig ist die jeweilige Parteispitze der eigentliche Adressat der Straßenaktivität.

Nun stürzten sich die Forscher auf die Tischbesucher. Nachdem diese Besucher an einem Stand verharrt, geredet und das eine oder andere mitgenommen hatten, wurden sie beim Verlassen des Ortes von den Forschern angesprochen: "Entschuldigung, wir kommen von der Universität. Dürfen wir sechs kurze Fragen an Sie richten?" Die meisten Befragten waren zum Reden bereit, nur eine Minderheit von neun Prozent verweigerte dies. Die sechs Fragen waren:

1. Was haben Sie eben vom Infotisch mitgenommen?
2. Haben Sie vorher den Infotisch einer anderen Partei besucht?
3. Haben Sie vor, Infotische anderer Parteien zu besuchen?
4. Werden Sie zur Wahl gehen?
5. Hat Ihr Besuch am Infotisch Einfluss darauf, welche Partei Sie wählen?
6. Finden Sie, dass Infotische wichtige Werbemittel der Parteien sind?

2500 "Bürger" wurden befragt, 1250 in der ersten Staffel und 1250 in der Wahlwoche. Erstaunlich war, dass fast 80 % der Befragten Infostände als wichtiges Werbemittel der Parteien ansahen. "Da kann man wenigstens mit den Leuten reden. Die Plakate grinsen einen nur an und haben bestimmt viel Geld gekostet." In der ersten und in der zweiten Staffel wurden die Stände gleich bedeutend gesehen. Einen erkennbaren Unterschied gab es jedoch bei den von den Ständen mitgenommenen Dingen. Während Wochen vor der Wahl die Luftballons, Radiergummis, Kugelschreiber und Fähnchen – also "Schnickschnack" – die Renner waren, gingen in der Wahlwoche Broschüren besser. Schnickschnack wurde oft mit einer Entschuldigung mitgenommen wie: "Ich habe drei Kinder, für die ist das". Die Broschüren wurden von Fachleuten eingesteckt, die das zum Beispiel so begründeten: "Ich bin Krankenschwester, da will ich wissen, was die Partei in der Gesundheitspolitik vorhat." Andere hingegen sagten frank und frei: "Ich bin Abiturient und muss in der Schule eine Arbeit über die Wahlprogramme der Parteien schreiben. So ein Mist!" Die meisten der Befragten besuchten Infotische möglichst vieler Parteien und hatten auch vor, zur Wahl zu gehen. 20 % der in der letzten Staffel befragten Besucher behaupteten, sie würden ihre Wahlentscheidungen von den Informationen am Stand abhängig machen.

Schließlich konnten Ehlert und seine Assistentin beobachten, dass nicht wenige Besucher der Infostände Trinker waren, die mit den nicht so feucht-fröhlich gestimmten Parteimitgliedern anbändeln wollten. Sie bekamen auch mit, dass es beim Abbau der Infostände regelmäßig Zoff unter den Parteimitgliedern gab, denn keiner wollte gerne die Kartons und Kisten mit "Material", die Schirme mitsamt Ständer sowie die sperrigen Tische in sein Privatauto verladen, um sich damit zu verpflichten, beim nächsten Mal der erste vor Ort zu sein. Aber am Ende wurde dann doch einer verdonnert – meist der- oder diejenige mit dem größten parteipolitischen Ambitionen in naher Zukunft.

Prof. Ehlert und seine Assistentin Vutil verfassten einen einhundert Seiten langen Bericht über ihre Untersuchungen. Roxana Vutil kam eine Idee: "Herr Ehlert, was halten Sie davon, wenn ich im nächsten Semester eine Übung für Studenten im Grundstudium anbiete. Titel: 'Straßenwahlkampf'? Das ist doch etwas, was die Politische Wissenschaft bisher gar nicht beackert hat." Ehlert fand die Idee nicht schlecht, wollte sich aber auch ein wenig absichern. Deswegen antwortete er seiner Assistentin: "Das ist eine gute Idee. Besprechen Sie die Sache doch mit Dr. Hellersberg." Ein wenig ärgerte sich Roxana Vutil, dass sie den Kollegen Hellersberg konsultieren sollte, war sie sich ihrer Sache doch sicher. "Macho-Gehabe!", dachte sie und beruhigte sich aber schnell wieder, denn dass sie Hellersberg um den Finger wickeln würde, stand für sie fest.

Die Stiftung nahm die Ausarbeitung von Ehlert und Vutil, die fortan "Studie" genannt wurde, entgegen. Die Sache wurde im Aufsichtsrat diskutiert, wo die ehemaligen Politiker gerne und ausführlich der Versuchung nachgingen, von ihren jeweils persönlichen Erfahrungen mit dem Straßenwahlkampf zu schwärmen. Die Ehemaligen waren sich einig: Das waren noch Zeiten – keine Intrigen, kein Neid, direkte Ansprache aus dem Volk und frische Luft. Sie stuften die Studie als "wichtig" ein und bestätigten sich, dass sie ihr Geld wert sei. Schließlich empfahlen sie der Partei, von der sie angeblich unabhängig waren, die Studie zu beachten. Sie sollte die notwendigen Konsequenzen ziehen – welche auch immer.

Die Studie kam in den Vorstand der großen bürgerlichen Partei. Sie stand auf der Tagesordnung als Punkt 5. Dr. Irene Nuhr-Meyer, die Vorsitzende, führte sie ein. Sie nannte die Verfasser und berichtete über einige Ergebnisse. Besonders stellte sie heraus, dass die Parteimitglieder "unten" den Straßenwahlkampf gerne als Alternative zum Wahlkampf der Zentrale sähen. "Das ist eine sehr verkürzte Sicht. Ich schlage vor, dass wir die Studie wegsperren und vergessen. So etwas brauchen wir zur Zeit nicht.", fasste sie zusammen. "Aber das geht doch nicht.", entrüstete sich Minister Stein: "An dem Ergebnis kann ja wohl nicht gezweifelt werden. Wenn die Basis das, was wir tun, kritisch sieht, dann ist es unsere verdammte Pflicht und Schuldigkeit, dass wir uns damit auseinandersetzen:" – "Das sagt er bloß, weil Ehlert der Verfasser ist!", rief einer dazwischen. Aber auch Neumann setzte sich für die Studie ein. "Schließlich hat das Ding Geld gekostet, viel Geld sogar. Und die Ergebnisse der Studie sind zuverlässig." – "Zuverlässiger jedenfalls als der Zuckermann von Frau Theile!", höhnte der Zwischenrufer. Dann ergriff Hansen das Wort: "Ich finde, das hätte uns jetzt gerade noch gefehlt, dass wir uns über die Sinnhaftigkeit von Straßenwahlkämpfen streiten. Dass Stein Ehlert verteidigt, ehrt ihn. Und Neumann hat Recht, wenn er für Vorsicht bei der Vergabe öffentlicher Mittel plädiert. Aber mit Straßenwahlkämpfen sollte man uns jetzt verschonen. Wir haben andererseits eh keinen Einfluss darauf, was die lieben Freunde an der Basis tun."

Die Vorsitzende resümierte: "Die Studie mag zwar die Wahrheit über Straßenwahlkampf darstellen, sie hilft uns aber in keiner Weise, im Wahlkampf die Mehrheit zu erringen." Das sahen die anderen in der Runde – bis auf Stein und Neumann – ebenso. Die Studie verschwand im Archiv der großen bürgerlichen Partei.

Fernseh-Inszenierung Wahlabend

Die Wahl war da! Es war strahlendes Wetter. Allgemein galt die große bürgerliche Partei als Favorit, wenn man auch wusste, dass es knapp wird. Die Frage des Tages lautete: Schafft es die Koalition auch mit Hansen?

Das Parlamentsgebäude strahlte wie ein Salon zu Weihnachten. Es waren die Fernsehstationen, die jeden Raum grell erleuchteten. Die Kameraleute, Beleuchter, Kabelträger, Moderatoren, Anchormen und weitere hatten ihren Betrieb aufgezogen, und die Politiker hetzten zwischen den Studios hin und her wie aufgeregte Mäuse. Überall waren Monitore zu sehen, auf denen regionale oder addierte Hochrechnungen und Wahlergebnisse aufflimmern. Zwischen Studios und Monitorsälen waren verschiedene Trink- und Speisestationen errichtet worden, wo sich alle je nach Geschmack und Gemütslage stärken oder trösten konnten. Irgendwo in diesem riesigen Haus befanden sich Fraktions- und Besprechungsräume, wohin sich die Politiker immer wieder 'mal zurückzogen. Draußen vor dem Parlament standen dicht an dicht die Übertragungswagen der Fernsehsender. Die ganze Nation sollte teilhaben.

Man sah bekannte Fernsehmoderatoren, die hatten Lampenfieber. Irgendwo saßen ihre Chefs und hielten Rat über ihre weiteren Karieren. Die einflussreicheren unter den Politikern stolzierten gespielt weise dreinschauend durch die Räume. Sie hatten bereits gegen sechzehn Uhr aufgrund von Nachfragen erfahren, wie die Wahl ausgegangen ist. Aber sie sagten nichts. Die Spannung für die "Hochrechnung" um achtzehn Uhr sollte erhalten bleiben.

Da kamen die Ergebnisse: Die große bürgerliche Partei erhielt 33,8 %, die andere große Partei 23 %, die kleinere bürgerliche Partei 14,6 %, die kleine linke Partei 11,9 % und die kleine grüne Partei 10,7 %. Hansen, Loch und alle ihre Parteimitglieder addierten kurzerhand: "33,8 plus 14,6: Das reicht." Dieses Wahlergebnis würde nachher im Parlament der ersten großen Partei 237, der zweiten großen Partei 146, dem kleinen Koalitionspartner 93, den Linken 76 und den Grünen 68 Sitze bringen. Hansen freute sich; verhaltener war die Freude bei Stein und Neumann. Die nun "Ehemalige" Margarete Stein aber hatte alle Zwänge vergessen und jubelte: "Jetzt bin ich eine freie Frau!"

Der Wahlleiter erschien vor den Fernsehkameras und dankte "den hunderttausenden ehrenamtlichen Wahlhelfern in den Wahlvorständen ganz herzlich. Ohne die Bereitschaft so vieler Menschen, ihre privaten Bedürfnisse hinter das Interesse der staatlichen Gemeinschaft zurückzustellen, könnte eine ordnungsgemäße Wahl nicht gewährleistet werden. Dank gebührt aber auch denen, die in den Wahlämtern, in den Verwaltungen oder bei der Deutschen Post AG für einen reibungslosen Ablauf der Wahl gesorgt haben."[6]

---

[6] Originalzitat Bundeswahlleiter

Im Parlament wurde die "Elefantenrunde" des Fernsehens zum Wahlausgang aufgenommen. Die zweite große Partei taumelte. Sie wusste nicht, ob sie gewonnen oder doch verloren hatte. Dass die erste große Partei abgesackt war, wurde an diesem Abend verdrängt. Um die Monitore versammelten sich Trauben von Menschen: Politiker, Journalisten, "Experten", TV-Hilfsarbeiter und Pförtner. Friedrich Hansen bekundete seinen Anspruch auf den Chefposten. Heinz-Peter Corbeau war frech und wohl auch etwas angetörnt – er stritt Hansen das Recht, sich Sieger zu nennen, ab. Er – Corbeau – wollte eine große Koalition, und da wäre doch Neumann ein guter Chef gewesen. Corbeau fuhr fragenden Journalisten über den Mund, und die holzten zurück. Jetzt trauten die sich, und sagten ihm, dass er die Wahl verloren habe. Offenbar hatte er mit einem noch schlechteren Ergebnis gerechnet und überschätzte den Wert seiner 23 %. Den anderen Politikern war die Sache offensichtlich peinlich: "Hoffentlich ist das schnell zuende.", schienen sie zu denken. Corbeau schien wirklich nicht ganz nüchtern zu sein. Er war angespannt und erlöst in einem, fühlte sich als Sieger und wusste doch, dass er verloren hatte. Sein Auftritt kam an wie eine Kabarettnummer.

Hansen und die Seinen hatten indes andere Sorgen. Sie sahen, dass ihnen ihr Partner mit Loch an der Spitze Stimmen abgejagt hatte und dass er jetzt auftrumpfen würde. Aber da würden sie nicht mitspielen – im Gegenteil. Sie nahmen sich vor, Rache an diesem Partner zu nehmen. Da waren sie sich alle einig – Stein, Neumann und auch Hansen.

Düstere Aussichten für die Kleinen

Die kleine bürgerliche Partei kostete ihren Erfolg aus. Fast schien es, als wollte sie sich am großen Bruder dafür rächen, dass er sie jahrelang als "Mehrheitsbeschaffer", "Funktionspartei" oder "Partei der zweiten Wahl" betrachtet hatte. Nun, mit 14,6 % im Rücken, sollte es endlich andersherum gehen. Der Schwanz sollte mit dem Hund wackeln. Das aber ging Prof. Dr. Peter Schnabel, dem langjährigen Mitglied dieser Partei und einstigen Mentor Margarete Theiles, zu weit, und er setzte einen bösen Kommentar in die Zeitung:

"Nach der selbstfabrizierten Parole von einer 'Partei der Besserverdienenden', nach dem Wahn von der 'Partei für das ganze Volk' schien die kleine bürgerliche Partei sich wieder der Vernunft anzunähern. Sie wollte ihr Programm sozial und ökologisch ausrichten. Ein Parteitag kürte eine honorige Person – den Fraktionsvorsitzenden – informell zum kommenden Außenminister. Es schien alles gut zu werden. Kaum jemand bemerkte es, dass der Parteivorsitzende den Fraktionschef daraufhin 2006 vom Thron stieß und die Truppe zur Einmannpartei machte. Es störte auch wenig, dass die Partei freiwillig zurückkehrte zu ihrer alten Funktion als Mehrheitsbeschafferin für die andere bürgerliche Partei.

Es votierten 6.313.023 Bürger für diese Partei. Das waren 14,6 % – mehr als die Linken oder die Grünen bekamen. Zugleich konnte die zweite große Partei nur 9.988.843 Wähler hinter sich bringen. Mit ihren 23% hatte sie sich der kleinen bürgerlichen Partei angenähert – von unten. Die erste große Partei kam auf 33,9 % – nicht gerade ein Traumergebnis. Aber die bürgerlichen Parteien jubelten. Es reichte wieder für die Koalition. Der kleinere Partner dieser Koalition realisierte, dass er das beste Wahlergebnis seiner Geschichte erzielt hatte, und der größere Partner fürchtete, dass es mit ihm bergab gehen könnte. Wie konnte es kommen, dass so viele Bürger der kleinen bürgerlichen Partei ihre Stimme gegeben hatten?

Der Vorsitzende der kleinen bürgerlichen Partei hämmerte den Seinen ein: 'Versprochen – gehalten!'. Groß war der Jubel der Basis. Die Partei, die nicht in der Opposition leben wollte, liebt die Regierung. Aber jetzt wollte sie mehr Macht als in der Vergangenheit.

Es wird nicht mehr sein wie unter der Ministerpräsidentin Theile. Hansen will der Konkursverwalter der kleinen bürgerlichen Partei werden. Die Konflikte werden härter! Und Hansen darf nicht auf eine Große Koalition hoffen. Den Auftritt von Corbeau am Wahlabend sollte er nicht vergessen. Und die selbst ernannte 'Partei für das ganze Volk' wird das alles bezahlen müssen – spätestens bei der nächsten Wahl."

Es geht wieder los

Die Doktoren, Assistenten und Freunde feierten mit Lina Stein und Frank-Walther Hellersberg den Einzug in die neue Wohnung. Beide hatten eine bunte Gästeschar eingeladen. Natürlich war Roxana Vutil da und Professor Ehlert, der Chef der drei Nachwuchswissenschaftler. Jan Stein, der Architekt und Vermittler der Wohnung sowie Marc Stein, der Politiker und sein Bruder, waren gekommen. Marc Stein hatte seine einstigen Ambitionen auf den Chefposten in der Regierung aufgegeben. Er war Wirtschaftsminister geblieben, während Friedrich Hansen Ministerpräsident geworden war. Die Wahl hatte die regierende Koalition bestätigt, während die andere große Partei mit Heinz-Peter Corbeau an der Spitze wieder in die Opposition – von der einer der Ihren einst gesagt hatte, diese sei "Mist" – musste. Lina, Jan und Marc schienen mit dieser politischen Entwicklung zufrieden zu sein, obwohl Marc etwas geheimnisvoll erklärte, "dass noch nicht aller Tage Abend sei". Auch Sven Neumann und sein Mann Fei Freidank waren zu der Fete erschienen, ebenso wie Margarete Theile, Peter Schnabel mit Gattin, Prof. Alfred Schweizer und viele andere. Später wollte Ministerpräsident Hansen noch vorbeischauen.

Als Marc Stein und Sven Neumann sich begrüßten, ging es lustig zu. Stein warf Neumann zu: "Na, alter Junge! Wie geht es Dir? Soll ich Dir wieder einmal die Umweltpolizei auf den Hals schicken?" Beide lachten herzlich. Schnabel erzählte alte Geschichten. An seinen Lippen hing Margarete Theile, die jetzt im Begriff war, es Schnabel in dessen Geschwätzigkeit gleich zu tun.

Lina und Frank-Walther waren in Partystimmung. Es gab trockenen Weißwein und Brezeln. Die Gastgeber wanderten von Grüppchen zu Grüppchen. Als sie im Kollegenkreis waren, fragte Roxana kess: "Seid Ihr nun froh mit Eurem neuen Ministerpräsidenten?" Sofort verdunkelte sich die Stimmung von Frank-Walther: "Der ist doch nur von oben draufgesetzt. Ist schließlich egal, wer auf dem Posten sitzt." Bald kamen Fragen nach der beruflichen Zukunft von Lina und Frank-Walther. "Na ja.", erklärte Lina: "Wir bewerben uns halt hier in der Region. Im Moment bin ich auf eine C-2-Stelle aus, und Frank hat gute Aussichten, einen C-3-Job zu ergattern. Das wäre famos für uns."

Zu später Stunde erschien tatsächlich Friedrich Hansen. Er brachte drei Personen – Polizisten in Zivil – als "Aufpasser" mit. Der neue Ministerpräsident sah Neumann und Freidank, die in einem Kreise mit anderen standen. Freidank bekam einen Schreck. Doch Hansen ignorierte ihn und ging freundlich auf Neumann zu: "Ich habe übrigens das gesamte Büro von Frau Theile übernommen mit Mann und Maus. Alle Möbel, alles Personal. Die Sache mit dem Zuckermann scheint sich in Luft aufzulösen. Der Verkauf in den USA klappt nicht. Nach und nach verwandelt sich 'mein' Zuckermann im Büro wieder zurück zum Original. Dann hat der Künstler bei sich zu Hause nur noch eine Kopie. Ist das nicht lustig?" Hansen freute sich und ging weiter.

Neumann hegte nun den Verdacht, dass Hansen die ganze Geschichte mit dem Bild erfunden habe, um sich nach vorne zu schieben. Er nahm sich vor, bei Gelegenheit Stein hierüber zu informieren, denn noch war, wie gesagt "nicht aller Tage Abend."

Hansen begrüßte derweil schon Stein. Er freue sich, dass er auch seinem Kabinett angehöre, erklärte der Ministerpräsident so laut, dass es alle hören konnten. "Sie sind eben ein echter Experte und als solcher ein seltenes Exemplar.", dröhnte Hansen dem Stein zu. "Ich hätte viel getan, damit Sie wieder Minister werden! Und dass Sie mit dem Professor Ehlert zusammenleben, ist doch gut. So haben wir stets einen direkten Draht zur Wissenschaft. Gottseidank haben sich die 'Weibergeschichten' um Neumann und Ehlert als Märchen erwiesen." Stein war sicher, dass Hansen das hier verkündete, um auch die "Hinkel-Geschichte" und vor allem die Sache mit dem Führerschein vergessen zu machen. Hansen wollte Frieden in seinem Kabinett und Stein langfristig an sich binden. "Vielleicht wundert der sich noch eines Tages.", zischte der indes Lina zu.

Auch Frau Dr. Irene Nuhr-Meyer war Gast. Sie vermutete, sie habe Lina die Einladung zu verdanken, denn dass deren "Zukünftiger" kein Freund ihrer Partei war, wusste sie. Zwischen ihr und Lina jedoch bestand eine gewisse "Frauensolidarität". Da hatte Hansen schon seine Parteivorsitzende entdeckt, und sofort ging er auf sie zu: "Guten Abend, Frau Kollegin. Schön, Sie hier zu sehen. Ich wünsche mir übrigens eine gute Zusammenarbeit zwischen Regierung und Partei. Meine Tür steht stets für Sie offen. Vor uns liegen große Aufgaben, was gehen uns da eventuelle Jugendsünden an?" Die Parteivorsitzende entgegnete: "Auf die Solidarität der Partei können Sie bauen." und dachte doch: "Warte nur!" Dann ließ sie den Ministerpräsidenten stehen.

Frau Dr. Irene Nuhr-Meyer schlenderte durch die Party. Unauffällig steckte sie Stein, Neumann und auch der Frau Theile Zettel zu. Als diese später die Zettel ansahen, lasen sie:

> *Verteiler: Min Stein. Min Neumann, Minpräs Theile*
>
> *Treffen morgen um 10 h in der Geschäftsstelle.*
>
> *TOP: Aktuelle Lage*
>
> *Nuhr-Meyer*

Stein rief nach der Party Neumann an: "Hab' ich doch gesagt: Es geht wieder los."

Edition Noëma
Melchiorstr. 15
D-70439 Stuttgart

info@edition-noema.de
www.edition-noema.de
www.autorenbetreuung.de

www.ingramcontent.com/pod-product-compliance
Lightning Source LLC
Chambersburg PA
CBHW051643230426

43669CB00013B/2425